INVESTIGAÇÃO SOBRE
SÓCRATES
Pessoa, filósofo e cidadão

Maria Michela Sassi

INVESTIGAÇÃO SOBRE SÓCRATES
Pessoa, filósofo e cidadão

Tradução:
Federico Guglielmo Carotti

Edições Loyola

Título original:
Indagine su Socrate – Persona filosofo cittadino
© 2015 Giulio Einaudi editore s.p.a., Torino
Via Umberto Biancamano 2, 10121, Torino, Italia
ISBN 978-88-06-21399-2

Dados Internacionais de Catalogação na Publicação (CIP)
(Câmara Brasileira do Livro, SP, Brasil)

Sassi, Maria Michela
  Investigação sobre Sócrates : pessoa, filósofo e cidadão / Maria Michela Sassi ; tradução Federico Guglielmo Carotti. -- São Paulo, SP : Edições Loyola, 2023. -- (Fundamentos filosóficos)

  Título original: Indagine su Socrate : persona filosofo cittadino.
  ISBN 978-65-5504-222-1

  1. Filosofia 2. Grécia Antiga - Civilização 3. Grécia Antiga - História 4. Sócrates I. Título. II. Série.

22-136720   CDD-183.2

Índices para catálogo sistemático:
1. Sócrates : Filosofia antiga   183.2
Eliete Marques da Silva - Bibliotecária - CRB-8/9380

Preparação: Ellen Barros
Capa: Ronaldo Hideo Inoue
  Montagem realizada a partir das imagens
  de © Kozlik_mozlik e © Lumos sp sobre
  fundo de © evannovostro. © Adobe Stock.
Diagramação: Telma Custódio
Revisão: Mônica Glasser

Edições Loyola Jesuítas
Rua 1822 nº 341 – Ipiranga
04216-000 São Paulo, SP
T 55 11 3385 8500/8501, 2063 4275
editorial@loyola.com.br
vendas@loyola.com.br
www.loyola.com.br

Todos os direitos reservados. Nenhuma parte desta obra pode ser reproduzida ou transmitida por qualquer forma e/ou quaisquer meios (eletrônico ou mecânico, incluindo fotocópia e gravação) ou arquivada em qualquer sistema ou banco de dados sem permissão escrita da Editora.

ISBN 978-65-5504-222-1

© EDIÇÕES LOYOLA, São Paulo, Brasil, 2023

Sumário

Introdução
O problema com Sócrates 7

Agradecimentos 15

Advertência para a leitura do texto 17

INVESTIGAÇÃO SOBRE SÓCRATES

Capítulo I
A exceção filosófica 21

Capítulo II
A exceção fisionômica 35

Capítulo III
Uma conversa vivaz e divertida 49

Capítulo IV
Sócrates entre as nuvens: um mau professor? 65

Capítulo V
Em missão por encargo do deus 83

Capítulo VI
Contradições, incertezas e perguntas 101

Capítulo VII
Ironia do dizer, ironia do viver 119

Capítulo VIII
Repulsas do eros e dores da alma 137

Capítulo IX
Consciência e cuidado de si 165

Capítulo X
Uma técnica para a alma 189

Capítulo XI
Conhecimento = virtude = felicidade 203

Capítulo XII
Sinais e desígnios divinos 227

Capítulo XIII
O Estado contra Sócrates 245

Capítulo XIV
A defesa de uma vida 269

Capítulo XV
***Citizen* Sócrates** 285

Capítulo XVI
Morte de um homem honesto 301

Apêndices
Quadro histórico 311

As fontes principais sobre o pensamento de Sócrates 315

Traduções 323

Índice onomástico 325

Introdução
O problema com Sócrates

Quem se aproxima de Sócrates precisa levar em conta a existência de uma "questão socrática". Esta é uma fórmula já familiar entre os estudiosos de filosofia antiga, obrigatoriamente repetida para relembrar que a tradição sobre Sócrates deve ser manuseada com grande delicadeza, pois, para reconstruir tanto os dados biográficos quanto o pensamento, temos de nos basear no testemunho de autores que, embora contemporâneos, desenharam imagens diversas dele. O personagem irritante do Sócrates de Aristófanes, por exemplo, não parece ter nada em comum com o personagem retratado por Xenofonte em conversações de uma correção moral que às vezes beira o tédio, e ainda muito distante de ambos é o herói e mártir da filosofia que aflora nos diálogos de Platão.

É notório que Sócrates *não escreveu nada* ou, pelo menos, nada de filosófico, visto que, se crermos no relato do *Fédon* platônico (60c-d), nos últimos dias de prisão ele teria composto um hino a Apolo e posto em versos as fábulas de Esopo (dado, aliás, não isento de significado, se pensarmos na proximidade de Sócrates, de um lado, com o clima sorridente da fábula e, de outro lado, com a esfera da serenidade apolínea). Assim, não é que os escritos filosóficos de Sócrates tenham existido e se perdido como tantos outros no naufrágio da literatura antiga; por isso, não podemos sequer esperar que surja algum texto seu nas areias do Egito (como aconteceu há alguns anos com Empédocles, graças ao papiro de Estrasburgo) ou em poeirentas bibliotecas monásticas na Calcídica (como ocorreu mais recentemente com um escrito de Galeno, *Sobre o não se afligir*). Com isso, apenas se multiplicam aquelas dificuldades de reconstrução que já são próprias e constitutivas do trabalho do historiador da filosofia antiga. Estas, de fato, costumam estar relacionadas com um *corpus* de textos limitado ou fragmentário, cujas lacunas e obscuridades exigem não só um complexo trabalho de reconstituição do texto original como também um altíssimo grau de acuidade hermenêutica. Mas, no caso de Sócrates, essa acuidade deve se exercer não tanto no sentido de "aquilo que disse", mas na reconstrução altamente hipotética de "aquilo que poderia ter dito".

Ademais, quanto àquela "miragem da origem" que rebrilha vindo do mundo da Grécia Clássica pelo menos desde a época de Winckelmann (e de Hegel), o terreno da filosofia antiga sempre foi, de modo geral, extremamente fértil para os filósofos que se dedicaram a selecionar momentos privilegiados (eliminando outros) para adotá-los nas mais diversas perspectivas teóricas. Alguns anos atrás, num livro intitulado *Ritorno degli antichi* [Retorno dos antigos], Giuseppe Cambiano retomou esse tipo de operação sob o signo de uma entranhada tendência à "cosmese" da filosofia antiga: apontando-a, por exemplo, tanto em Heidegger, que vê nos Pré-Socráticos a origem da metafísica, quanto em Popper, que encontra, como que inversamente, o início daquela tradição de discussão crítica que, na sua concepção, caracteriza o avanço da ciência. Assim, não surpreende constatar que a figura de Sócrates, graças às mesmas lacunas de informações que tornam seus traços fugazes para os historiadores da filosofia, presta-se bem à maquilagem dos filósofos, que marcam fortemente os seus traços com cores que extraem da própria *trousse* teórica. Ao longo destas páginas, encontraremos os diversos Sócrates – de Hegel, de Kierkegaard, de Nietzsche, de Strauss –, e a cada vez teremos de perguntar *a qual* Sócrates, ao Sócrates *de quem*, este ou aquele se assemelha mais (ao de

Aristófanes? de Platão? de Xenofonte?). Não subestimaremos o significado especulativo de tais e tantas operações cosméticas, tampouco a contribuição que podem dar para iluminar o papel de Sócrates na história do pensamento, pois, afinal, alguma coisa Sócrates *deve* ter sido para atravessar como nenhum outro filósofo, mesmo ao preço de repetidas metamorfoses, a cultura ocidental. Mas a pergunta permanece: o que, precisamente, pode ter sido?

Nessa investigação, ademais, o fato de que as nossas principais testemunhas oculares não são simples escritores, mas estão entre os maiores escritores da época grega clássica, que dedicaram ao Sócrates que conheceram intensas energias intelectuais, não fornece a ajuda que talvez fosse de esperar. Justamente por serem contemporâneos de Sócrates, esses autores transmitem aspectos diferentes, movidos por mecanismos ideológicos de difamação (Aristófanes) ou de idealização (Platão, Xenofonte), suscitados por um personagem tão famoso quão incômodo e controverso na sua cidade, a ponto de atrair, em 309 a.C., um processo por impiedade e corrupção, que se concluiu com a condenação à morte. Deveria ser francamente impossível manter neutralidade diante de uma pessoa que se apresentava e se comportava como irritante contestador ou como agente provocador (ainda que por encargo do deus, como afirma na *Apologia*).

Um estudioso de grande competência e equilíbrio como William K. C. Guthrie observava que, se quiséssemos nos ater a testemunhos factuais para a biografia de Sócrates, aparentemente teríamos de nos limitar às acusações apresentadas por Ânito, Meleto e Lícon, cujo melhor texto é provavelmente o que se lê no livro II das *Vidas dos filósofos* de Diógenes Laércio:

> Sócrates é culpado de não reconhecer os deuses que a cidade reconhece e de introduzir outras novas divindades. Além do mais, é culpado de corromper os jovens. Solicita-se a pena de morte.

Daqui extrairemos, único dado à nossa disposição, que Sócrates era um incréu corruptor de jovens (o que quer que isso queira dizer) e por isso foi condenado à morte. No entanto – acrescentava Guthrie –, nem mesmo os fatos da acusação e da condenação capital podem ser assumidos como puro reflexo da realidade de Sócrates; mais que isso, são expressão de uma hostilidade contra ele cujas causas devem ser buscadas (como também se fará nestas páginas) no turbulento quadro político de Atenas na passagem do século V para o século IV a.C. Isso não significa que os outros testemunhos sobre Sócrates demandem um tratamento substancialmente diferente: eles devem ser lidos e interpretados à luz das motivações teóricas e ideológicas que orientaram, de tempos em tempos um Aristófanes, um Platão, um Xenofonte, levando em consideração o contexto mais amplo da história cultural e política da Atenas da época. E temos todos os instrumentos para fazê-lo, com método filológico e crítico: por meio de um trabalho comparativo, poderemos reconhecer, de um lado, elementos de semelhança facilmente atribuíveis – por que não? –, ao Sócrates histórico e, de outro lado, discrepâncias aparentemente insanáveis, as quais, aliás, não nos impedirão de indagar em que medida estamos, neste caso, tratando de interpretações de argumentos que o próprio Sócrates podia oferecer ou de verdadeiras invenções.

Pode-se pensar que estamos propondo a enésima aplicação da famosa regra de Friedrich Schleiermacher, apenas a refinando e a complicando à luz dos estudos mais recentes, que em 1815, em páginas que marcaram uma guinada (ou talvez o início) dos estudos sobre o pensamento de Sócrates, colocava a premência de reconstruir o seu valor "como filósofo"; valor esse, precisamente, que fora obscurecido nos séculos anteriores pela mitificação deste ou daquele componente da sua figura pessoal, obtida privilegiando-se ora (mais amiúde) o retrato platônico, ora o retrato xenofontiano. Por isso Schleiermacher sugeria conciliar as diferentes representações, indagando:

...o que *pode* ter sido Sócrates, além do que nos diz Xenofonte, mas sem contradizer os traços de caráter e as máximas de vida que Xenofonte apresenta nitidamente como socráticas, e o que *deve* ter sido, para dar a Platão o direito de representá-lo como o faz nos seus diálogos.

Ora, é verdade que aqui enfrentamos mais uma vez o desafio hermenêutico de Schleiermacher, mas movemo-nos com base em alguns argumentos significativamente novos surgidos no panorama dos estudos sobre Sócrates nas últimas décadas, que talvez ainda não tenham sido adotados num livro que se propõe uma apresentação abrangente do seu pensamento. O argumento mais importante que acompanhou este livro decorre do interesse cada vez mais vivo de filósofos e estudiosos da Antiguidade por Xenofonte como pensador ético e político, o qual trouxe como correlato natural, num florescimento de estudos sem precedentes, uma reabilitação do seu valor como fonte sobre a moral de Sócrates. Na medida admissível numa discussão que se quer abrangente, mas necessariamente (pela força das circunstâncias) não exaustiva, outro argumento importante que procuramos levar em consideração proveio do terreno dos *logoi sokratikói*: aquele conjunto de diálogos escritos por seguidores e discípulos menos famosos de Sócrates e, por isso, conservados apenas por vias indiretas e fragmentárias, o qual tem recebido nos últimos tempos uma inédita atenção analítica.

Mas, acima de tudo, a nossa confiança reconstrutiva contou com uma convicção que pode servir de antídoto final contra o ceticismo a que o estado da questão socrática pode levar: a convicção de que uma melhor explicação para a variedade e mesmo a divergência das fontes consiste em pressupor a riqueza e as potencialidades do modelo de base, em lugar de liquidá-las como criações *ex nihilo*. A "plasticidade" de Sócrates que exploraremos nas próximas páginas, entendendo-a, aliás, não só como a solidez do seu caráter intelectual e moral, mas também como a maleabilidade do modelo que ofereceu aos contemporâneos e aos pósteros, encontra sua melhor apresentação nas palavras de Hegel em *Lições sobre a história da filosofia* (que, nessas páginas, apresenta Péricles como sua perfeita contrapartida entre os homens políticos):

> Ele transcorre a vida entre os seus concidadãos e se apresenta a nós como uma daquelas grandes naturezas plásticas, numa peça única, como nos é habitual ver naquela época – como uma perfeita obra de arte clássica, que por si mesma elevou-se a tal estatura. Indivíduos dessa têmpera não são feitos, mas formaram-se por si como vieram a ser; tornam-se aquilo que quiseram ser e se mantiveram fiéis a si mesmos (49).

A ideia da "plasticidade" de Sócrates inspirou constantemente esta investigação e orientou a sua articulação em três partes, ou melhor, em três "movimentos" que nunca cessam por completo ao passarem de um para o outro, dirigindo-se sucessivamente à *persona*, ao filósofo e ao cidadão. Num primeiro momento, de fato, examinamos a *persona* (ou, se quisermos, a "máscara", segundo a acepção latina), entendendo pelo termo o papel social intelectual que o indivíduo Sócrates pretendeu representar conscientemente (na nossa interpretação), sem abrir mão de qualquer arma com que pudesse atingir, com resultados contrastantes, a atenção dos concidadãos e contemporâneos: desde os comportamentos mais excêntricos até a insistência sobre a sua fealdade física e humor, ora leve, ora sarcástico. Procuramos captar o cerne do pensamento socrático não para além, mas *por meio* dessa estratificação, na intenção de que ela beneficiasse mais do que contaminasse a investigação, buscando esse cerne naqueles traços de método (entre refutação e aporia, eros e ironia) e de temáticas (a alma e o cuidado com ela, o bem e a virtude) cuja "descoberta" seria, de fato, muito difícil creditar a Sócrates, se não dispuséssemos de outras fontes além da platônica, pois Platão, no seu tributo de discípulo que igualou o mestre em criatividade, fagocitou a sua lição, tornando extremamente difícil extrair os seus contornos originais apenas a partir dos diálogos. Por último, e apenas por último, abordamos diretamente os problemas da acusação judicial lançada contra Sócrates, do fracasso na sua linha de defesa, da sua recusa em se subtrair da condenação à morte, da atitude perante a própria morte.

De fato, é verdade que os eventos finais da vida de Sócrates são não só os mais incontestados como também os mais incompreendidos, pois foram afetados pelo poder simbólico da experiência socrática a um grau que, de modo geral, reduziu a atenção ao contexto em que se desenvolveram (com isso entendemos aqui: a cidade de Atenas e a sua democracia, que poucos anos antes de 399 haviam saído dilaceradas das adversidades da Guerra do Peloponeso e do governo tirânico dos Trinta). Assim, precisamos ir "para fora", ou seja, para a imagem que os amigos e os adversários de Sócrates percebiam, para ir além da sua máscara e captar aquela *verdade* do indivíduo no seu mundo que muitas vezes, e agora mais do que nunca, manifesta-se nos momentos extremos. E precisamos também ir para fora, ou seja, para as discussões de Sócrates sobre o bem da alma e da cidade nas ruas da própria cidade, nas oficinas e nos banquetes, antes de entrarmos no tribunal, para entender por que foi precisamente "o homem mais justo entre os do seu tempo" (como recorda Platão na *Carta VII*) quem sofreu a pena capital, imposta pela cidade em que vivera por muitos anos, em aparente serenidade, e onde manifestava livremente o seu pensamento; um pensamento, em última instância, *político*.

Nota bibliográfica

A disponibilidade da filosofia antiga a operações "cosméticas" é o tema de G. CAMBIANO, *Il retorno degli antichi*, Laterza, Roma-Bari, 1988.

A formulação da célebre "regra" de Schleiermacher (que apresentei acima em tradução minha) está em F. SCHLEIERMACHER, *Ueber den Werth des Sokrates als Philosophen* (1845), in ID. *Sämmtliche Werke*, v. III, 2, Berlim, 1838, 297-298. Entre os vários estudiosos modernos que têm seguido uma linha de leitura "eclética" das fontes, menciono aqui, pelo menos, W. K. C. GUTHRIE, *A History of Greek Philosophy*, vol. III, Cambridge University Press, Cambridge, 1969, 323-507, reed. com o título *Socrates*, ivi, 1971; trad. ital. *Socrate*, Il Mulino, Bolonha, 1986. Encontra-se uma discussão equilibrada e sintética em F. FERRARI (org.), *Socrate fra personaggio e mito*, Rizzoli, Milão, 2007, tanto na introdução geral quanto nas introduções a cada texto antologizado.

Não queremos omitir que o ceticismo quanto à possibilidade de reconstruir o Sócrates histórico (que nos anos 1920 levou a posições extremas como a de É. DUPRÉEL, *La Légende socratique et les Sources de Platon*, que chegou a negar a existência de um personagem com o nome de Sócrates, processado e condenado à morte em 399 a.C.) não desapareceu no nosso século. Entre as posições mais recentes, cabe registrar as de L.-A. DORION (que contribuiu mais do que qualquer outro para a nossa compreensão da fonte xenofontiana), *The Rise and Fall of the Socratic Problem*, in D. R. MORRISON (org.), *The Cambridge Companion to Socrates*, Cambridge University Press, Cambridge, 2010, 1-23; versão francesa em L.-A. DORION, *L'autre Socrate. Études sur les écrits socratiques de Xénophon*, Les Belles Lettres, Paris, 2013, 27-49; e R. WATERFIELD, *The Quest for the Historical Socrates*, in J. BUSSANICH e N. D. SMITH (orgs.), *The Bloomsbury Companion to Socrates*, Bloomsbury, Londres/Nova York, 2013, 1-20. É bastante curioso que esses dois ensaios sejam os textos de abertura de antologias com ensaios dedicados sobretudo à reconstrução do pensamento de Sócrates, que, de uma maneira ou outra, parece continuar irrenunciável.

As várias passagens das *Lezioni sulla storia della filosofia* de Hegel aqui citadas não trazem data porque foram extraídas da tradução de E. Codignola e G. Sanna (v. II, *Dai Sofisti agli Scettici*), feita a partir da 2ª ed. Michelet (1840-1844), que reúne cadernos de diversos cursos ministrados por Hegel entre 1806 e 1830.

Agradecimentos

Tomando para mim todos os riscos pelo recorte geral e pelos pontos de destaque que selecionei, renunciei à ajuda de amigos especialistas em filosofia antiga, que inevitavelmente se aproximariam de um ensaio sobre Sócrates com as suas "pré-compreensões hermenêuticas". Mas encontrei no círculo familiar aqueles leitores de que precisava para conferir se a exposição era escorreita e a proposta, persuasiva: sou imensamente grata a Salvatore e Bruno por me encorajarem com o seu interesse durante a redação, confirmado com a atenta leitura da versão final. E também agradeço muito a Andrea Capra, que, acrescentando ao final a sua amistosa e valiosa ajuda, salvou-me de vários insidiosos deslizes.

Devo a Mario Vegetti o convite para escrever este livro, em que poderia expor os meus estudos sobre Sócrates e a historiografia socrática, iniciados há mais de vinte anos por ocasião de uma tradução comentada da *Apologia* platônica.

Em concomitância com dois cursos diferentes de História da Filosofia Antiga que dediquei a Sócrates nos últimos anos, o meu trabalho prosseguiu também graças à curiosidade e às observações dos meus estudantes durante as aulas, ou à discussão sobre os diversos trabalhos e monografias decorrentes deles. Mas parece-me adequado dedicar um livro sobre Sócrates a todos os estudantes que me deram nestes anos a possibilidade de unir o prazer da pesquisa ao do ensino.

Advertência para a leitura do texto

O texto deste livro se apoia na aposta de que seja possível apresentar uma narração da vida e do pensamento de Sócrates: personagem tão crucial para a história do pensamento ocidental quão dificilmente reconstruível em sua fisionomia, não apenas por causa da natureza peculiar da documentação, sujeita à discussões inesgotáveis no âmbito histórico e filológico, mas também pela sequência de leituras e apropriações filosóficas que se sedimentaram, desde Platão até os nossos dias, sobre uma figura complexa em si mesma.

Por isso, para fins de uma exposição fluída, fiz preliminarmente duas escolhas bem precisas. Primeiro, reduzi ao máximo, e apenas aos casos mais significativos, as alusões no texto aos problemas mais debatidos nos estudos modernos sobre Sócrates, reservando as referências bibliográficas (necessariamente seletivas) a notas apropriadas ao final de cada capítulo. Em segundo lugar, dada a impossibilidade óbvia de oferecer um quadro exaustivo das diversas ramificações do sucesso de Sócrates na filosofia ocidental, preferi identificar um autor ou um período que me pareceu mais interessante do ponto de vista da recepção toda vez que eu me encontrava na abordagem de uma nova temática, colocando como epígrafe em cada um dos capítulos, uma citação que antecipasse o aprofundamento mais ou menos amplo que o leitor poderá encontrar neles. Essa citação é acompanhada por uma passagem de fonte antiga considerada igualmente representativa, com a finalidade de enfatizar o movimento hermenêutico que passa de um ponto a outro no processo de recepção.

Advirto, por fim, que ao transliterar as palavras gregas anotei o acento somente nas palavras oxítonas e adotei o uso cada vez mais frequente de anotar também o *iota* subscrito.

INVESTIGAÇÃO SOBRE SÓCRATES

Aos meus estudantes

Capítulo 1
A exceção filosófica

> ALCIBÍADES: ...Mas o que, na sua estranheza (*atopia*), tem sido este homem aqui, tanto ele quanto os seus discursos, não se poderia encontrar sequer um que se aproxime dele, nem entre os contemporâneos, nem entre os antigos, a menos que se o compare àqueles seres que mencionei, ou seja, a nenhum ser humano, mas aos silenos e aos sátiros, ele e os seus discursos.
> PLATÃO, *O Banquete*, 221d.

> Perto do fim, já quase segurando nas mãos o cálice com o veneno, falou como se estivesse não tanto para morrer quanto para subir ao céu [...]. Não há palavras adequadas para descrever a excelência do seu comportamento. Esse homem, entre os mais sábios, de fato, preferiu renunciar ao tempo de vida que lhe restava a renunciar ao seu passado; e, se era pouco compreendido pelos homens do seu tempo, manteve-se intacto para o juízo da posteridade, logrando viver nos séculos ao custo de uma velhice um pouco mais breve.
> GIANOZZO MANETTI, *Vita Socratis* (1440), §§ 58-59.

Qualquer tentativa de desenhar a largos traços a figura de Sócrates, e mesmo em linhas nuançadas, deve lidar com a constatação de que os seus contornos também parecem fugidios ou, pelo menos, não facilmente definíveis para os seus contemporâneos. Sem dúvida, é essa a impressão que Platão quer transmitir com as palavras citadas na epígrafe anterior, que atribui a Alcibíades em *O Banquete*, durante aquele discurso em louvor a Sócrates-eros a que inevitavelmente retornaremos várias vezes nestas páginas. Desde o início, Alcibíades apontara a "estranheza" (*atopia*) de Sócrates como o seu traço mais característico, associando a ela a necessidade de elogiá-lo "por imagens", precisamente as das estatuetas dos silenos que eram vistas nas oficinas dos artistas (*O Banquete*, 215a-b). Agora, reitera no final, com o tom agridoce do apaixonado que não conseguiu se tornar parte do mundo de Sócrates, que só é possível avaliar o sentido de sua personalidade e de seus discursos comparando-o a esses seres semidivinos, pois, por causa dessa sua *atopia*, ele não encontra algo similar entre os seres humanos.

Por outro lado, a reiterada surpresa de Alcibíades nos diz algo que Sócrates certamente devia ser, isto é, autenticamente *excêntrico*. A palavra em italiano [*eccentrico*] traduz quase por decalque o adjetivo *a-topos*, que ressurge amiúde como forma de caracterizá-lo nos diálogos de Platão e significa literalmente "desprovido de lugar" e "fora de lugar", ou seja, estranho enquanto extra-vagante, inclassificável. O jovem Fedro, por exemplo, no início do diálogo homônimo, chama Sócrates de *atopos* ao vê-lo assombrado com a beleza da paisagem ao redor de Atenas, quase como se fosse um estrangeiro naqueles lugares; ele, que nunca saíra dos muros da cidade (entre outras coisas, esse assombro se exprime numa descrição paisagística que, além de ser extremamente vívida, é única na literatura grega clássica). E aqui Sócrates admite que, de fato, não está habituado à contemplação da natureza, tendo dedicado toda a sua atenção aos homens, assim apresentando como uma espécie de escolha altamente pessoal aquele abandono do interesse pela natureza em favor da moral, o qual também teve o sentido, como se sabe, de uma guinada crucial na história da filosofia (*Fedro* 230c).

É ainda com o qualificativo *atopos* que Alcibíades se refere a ele em *Alcibíades primeiro* (a autenticidade desse diálogo é controvertida, mas, de todo modo, está embebido de temas não só platônicos como também socráticos); depois que Sócrates lhe confirma o seu interesse amoroso e o desejo de se tornar o seu mentor, o jovem exclama dizendo que, após essa revelação, ele lhe parece até "mais estranho" do que já lhe parecia, mesmo no aspecto, no seu silencioso *stalking* anterior (*Alcibíades primeiro* 106a). Da mesma forma, o sofista Cálicles atribui a Sócrates o mesmo epíteto, dessa vez em tom agressivo: estamos no âmbito da acalorada discussão do *Górgias*, e Sócrates acaba de utilizar uma imagem inesperada, que o seu irascível interlocutor julga de baixa categoria oratória (494d). E é o caso de nos determos numa última retomada, no *Teeteto*, do estribilho da *atopia* socrática (última não só nessa lista de passagens como também do ponto de vista cronológico: a redação do diálogo se situa no período da maturidade avançada de Platão, por volta de 368 a.C.).

No decorrer da laboriosa pesquisa de uma definição de "ciência", Sócrates pergunta ao jovem Teeteto se já ouvira falar dele como o indivíduo "mais extravagante que existe" (*atopotatos*), por não fazer nada além de semear dúvidas nos seus interlocutores (*Teeteto* 149a). Nessa altura do diálogo, depois que Teeteto admite que, sim, já ouvira falar, Sócrates relaciona o seu procedimento com o exercício de uma arte maiêutica. Sem nos determos por ora nesse tema, o importante aqui é observar o desenvolvimento do tema da *atopia* (embora o termo em si não seja utilizado) numa seção posterior do longo diálogo, onde se destaca da persona de Sócrates, pelo menos na superfície do texto, e é elevado à marca distintiva do tipo do *filósofo*. Com efeito, por um instante suspende-se a cerrada discussão sobre a noção de ciência e, num extenso interlúdio, compara-se o modo de vida do filósofo ao do retórico e do homem político. Eis, num excerto, como se descreve a jornada típica dos "corifeus" da filosofia, isto é, dos verdadeiros filósofos, que se diferenciam "daqueles que se dedicam à filosofia de modo medíocre":

> Aqueles, portanto, em primeiro lugar, desde jovens ignoram o caminho que leva à ágora e também ao tribunal, ao palácio do

conselho ou a qualquer outro local onde se realizam as reuniões da cidade. Não veem nem ouvem as leis e os decretos [...] realmente somente o seu corpo [do filósofo] se encontra na cidade e ali reside, enquanto o pensamento, julgando todas essas coisas de pouco e de nenhum valor, desprezando-as, voa por toda parte, "nas profundezas da terra", como diz Píndaro, medindo a sua superfície, e "acima do céu" estuda as questões astronômicas e indaga em todo lugar a completa natureza dos entes, cada um deles considerado no seu aspecto universal, sem descer a nada do que lhe está próximo (*Teeteto* 173c-174a).

Na ficção do diálogo, quem fala é o personagem de Sócrates, mas, evidentemente, é Platão o autor desse quadro poeticamente inspirado da vida do filósofo, uma vida de puro pensamento que transcende o lugar físico da cidade, onde habita "somente o seu corpo". Por outro lado, pode-se dizer que Sócrates "autorizou" esse relato, pelo menos no sentido de que constituiu a força inspiradora para aquele que, entre os seus discípulos, era o mais disposto a acolhê-la e tomá-la para si.

O discurso prossegue com o relato sobre Tales de Mileto, o primeiro, por ter caído num poço enquanto observava absorto os astros, a ter dado provas da típica "distração" do filósofo, cuja mente vaga nas alturas, em pensamentos de alcance universal, longe das preocupações e necessidades normais da vida cotidiana:

> Penso no caso de Tales, que, absorto em indagar as realidades astronômicas, dirigia o olhar para o alto e caiu num poço, provocando o escárnio de uma empregada trácia, arguta e graciosa, a qual lhe disse que enquanto desejava conhecer as coisas celestes não se apercebia daquelas que lhe estavam diante dos pés. O mesmo gracejo cabe a todos aqueles que se dedicam à filosofia, pois, com efeito, ao filósofo escapa o que lhe é próximo, escapa-lhe não só o que está fazendo como também até se é um ser humano ou algum outro animal. Mas o que é um homem e o que cabe à natureza humana fazer ou

suportar, à diferença dos outros seres, isso ele busca e indaga com tenacidade (*Teeteto*, 174a-b).

Aqui Platão poderia estar retomando uma historieta já em circulação sobre Tales, ou dando tal nome ao astrônomo anônimo que comparece como protagonista da mesma desventura numa fábula que ainda se conserva na obra de Esopo (em que a queda no poço desperta não só a perplexidade de um passante como também invoca uma moral de sinal oposto ao socrático-platônico, ao estigmatizar os que se conduzem como fanfarrões nas coisas abstrusas enquanto não sabem praticar as ações mais corriqueiras). Por outro lado, não se pode excluir que o próprio Platão tenha criado esse episódio (aliás, baseado em vários argumentos nesse sentido já presentes na comédia), e a fábula então decorreria disso. De todo modo, foi graças à escrita platônica que o episódio se tornou memorável e, como mostrou Hans Blumenberg num belo livro, teve um papel decisivo na tradição filosófica para colocar Tales na posição de "protofilósofo". O episódio, ademais, alinha-se com uma série de anedotas inventadas no âmbito da Academia platônica, dentro de um quadro de estratégia cultural dedicada a exaltar a vida entregue à pura contemplação, em oposição à vida prática, da ação e da política: em Tales e em Anaxágoras, por exemplo, projeta-se uma imagem ideal da vida teórica que, na verdade, é fruto de uma reflexão de Platão. Mas é uma reflexão, repitamos, suscitada em primeiro lugar pela irrupção, com Sócrates, de uma figura nova na cena intelectual grega: a figura do intelectual que, mesmo andando pela *polis* com a sua preocupação com os homens (lembre-se da alusão do *Fedro* nesse sentido), depois "transcende" os seus limites ao se pôr em atitude crítica diante dos saberes, bem como das práticas da cidade. Sócrates devia mesmo ter sido "estranho", mas, na sua estranheza, colocou-se paradoxalmente como modelo de um estilo de vida, voltado para o puro exercício do conhecimento e da virtude moral. E, apesar da sua personalidade altamente individualizada, ou precisamente graças a ela, fundou o tipo do filósofo. Como escreveu Pierre Hadot, poderíamos dizer que ele "é o primeiro indivíduo da história do pensamento ocidental".

Mas preste-se atenção! Acrescenta-se no *Teeteto* que a estranheza do filósofo ao modo de vida da maioria e a sua incapacidade de atuar nos conflitos cotidianos podem torná-lo ridículo aos olhos não só das empregadinhas trácias como também de toda a "massa" ignorante (*Teeteto* 174b-175b). Não é difícil notar aqui uma referência à condenação à morte de Sócrates, com a qual o povo ateniense, democraticamente representado por um amplo júri, quisera censurar uma excepcionalidade intelectual que, nas condições particulares criadas na Atenas da época, era vista como intolerável discordância das práticas políticas citadinas. Ademais, o próprio Sócrates, segundo o relato de Platão na *Apologia*, reivindicara essa excepcionalidade no seu discurso de defesa, ressaltando como traço próprio de uma irredutível diversidade aquela consciência de não saber, contraposta à presunção da maioria, que fora o germe da sua incansável atividade crítica:

> E não é a mais reprovável forma de ignorância essa presunção de saber aquilo que não se sabe? [em relação ao que é a morte]. Mas talvez eu, cidadãos, *seja diferente da maioria precisamente nisto*: se alguma vez afirmasse ser mais sábio do que outrem em alguma coisa, seria no sentido de que, não tendo conhecimento suficiente da realidade do Hades, estou, porém, consciente de não o ter (Platão, *Apologia* 29b).

De "me" fabula narratur, portanto, poderia dizer o Sócrates que fala no *Teeteto*, representação fictícia de uma conversa que algumas sábias alusões esparsas no diálogo nos convidam a imaginar que teria ocorrido um pouco antes do processo (142c, 210d). E quem lê o diálogo vê surgirem nos traços de Tales os traços de Sócrates e percebe no riso, mesmo leve, da mulher da Trácia o eco, distante mas inquietante, dos gritos de protesto que os espectadores da cena processual levantaram diante de certas passagens especialmente orgulhosas e, por isso, irritantes, da autodefesa de Sócrates ("registrados" sempre por Platão na *Apologia*, 20e, 30c). Assim, numa narrativa em que o registro cômico se entrelaça com o trágico, em que Platão se conduz amiúde com incomparável maestria (especialmente, não por acaso, quando se trata de Sócrates), do gracejo cômico sobre a queda de um no poço verte o drama histórico do outro, ocorrido pelo menos trinta anos antes da redação do *Teeteto*, e não esquecido, mas transfigurado na lembrança. Assim, Platão eleva a memória da morte do mestre à condição de pressuposto – já quase mítico – da escolha que já considera obrigatória para o filósofo: não se deixar envolver, queira ou não, pelas coisas das *polis* e dirigir decididamente o olhar "para o alto" dos valores atemporais.

A certeza de que Sócrates foi um indivíduo fora do comum vem acompanhada, para confortar e orientar a nossa investigação, por outra convicção: a de que ele se oferecia, precisamente com sua originalidade, como um *modelo* de vida e pensamento, e tanto mais poderoso por ser "plástico".

Não há dúvida de que, no plano do conteúdo, os seus discursos, até mesmo por não se caracterizarem por uma organização sistemática, eram ricos de potencialidades que puderam inspirar variadamente os seus seguidores, dando início por si sós a orientações de pensamento muito divergentes. Mesmo excluindo Platão e a Academia, podemos pensar nas escolas usualmente ditas "socráticas", como a cínica (com Antístenes, que desenvolve o lado rigorista mais evidente da ética socrática), a cirenaica (cujo líder é Aristipo de Cirene, defensor, pelo contrário, de uma ética hedonista), a megárica (fundada por Euclides de Mégara, com insistência no aspecto da dialética). O fato de que pudessem brotar de um único "mestre" escolhas de pensamento tão distintas despertou interesse e perplexidade já na Antiguidade, mas já na Antiguidade também se observou com agudeza que o fenômeno pode ser plenamente explicado pelo conjunto de facetas oferecidas pela mensagem socrática; assim, segundo Agostinho, os seguidores de Sócrates, não encontrando uma definição clara do bem nos seus discursos, "tomaram aquilo que agradava a cada um e situaram a essência do bem onde cada qual julgava melhor" (*A cidade de Deus*, VIII, 3). Em tempos mais próximos a nós, a leitura de Kierkegaard não se afasta muito desse diagnóstico, ao entender a ironia de Sócrates como expressão de uma indeterminação do pensamento, o qual, por isso, abre-se ademais a infinitos desenvolvimentos.

Não basta dizer – escreve, com efeito, Kierkegaard – que das diferenças entre as escolas socráticas pode-se deduzir a inexistência de um sistema positivo em Sócrates; a isso é preciso acrescentar que a negatividade infinita, com a sua pressão, possibilitou a positividade integral, servindo-lhe como estímulo infinito, excitante.

No que se refere à atitude pessoal (que, ademais, em Sócrates se entretece inextricavelmente com a lição intelectual), já aos olhos dos contemporâneos Sócrates devia aparecer numa variedade de atitudes que permitiam despertar percepções seletivas, naturalmente orientadas pela sensibilidade intelectual da testemunha. Em outras palavras, a diversidade e, aliás, a contradição das imagens que surgem de Aristófanes, Platão e Xenofonte não se explicam apenas em termos de objetivos aviltantes ou apologéticos que movem um ou outro autor, mas também, e principalmente, com a densidade intrínseca da persona real de Sócrates: uma persona que se faz ver ou entrever "em camadas", em situações mutáveis segundo o interlocutor (o célebre traço de ironia guarda, evidentemente, uma grande relação com isso).

Mas, aquém da multiplicidade das perspectivas possíveis, a persona de Sócrates se impôs desde o início com a força da exemplaridade. Que ele seja o primeiro e mais ilustre *exemplum* de um modo de vida dedicado ao puro conhecimento se deve não tanto à aura criada em torno de si pelas representações posteriores, e sim à maneira como o próprio Sócrates deve ter *construído* a si próprio. Lembremos que ele tinha apenas quarenta anos, mas evidentemente com grande presença na arena intelectual de Atenas, quando Aristófanes o escolheu para ser ridicularizado em *As Nuvens* como a encarnação mais inequívoca da execrada nova cultura, dedicada à "conversa fiada" intelectual. Sem dúvida, a nossa imagem de Sócrates está irreversivelmente condicionada à idealização de Platão, fortalecida pela qualidade literária dos diálogos; mas nem por isso havemos de desvalorizar o testemunho platônico, que também se radica numa experiência viva e que se colocava, já no seu desenvolvimento, como paradigmática. É o que nos confirma uma passagem do discurso proferido por Sócrates em defesa própria, segundo o relato platônico. Interpretando o veredito délfico que o proclamou sábio supremo, Sócrates supõe que o deus o utiliza como "exemplo" (*paradeigma*) daquela única sabedoria que ele admite ter, qual seja, a consciência de não saber; e acrescenta que essa mesma consciência move os seus jovens discípulos, que se empenham em "imitar" o seu método de investigação para desmascarar, na sua esteira, a ignorância dos outros (*Apologia* 23a-c; ver 39c-d). Não importa saber se foi Sócrates quem realmente proferiu essas palavras ou (como é mais provável) se foi Platão quem as atribuiu a ele; a passagem atesta com clareza que, estando ainda Sócrates em vida, os melhores discípulos haviam captado a eficácia dos seus recursos discursivos (menos indecifráveis para eles, evidentemente, do que para alguém como Alcibíades), tanto é verdade que tentavam imitá-los perseguindo o mesmo ideal de saber.

É verdade que Xenofonte apresenta, ao contrário, um Sócrates bastante "normalizado", num quadro que pretende absorver o seu modo de agir a uma rede de boas relações cívicas, e assim é que o tema da *atopia*, tão caro a Platão, surge nas *Memoráveis de*

Sócrates apenas uma vez, e de maneira bastante casual, na frase de um interlocutor que acha "estranho" um certo discurso (II, 3.15). Mas Xenofonte não é menos sensível do que Platão à eficácia do exemplo socrático, frisando os seus efeitos no plano do comportamento virtuoso. Ele declara, de fato, que não há ninguém "mais útil" do que Sócrates para orientar o próximo rumo à virtude (*Apologia de Sócrates* 34; ver 26 e 29), e nos *Memoráveis* ele insiste na "utilidade" da sua conversação (ou mesmo da lembrança dela) para quem tinha o hábito de se reunir com ele (IV, 1.1), mencionando pelo menos um discípulo, Eutidemo, que começara a imitar alguns hábitos seus (IV, 2.40). Naturalmente se encontra difuso por toda parte, tanto em Platão como em Xenofonte, o sentido de que o exemplo dado com os discursos encontrava correspondência e confirmação na coerência moral demonstrada nos fatos, tanto nos raros momentos de participação na vida política quanto, sobretudo, no comportamento mantido diante das acusações e da condenação final.

O tema da exemplaridade de Sócrates se desenrola irresistível a partir de Platão e Xenofonte, bem como dos outros discípulos autores de "discursos socráticos", em sua maioria hoje perdidos nos setores da reflexão filosófica antiga mais atentos à definição da figura do sábio na sua relação com a razão e a virtude e, ao mesmo tempo, mais ligados a uma concepção da filosofia como escolha mais existencial do que doutrinal (Pierre Hadot) ou, para dizê-lo de outra maneira, como "arte da vida" (Christoph Horn). Esse fio de recepção surge com evidência, como algo óbvio, nas correntes helenísticas de pensamento. Recordemos ao menos como o grande paladino do cinismo, Diógenes de Sinope, molda o seu modo de vida pela austeridade de Sócrates e a radicaliza como autarquia rebelde e antissocial, a ponto de poder ser descrito (numa frase atribuída a Platão) como "um Sócrates que enlouqueceu" (Diógenes Laércio, *Vidas dos filósofos* VI, 54). A força inspiradora da figura socrática age intensamente, como seria de esperar, na ética estoica, onde acompanha a retomada de pontos centrais como a definição da virtude como disposição cognoscitiva, a ideia correlata da unidade substancial da virtude e a identificação do bem da alma com o bem supremo. A tradição biográfica traduz eficazmente essa influência na imagem de Zenão de Cítio, fundador da escola estoica, tomado num arroubo pela filosofia depois de assistir, na loja de um livreiro em Atenas, à leitura dos *Memoráveis* de Xenofonte; pergunta então onde se podem encontrar homens como Sócrates, indicam-lhe Crates (de Tebas, o Cínico), e se torna seu seguidor (*Vidas dos filósofos* VII, 2-3).

Mas tem-se a manifestação mais significativa da eficácia do *exemplum* socrático na filosofia antiga provavelmente entre os estoicos da época imperial: Sêneca, Marco Aurélio e, acima de todos, Epiteto, que recorre a Sócrates como "guia para a vida" (tal como o título de um livro que Anthony Long dedicou ao tema). Socrática, antes de mais nada, é a filosofia da educação de Epiteto, que visa manter com os seus alunos uma modalidade dialógica e uma conjunção entre prática refutatória e exortação filosófica. E Sócrates é naturalmente insuperável *paradeigma* de virtude pelo seu comportamento perante a condenação, a prisão e a morte, atestado pela *Apologia, Críton e Fédon* (por exemplo, *Discursos* IV, 5.2). Para ostentar o título de filósofo, adverte Epiteto, não basta ter lido de fio a pavio os livros de um escolarca estoico como Crísipo: a filosofia é aquela "atividade" com a qual tinha relação aquele Sócrates "capaz de enfrentar de tal modo a morte, depois de ter vivido como viveu" (*Discursos* II, 16.34-35). Além do mais, ele não se limitou a aceitar a morte com resignação, mas *preferiu-a* expressamente a uma vida que salvaria apenas ao preço da desonra, com isso oferecendo um *exemplum* de absoluta autonomia e integridade pessoal, cuja lembrança permanece de máxima "utilidade" para os homens (*Discursos*, IV, 1.169). Reaparece nessa passagem o tema da utilidade de Sócrates inaugurado por Xenofonte, que Epiteto combina com os elementos que extrai de Platão, sem que se perceba visivelmente qualquer contradição, numa representação unitária que restitui a Sócrates toda a sua densidade.

Isso relembra que aquela "questão socrática" já inescapável no mundo dos estudos é, na verdade, um resultado recente, sendo uma "descoberta" da ciência filológica e histórica da Antiguidade realizada no século XIX alemão. Da Antiguidade até a época romântica, o conhecimento de Sócrates tendia a se alimentar de todos os testemunhos disponíveis, e a multiplicidade das caracterizações era vista não tanto como um problema e uma falha de interpretação, mas sim como prova de uma riqueza original. Não surpreende que assim tenha sido imediatamente vista pelos humanistas, que, graças à recuperação das fontes gregas, redescobrem com entusiasmo a estatura de Sócrates, a qual permanecera soterrada sob a tradição anedótica e as coletâneas de opiniões que a haviam transmitido à Idade Média. O projeto de renovação cultural e civil do humanismo se baseia, como se sabe, na busca de modelos pagãos de valor militar, equilíbrio e habilidade política, excelência poética e artística e, não por último, sabedoria filosófica e moral. E esta encontra naturalmente a sua melhor ilustração, entre todos os filósofos antigos, justamente num Sócrates reconstruído na favorável combinação de Platão e Xenofonte (sem negligenciar os dados disponíveis em Aristófanes e na tradição biográfica). Eis aí, então, o Sócrates de Coluccio Salutati, depois aprofundado pelo seu discípulo Leonardo Bruni, emblema da resistência "cristã" diante da perseguição, mas também do cidadão ideal. Eis Gianozzo Manetti, que na esteira do mestre Bruni coloca como eixo da biografia de Sócrates a sua devoção por Atenas, manifestada de modo coerente durante toda a vida, até a aceitação final da condenação. Como Manetti admite na passagem da *Vita Socratis* (1440) apresentada na abertura deste capítulo, faltam-lhe (tal como antes haviam faltado a Alcibíades) as palavras para descrever adequadamente Sócrates, e ainda como Alcibíades ele recorre a uma imagem; esta, porém, talhada pelo próprio Sócrates, na firmeza demonstrada nos últimos dias de vida, que (também isso é certo) lhe assegurou a imortalidade na memória dos homens.

Por fim, cabe uma menção especial nesse quadro a Marsílio Ficino. Ele não se limita a conservar o Sócrates cívico de Bruni e Manetti nem a oferecer mais uma variante sobre o Sócrates "santo" e figura de Cristo em função da virtude suprema e do martírio. Ficino mergulha no clima dos diálogos para encontrar em Sócrates o mestre de um estilo pedagógico informal e não hierárquico, contraposto ao método da *lectio et disputatio* universitária; procura reproduzir no seu círculo as dinâmicas da conversação socrática, favorecendo ao máximo a improvisação ou organizando banquetes ao estilo do *Banquete* platônico, em residências particulares e em igrejas de Florença.

Podemos notar uma consonância significativa entre a inspiração socrática do método educacional de Epiteto e a imitação ficiniana. A consonância não surpreende, em vista da eficácia do modelo inicial, a qual se deve, em última instância, ao fato de que o próprio Sócrates se *construiu* em vida como um modelo de saber e virtude, destinado a ser progressivamente reconstruído ao longo dos séculos e muitas vezes revivido, mas não (na nossa perspectiva) falsificado.

Nota bibliográfica

Centrada em Sócrates (num quadro que se amplia bastante além do tema indicado no título) é a dissertação de Søren Kierkegaard – para a obtenção do grau de *magister* em Teologia (1841: *Il concetto di ironia in riferimento costante a Socrate*, Guerini e Associati, Milão, 1989) –, que continuou a moldar o seu estilo filosófico pela "máscara" socrática.

O episódio da queda de Tales em um poço beneficiou-se da magistral leitura de H. BLUMENBERG, *Il riso della donna di Tracia. Una preistoria della teoria*, Il Mulino, Bolonha, 1988, mas não se devem negligenciar os valiosos argumentos sobre o tema da excepcionalidade socrática oferecidos por P. Butti de Lima, *Platone. Esercizi di filosofia per il giovane Teeteto*, Marsilio, Veneza, 2002.

Para a interpretação da filosofia antiga como estilo de vida, em cujo quadro Sócrates ocupa lugar central, é fundamental P. Hadot, *Esercizi spirituali e filosofia antica*, Einaudi, Turim, 2005; mas ver também C. Horn, *L'arte della vita nell'antichità. Felicità e morale da Socrate ai neoplatonici*, org. E. Spinelli, Carocci, Roma, 2004. Leia-se também nessa conexão J. M. Cooper, Socrates and Philosophy as a Way of Life, in D. Scott (org.), *"Maieusis". Essays on Ancient Philosophy in Honour of Myles Burnyeat*, Oxford University Press, Oxford, 2007, 20-43.

Sobre a recepção do modelo socrático nas filosofias helenísticas, ver A. A. Long, "Socrates in Hellenistic Philosophy", in *Classical Quarterly*, v. 38, 1988, 150-171; id. "Epictetus as Socratic Mentor", in *Proceedings of the Cambridge Philological Society*, v. 46, 2001, 79-98; id., *Epictetus: A Stoic and Socratic Guide to Life*, Clarendon Press, Oxford, 2002. De J.-B. Gourinat, "Le Socrate d'Épictète", in *Philosophie Antique*, v. I, 2001, 137-166 (fascículo dedicado às *Figures de Socrate*).

Sobre a recepção humanista, ver J. Hankins, Socrates in the Italian Renaissance, in S. Ahbel-Rappe e R. Kamtekar (orgs.), *A Companion to Socrates*, Blackwell, Oxford, 2007, 337-352.

Capítulo II
A exceção fisionômica

> Alcibíades: ...digo eu que Sócrates é muito semelhante àqueles silenos que se encontram nas oficinas dos escultores de bustos, àquelas estatuetas que os artesãos moldam com pífanos e flautas na mão que, depois de abertas ao meio, mostram ter no interior imagens dos deuses. E digo também que se assemelha ao sátiro Mársias. Que pela forma exterior sejas semelhante a eles, Sócrates, nem tu colocarias em dúvida. Que te pareces com eles também no restante, escuta agora [...]. És arrogante, não? Se não estás de acordo, trarei testemunhas. E não és também flautista? E muito mais digno de admiração do que Mársias.
>
> Platão, *O Banquete* 215a-b.

> Quem avaliasse Sócrates pela casca, como se diz, não daria um tostão por ele. Tinha cara rústica, ar bovino, nariz achatado e cheio de muco. Dirias que era um bufão idiota e obtuso [...]. Contudo, explicando esse ridicílissimo sileno, certamente descobririas um ser mais divino do que humano: uma grande alma, altíssima, filosófica no verdadeiro sentido da palavra. Às coisas que fazem os outros homens correrem por terra e por mar, que os fazem suar, brigar e guerrear, era indiferente: a todas elas. Os ultrajes não chegavam a tocá-lo. A sorte não exercia o menor apelo sobre ele. Medos não conhecia.
>
> Erasmo de Roterdã, *Os silenos de Alcibíades* (1508).

> Sócrates: *monstrum in fronte, monstrum in animo.*
>
> Friedrich Nietzsche, *O problema de Sócrates* (1888).

Podemos contar sobre outro dado certo: que Sócrates era de grande fealdade física. E, ao examinarmos esse dado ao longo do presente capítulo, veremos quão verdadeira é a afirmação de Friedrich Nietzsche, na conferência sobre *Sócrates e a tragédia*: "É significativo que Sócrates fosse o primeiro grande grego a ser feio".

Os que conheceram Sócrates de perto concordam em assinalar o nariz achatado, os lábios grossos, os olhos saltados e a semelhança fisionômica geral com um sátiro ou um sileno (Platão, *O Banquete* 215b, 216d, 221d; ver *Teeteto* 145e, e também Xenofonte, *Banquete* 4.19 e 5). Xenofonte acrescenta o detalhe da barriga proeminente (*Banquete*, 2.19). É de supor que tal fisionomia, em lugar de se prestar à leitura idealizadora feita pelo personagem de Alcibíades no *Banquete* platônico, era razão de escárnio para os seus detratores: lembremos que os sátiros e os silenos no imaginário grego são figuras ambivalentes, que oscilam, sob o signo do culto a Dioniso, entre a aura dos mistérios e a licenciosidade bestial (um eco dessa referência de Alcibíades à arrogância de Sócrates). Pode surpreender que a anotação sobre a fisionomia de Sócrates passe em segundo plano em *As Nuvens* de Aristófanes: ele assinala prazerosamente o andar insolente de Sócrates, girando em torno aqueles seus olhos saltados (vv. 362-363), mas prefere acima de tudo dirigir o seu sarcasmo para a magreza e o ar enfermiço dos seus discípulos, além daquele desleixo e do costume de andarem descalços com que imitam o mestre, mostrando um estilo de vida que o comediógrafo considera insano e indecoroso (*As Nuvens* 102-104, 120, 363, 417, 718 etc.; ainda Alcibíades, em *O Banquete* 220b, confirma que o próprio Sócrates era refratário a roupas adequadas e a calçados até mesmo no inverno, vendo nisso, ademais, um sinal de frugalidade e resistência física). No entanto, é atraente a hipótese (ainda que inverificável) de que o personagem de Sócrates era reconhecível no teatro de comédia e despertava hilaridade desde a primeira aparição, justamente por causa de uma máscara cômica de sátiro.

Seja como for, tanto nos primeiros autores a registrá-lo quanto no rico anedotário desenvolvido na Antiguidade, o dado da fealdade física de Sócrates chega filtrado por uma interpretação positiva de marca filosófica: com efeito, ele é apresentado sobretudo como mero invólucro de uma beleza interior, que se deixa captar por aqueles (e são poucos) que estejam dispostos a ir além da superfície que salta aos olhos de todos.

A referência de Alcibíades às estatuetas do Sileno que, exteriormente desajeitadas (mas dotadas, note-se, do instrumento do encantamento musical), uma vez abertas, revelam no seu interior imagens divinas, é só o local mais elaborado e justamente célebre desse paradoxo. Outro local apenas um pouco menos célebre se encontra logo adiante em *O Banquete*, ainda durante o discurso de Alcibíades. Aqui Alcibíades relembra a resposta que Sócrates deu ao jovem que, depois de se oferecer, dissera que somente junto a ele poderia se tornar "o melhor possível". Sócrates então responderá ("ironicamente") que, caso tivesse tal capacidade (*dynamis*) de melhorar o próximo, poderia dizer-se realmente dotado de uma "beleza invencível", mas esta seria algo muito diferente da "beleza de formas" do seu cortejador. Algo diferente e também superior, visto que Sócrates ao final recusara trocar a sua beleza pela de Alcibíades, com o argumento de que seria desvantajoso tal como trocar "ouro por bronze". O jovem Alcibíades, portanto, mesmo tendo intuído que a beleza interior de Sócrates, a da inteligência e sabedoria, é a verdadeira beleza, mostrou-se escravo da aparência no momento em que supôs que poderia tê-la em troca da própria beleza, inferior, incompleta, ilusória (*O Banquete*, 218c-219a).

O simbolismo do ouro da sabedoria reaparece no extraordinário final do *Fedro*, ali onde, ao término de uma sequência de discursos durante a qual Sócrates se interrogou com o jovem amigo sobre a natureza da alma, a verdade filosófica e a sua transmissão, o filósofo expressa em forma de oração aos deuses os votos de uma vida marcada pelo equilíbrio entre riqueza interior e bens exteriores. Nesse equilíbrio, ou melhor, na sua busca, pois a vida exige que ela se renove diariamente, reside a sabedoria:

Sócrates: Caro Pã e todos os demais deuses que habitam nesse lugar, concedam-me ser belo interiormente; e que todas as coisas que me vêm do exterior estejam em harmonia com o que tenho dentro de mim. Possa eu considerar rico o sábio; e possa eu possuir tanto ouro quanto possa pegar e trazer consigo apenas o sábio [...]. Temos mais a pedir, Fedro? A mim parece que a oração alcançou a medida certa.
Fedro: Inclua a mim também na sua oração: os amigos têm as coisas em comum.
Sócrates: Vamos! (Platão, *Fedro* 279b-c).

Assim, na combinação entre fealdade física e fascínio intelectual, Sócrates devia se apresentar como a imitação viva daquele ideal de congruência entre beleza exterior e nobreza de alma que se mostra como núcleo vital da cultura grega desde o protótipo do herói homérico e vem sintetizado no termo *kalokagathia* (junção, precisamente, entre *kalós*, "belo", e *agathós*, "bom"). É verdade que esse ideal não esteve isento, nem mesmo no início, de algumas problematizações. Já em Homero, por exemplo, a caracterização do herói belo e valoroso (ou o oposto encarnado num Térsistes disforme e mesquinho) coexistia com a observação de que nem sempre há harmonia entre o aspecto exterior e as qualidades morais; por exemplo, Nireu é descrito como "o mais belo depois de Aquiles, mas, no entanto, fraco" (*Ilíada* II, 673-675), e Ulisses comenta que um homem pode ser feio e, mesmo assim, dotado de divina eloquência, ou belo, mas deselegante ao falar (*Odisseia* VIII, 169-177). Todavia, é Sócrates quem desfere o golpe mais certeiro no modelo da *kalokagathia*. No *Cármides* platônico, por exemplo, ele se declara atraído pelos belos jovens, mas, quando o atraente Cármides se apresenta, o que Sócrates propõe é examinar se é "bem formado na alma" (154e; o tema é retomado em 158a-c e, com efeito, constitui o início de um diálogo cujo objetivo é definir a *sophrosyne*, "sabedoria"); e também Xenofonte relembra que Sócrates, ao encontrar indivíduos de belo aspecto físico, procurava antes de mais nada entender se a beleza vinha acompanhada pela nobreza da alma (*Econômico* VI, 15-17). Ao mesmo âmbito de reflexão pertence (atribua-se ou não ao *Milcíades* de Ésquines Socrático) o episódio em que Sócrates exorta um jovem gracioso, porém calado demais, a dizer alguma coisa, sem dúvida considerando que apenas o aspecto físico não fornece elementos de juízo suficientes (in Apuleio, *Floridas* I, 2).

Figura 1.

Retrato de Sócrates (tipo A), cópia de um original de c. 380 a.C. São evidentes os traços fisionômicos silênicos: rosto afundado, fronte calva, olhos saltados, nariz achatado, lábios carnudos. Nápoles, Museo Archeologico Nazionale. (Foto ©Raffaello Bencini/Archivi Alinari, Florença. Cortesia do Ministero dei Beni e delle Attività Culturali e del Turismo.)

Figura 2.

Retrato de Sócrates (tipo B), de um original das últimas décadas do século IV a.C. Os traços provocativos do Sileno (em especial o formato do nariz) são depois recompostos numa expressão "urbana". Paris, Musée du Louvre. (Foto © Daniel Lebée/Carine Déambrosis/RMN-Réunion des Musées Nationaux/distr. Alinari.)

Mas, acima de tudo, temos em Sócrates uma persona muito vivaz que, com sua presença física e atitude existencial, em plena Atenas decidida a se representar como o local de florescimento da *kalokagathia*, convida a refletir sobre a tensão entre ser e parecer. É significativo que essa tensão transpareça claramente numa determinada iconografia de Sócrates, conhecida por intermédio de algumas reproduções romanas, às quais os arqueólogos se referem como tipo A (fig. 1). Ela se caracteriza pela acentuada presença de traços silênicos, como o nariz chato, a calvície frontal, mas com cabelos compridos na nuca e por trás das orelhas. Esses traços, porém, não são levados à deformação grotesca que encontramos nas representações dos "verdadeiros" silenos: os cabelos são cuidados, os olhos não são saltados, os lábios não são grossos demais e o retrato como um todo emana uma aura de reflexão que permite conjecturar que se baseia numa interpretação positiva da imagem do Sileno apresentada em *O Banquete*, e que encontrou lugar nos círculos da Academia de Platão em algum momento entre 388 e 387 (ano da fundação da escola) e 58 a.C. Recentemente surgiu a hipótese de que seria a imagem de *O Banquete* que teria derivado do busto esculpido, o qual, por sua vez, proviria de uma reflexão prévia sobre o aspecto de Sócrates, já talvez inspirada na máscara aristofânica. A hipótese é interessante, embora certamente pouco provável, mas não altera a essência do fato de que tanto o retrato figurativo quanto o literário visam inverter a imagem ridícula e perturbadora do Sileno, aludindo a uma oculta seriedade do pensamento.

É interessante também lembrar que existe uma tipologia distinta de retratos de Sócrates (o chamado tipo B: fig. 2), a partir dos quais, aliás, podemos reconstituir a figura inteira. Paul Zanker notou com perspicácia que, aqui, Sócrates, tanto na gestualidade composta quanto na fisionomia meditativa, aparece mais como um intelectual integrado aos valores de medida da *pólis* do que como um provocador filosófico. Ora, segundo Diógenes Laércio (II, 43), os atenienses, "arrependendo-se imediatamente" de terem matado Sócrates, não só teriam fechado academias e ginásios, condenado Meleto à morte e enviado para o exílio os demais acusadores, como também encomendado ao grande Lísipo uma estátua de bronze para ser colocada no Pompeion (um local central na educação cívica; era lá, também, que se davam as procissões de importantes festas da cidade). É provável que Diógenes Laércio reproduza uma interpretação tardia da motivação dos atenienses e que a estátua tenha sido erigida numa fase posterior: mais precisamente, no clima de renovação patriótica da democracia ateniense, alimentada por modelos do glorioso passado da cidade, promovido por Licurgo nas últimas décadas do século IV a.C. (Lísipo, ademais, está ativo entre 370 e 315 a.C.). De todo modo, o conjunto da história iconográfica nos revela o impacto da personalidade de Sócrates no plano da representação artística, ela também sujeita a revisões e reinterpretações não menos significativas do que as que encontramos nas fontes literárias. Cabe ainda acrescentar que é precisamente sobre os traços da "máscara de Sócrates" (segundo o título do belo livro de Zanker) que a arte antiga virá a desenvolver a imagem *típica* do intelectual, que expressa no rosto, com um ar de provocação de maior ou menor ênfase, uma tensão espiritual interior.

Assim, aqui também vemos a memória de Sócrates oscilando entre o senso de uma personalidade individual extraordinária e o impulso à tipificação, e, ao se prestar a tal oscilação, Sócrates se reafirma (dessa vez literalmente, poderíamos dizer) como figura eminentemente *plástica*.

À luz do que vimos até aqui, mostra-se pelo menos verossímil que Sócrates tenha conversado com alguns artistas contemporâneos sobre as características e as finalidades da sua *technai*, como relata Xenofonte, pois, o ponto crucial para o qual Sócrates chama a atenção do pintor Parrásio (*Memoráveis* III, 10.1-5), do escultor Clíton (III, 10.6-8) e do construtor de armaduras Pístias (III, 10.9-15), refere-se precisamente à possibilidade de o artista figurativo reproduzir em seu meio próprio o caráter e a atividade da alma do objeto de representação; trata-se, em outras palavras, da relação entre invólucro exterior e realidade da persona. Impossível dizer se e até que ponto as discussões narradas por Xenofonte são registros de um tema efetivamente tratado por Sócrates, ou se foi simplesmente (nem tão simplesmente, na verdade) a sua forma de apresentação que estimulou a reflexão dos seus seguidores, que depois a atribuíram diretamente a ele. O que importa é que o relato de Xenofonte contribui para corroborar a convicção de que a persona de Sócrates se antecipa, de uma maneira ou outra, a uma linha de raciocínio sobre a relação entre ser e parecer, cuja importância não podemos subestimar.

Mais uma confirmação nesse sentido deriva de outra fonte próxima a Sócrates, o diálogo *Zópiro* de Fédon de Élida (o mesmo a quem Platão, no diálogo homônimo, confia o relato das últimas horas do mestre). O escrito se perdeu, mas não o sentido substancial do episódio em questão, que encontra referências frequentes na tradição mais tardia. Vejamos, nas palavras de Cícero, qual é o erro em que incorre o fisiognomista Zópiro, que chegou a Atenas para dar provas da sua arte fisiognômica, perante Sócrates:

> Zópiro, que afirmava poder reconhecer o caráter de qualquer um pelo aspecto físico, atribuíra a Sócrates um acúmulo de vícios, despertando o riso de todos os outros, que não viam tais vícios nele; mas o próprio Sócrates acorreu em seu auxílio, dizendo que aqueles vícios lhe eram inatos, mas que os afastara de si com a razão (Cícero, *Tusculanas* IV, 37.80).
> ...e como? Não lemos, talvez, como Sócrates foi definido por Zópiro, fisiognomista, que declarava reconhecer os hábitos e a natureza dos homens pelo corpo, pelos olhos, pelo rosto, pela testa? Ele sustentava que Sócrates era tolo e de raciocínio lento e que, não tendo a garganta côncava, aquelas partes do corpo eram impedidas e fechadas; acrescentou também que era libidinoso e dizem que a essa frase Alcibíades estourou numa grande risada (Cícero, *O destino* 5.10).

Na representação do *Zópiro*, o controle racional das paixões exercido por Sócrates é suficiente para prevalecer sobre qualquer impulso radicado na corporeidade. Segundo uma interessante hipótese recente, essa versão específica do contraste entre aspecto exterior e realidade interior estaria relacionada com uma posição teórica precisa que Fédon teria elaborado a respeito da relação alma-corpo, ressaltando o poder que a alma pode exercer sobre os condicionamentos da natureza física. Em todo caso, ela confirma a flagrante exceção que Sócrates devia oferecer também no plano (não negligenciável) da investigação fisiognômica. A prática da fisiognomia já era amplamente difundida no mundo grego do século V a.C., e encontraria na escola de Aristóteles uma feliz remodelação tratadística, destinada a ter grande influência na manualística fisiognomista ao longo e além da Antiguidade. Mas o caso de Sócrates se presta para pôr em xeque os próprios fundamentos dessa disciplina que, até o final do século XVIII, desenvolveu-se em torno do postulado de uma relação de mútua dependência entre caráter e natureza física do indivíduo (de modo que, por exemplo, na literatura fisiognômica, o nariz achatado é constantemente interpretado como sinal de pouca inteligência). Por isso, a anedota de Zópiro, que já tinha grande fortuna na Antiguidade, passa a ser, na época moderna, citada com enorme frequência nos contextos de discussão sobre a validade da fisionomia, seja para desacreditar a disciplina, seja, pelo contrário, para tomá-la como a clássica exceção que confirma a regra. Mencionemos apenas a sua utilização por Johann Kaspar Lavater em *Physionomische Fragmente* (II, 1776), a última obra em que a literatura fisiognômica tenta se fundar em bases científicas; para Lavater, a surpresa visivelmente gerada pelo caso de Sócrates, com a sua singularidade, demonstraria que a manifestação direta do caráter na aparência física constitui, ao contrário, a norma.

O destino do episódio na vertente filosófica é igualmente significativo, e ainda mais se comparado ao da imagem silênica de *O Banquete*. Esta última fornece, de fato, uma interpretação positiva da fealdade de Sócrates que pode ser recebida tal e qual pelos autores mais dispostos a uma leitura idealizada. O principal exemplo dessa tendência é representado por Erasmo, que nos *Adágios* (1508) retoma diretamente a ideia de que os traços ridículos da figura silênica hospedam uma divina grandeza espiritual, e aí encontra, aliás, o argumento para aproximar Sócrates de Cristo, na medida em que Cristo também podia ter uma aparência exterior miserável... Erasmo, entre outras coisas, segue na trilha da recuperação humanista de Sócrates no âmbito da espiritualidade cristã, a que nos referimos no capítulo I; não nos esqueçamos de que um personagem do seu *Convivium religiosum* (1522) eleva a explícita oração: *"Sancte Socrates, ora pro nobis!"*.

A recepção reservada à história de Zópiro, porém, é inevitavelmente mais incerta. Aqui, sem dúvida, cabe notar a perplexidade claramente expressa por Montaigne no ensaio *De la physionomie* (1588). Montaigne, aliás, sente "incômodo" ao constatar que Sócrates, aquele "exemplar perfeito" das melhores qualidades, "encontrou" um corpo e um rosto tão desagradáveis, não condizentes com a beleza da sua alma. "A natureza lhe fez injustiça", decreta Montaigne, pois não há dúvida de que *corps e esprit* tendem na natureza a se adequar um ao outro. Por outro lado, argumenta ele, mesmo que a passagem de Cícero atribua a Sócrates um corpo até disforme, sua fealdade devia ser mais superficial, "imperiosa", sim, mas não prejudicial (como no caso do amigo La Boétie!) ao estado do espírito. Por isso, mesmo a resposta de Sócrates a Zópiro deve ser considerada como uma brincadeira, segundo o seu costume, pois não se trata de pensar que a autonomia da alma em relação ao corpo seja tal que ela possa se formar sozinha.

Por outro lado, não ressoa qualquer eco dessas contorções interpretativas, pouco mais de dois séculos depois, na poderosa construção das *Lições sobre a história da filosofia* de Hegel:

Sabe-se que o seu aspecto exterior desperta a ideia de um temperamento tomado por paixões malignas e baixas, que ele, porém, soube dominar, como ele mesmo nos diz (49).

Aqui, longe de confundir, a resposta de Sócrates pode ser lida como a asserção de uma possibilidade de domínio da razão sobre os impulsos sensíveis, que equivale, nos termos de Hegel, à expressão de uma determinação independente da virtude.

Mas é Nietzsche quem extrai as conclusões mais inesperadas do tema da fealdade de Sócrates, pelo qual mostra interesse constante desde a conferência sobre *Sócrates e a tragédia* (1870). Antes, Nietzsche se demonstrara sensível à ambiguidade sedutora do Sileno (no escrito de 1864, *A relação do discurso de Alcibíades com os outros discursos do "Banquete" platônico*), mas, nos estudos sobre a tragédia, o filósofo grego aparece para Nietzsche na dimensão que menos lhe agrada: a do homem teórico, que estabeleceu o culto da razão contra a vitalidade do dionisíaco e, com isso, destruiu o espírito da tragédia. Nietzsche começa aqui a se interrogar sobre a fealdade de Sócrates com uma inquietude crescente, diríamos nós, até a consequência extrema que se expressa no *Crepúsculo dos ídolos* (1888), sob o estímulo, precisamente, da releitura do episódio de Zópiro:

> A fealdade é com bastante frequência a expressão de um desenvolvimento híbrido, impedido pelo cruzamento. Em outros casos, ela aparece como uma *involução* no desenvolvimento. Os antropólogos que se interessam por criminologia nos dizem que o criminoso típico é feio: *monstrum in fronte, monstrum in animo*. Mas o criminoso é um *décadent*. Era Sócrates um criminoso típico? Pelo menos o famoso juízo fisiognômico que soava tão impactante para os amigos de Sócrates não o contradiz. Um estrangeiro que entendia de rostos, ao visitar Atenas, disse diretamente a Sócrates que ele *era* um *monstrum* – que escondia em si todos os vícios e as piores cobiças. E Só-

crates se limitou a responder: "Você me conhece!" (Nietzsche, "O problema de Sócrates", in *O crepúsculo dos ídolos, ou Como filosofar com o martelo*).

Giuliano Campioni demonstrou que a fórmula *monstrum in fronte, monstrum in animo*, que Nietzsche utiliza para ressaltar a espantosa estranheza (ou monstruosidade?) que se transmite do rosto à alma de Sócrates, foi extraída diretamente do escrito do psiquiatra positivista Charles Féré, que apontava a fealdade como a "característica principal do criminoso" (*Dégénérescence et criminalité. Essai physiologique*, 1888). Nietzsche, portanto, apoia-se nos instrumentos da fisiognomia criminológica de Lombroso (em quem Féré se inspirava), com a finalidade de reencontrar na fisionomia individual de Sócrates os indícios de um tipo: de um filósofo talvez, mas certamente de um filósofo *criminoso*. Zópiro estava certo em intuir num rosto tão feio os sintomas da degeneração, pois Sócrates é o próprio símbolo da degeneração ou, em termos nietzschianos, da *décadence*, precisamente porque impôs a violência da razão aos instintos mais vitais da própria natureza.

Entre a aproximação de Sócrates a Cristo, que Erasmo esboça sobre os traços do Sileno de Alcibíades, e o diagnóstico da degeneração de Sócrates, em que Nietzsche traduz o juízo de Zópiro, há uma distância intransponível, que não é apenas cronológica como também determinada pelas intenções filosóficas dos dois autores, no quadro dos respectivos contextos culturais. É como se as linhas constituídas pela recordação comemorativa de Platão, de um lado, e de Fédon de Élida, de outro, antes paralelas, tivessem se distanciado progressivamente ao longo de uma secular tradição de visitações e revisitações, cuja reconstituição é do maior interesse filosófico. Mas mais interessante para nós é lembrar o início desse duplo percurso: onde está um Sócrates de uma fealdade tão ostensiva quão intrigante.

Nota bibliográfica

Sobre a iconografia socrática, ver P. ZANKER, *La maschera di Socrate. L'immagine dell'intellettuale nell'arte antica*, Einaudi, Turim, 1997. A hipótese sobre a inversão da relação entre o retrato de Sócrates e a caracterização do *Banquete* a que se faz referência acima, com outros importantes elementos originais, encontra-se em dois trabalhos de A. CAPRA, *Transcoding the Silenus. Aristophanes, Plato and the Invention of Socratic Iconography*, e *Aristophanes' Iconic Socrates*.

Sobre a dialética da exterioridade e da interioridade resultante da representação de Sócrates, ver A. STAVRU, *Il potere dell'apparenza. Percorso storico-critico nell'estetica antica*, Loffredo, Nápoles, 2011, 99-129.

A recepção do episódio de Zópiro no quadro da problemática fisiognômica é limpidamente reconstituída por D. R. MCLEAN, "The Socratic Corpus: Socrates and Physiognomy", in M. TRAPP (org.), *Socrates from Antiquity to the Enlightenment*, Ashgate, Aldershot, 2007, 65-85. Em geral sobre a fisiognômica antiga, com referências à figura de Sócrates, ver M. M. SASSI, *La scienza dell'uomo nella Grecia antica*, Bollati Boringhieri, Turim, 1988, 46-80. Outros textos importantes em geral, além da hipótese formulada sobre a doutrina psicológica de Fédon de Élida, G. BOYS-STONES, "Phaedo of Elis and Plato on the Soul", in *Phronesis*, v. 49, 2004, 1-23; ID. "Physiognomy and Ancient Psychological Theory", in S. SWAIN (org.), *Seeing the Face, Seeing the Soul: Polemon's Physiognomy from Classical Antiquity to Medieval Islam*, Oxford University Press, Oxford, 2007, 19-124.

Sobre a cristianização de Sócrates em Erasmo, ver G. CALOGERO, *Erasmo, Socrate e il Nuovo Testamento*, Accademia nazionale dei Lincei, Roma, 1972; sobre a consideração nietzschiana da fisionomia socrática, ver G. CAMPIONI, "Il Socrate 'monstrum' de Friedrich Nietzsche", in E. LOJACONO (org.), *Socrate in Occidente*, Le Monnier, Florença, 2004, 220-257.

Capítulo III
Uma conversa vivaz e divertida

> A<small>LCIBÍADES</small>: ...mesmo os seus discursos são muito semelhantes às estatuetas de silenos que se abrem. Se, de fato, alguém quisesse ouvir os discursos de Sócrates, inicialmente lhe pareceriam totalmente ridículos, envoltos por fora com tais termos e expressões como a pele de um sátiro insolente. E, de fato, fala de burros de carga, de ferreiros, sapateiros e curtidores, e parece dizer sempre as mesmas coisas com as mesmas palavras, de modo que qualquer homem inexperiente ou ignorante acabaria por ridicularizar os seus discursos. Mas, abrindo-os e entrando neles, a pessoa descobre, antes de mais nada, que são os únicos discursos que têm dentro de si um sentido...
>
> P<small>LATÃO</small>, *O Banquete* 221d-222a.

> O estado espiritual do homem bom chamamos de *paidiá* (literalmente jogo, depois, neossocraticamente, livre atividade, alegria, senso de independência; em suma, *paidiá* é expressão intraduzível do ideal socrático). Por isso, pretendemos determinar a essência e a natureza da *paidiá*, ao buscarmos aqui as condições espirituais favoráveis e necessárias para a formação do equilíbrio e da estabilidade característica do homem bom.
>
> H<small>EINRICH</small> G<small>OMPERZ</small>, *Grundlegung der neusokratischen Philosophie* (1897).

A **extraordinária** impressão causada por Sócrates sobre amigos e discípulos levou muitos deles, após a sua morte, a erigi-lo como protagonista de um grande número de composições dialógicas em que aflorariam os traços mais acentuados da sua personalidade. Apenas nas últimas décadas tem sido possível compreender a amplitude e a importância dessa produção literária, graças a uma longa e paciente escavação filológica das notícias conservadas na tradição indireta. Calcula-se que esses escritos, cuja redação se estende de 399, pelo menos, até 370 a.c., eram da ordem de algumas dezenas e conhecemos pelo menos uma dúzia de nomes de autores que em parte coincidem com os dos fundadores das ditas "escolas socráticas" (Antístenes, Euclides de Mégara e, segundo alguns, também Aristipo) e em parte são conhecidos por outras vias (Fédon de Élida, que assistiu ao último dia de Sócrates e é o seu narrador no homônimo diálogo platônico, e Ésquines de Esfeto). Sobre esse pano de fundo, ademais, entendem-se melhor não só os escritos socráticos de Xenofonte como também os próprios diálogos de Platão, pelo menos da fase chamada "juvenil", iniciada com a *Apologia* e o *Críton*.

Graças a uma referência presente na obra aristotélica, já era possível intuir que o conjunto desses escritos tinha relevância quantitativa e qualitativa. No exórdio da *Poética*, Aristóteles se detém na categoria de *mimesis*, na qual arrola, sem dificuldade, a pintura (que reproduz os seus objetos por meio da cor e do desenho) e as artes da execução musical (que imitam combinando variadamente ritmo, palavras e melodia), mas não esconde que encontra dificuldades em definir as artes que se servem da "palavra nua", usando ou não a métrica e que até agora "não têm nome" (assim está circunscrevendo aquilo que hoje chamamos de literatura). A seguir, diferenciando entre as imitações que são em versos e as que não o são (respectivamente, a nossa poesia e a nossa prosa), ele especifica que "não temos um nome comum para os mimos de Sófron e Xenarco e para as discussões socráticas (*sokratikói logoi*)" (Aristóteles, *Poética* 1447b,9-11). A aproximação com os mimógrafos Sófron de Siracusa e seu filho

Xenarco, autores dos meados do século V de diálogos cômicos em prosa rítmica entre personagens de vida cotidiana, atesta que os *logoi sokratikói* também deviam constituir um verdadeiro gênero literário, não só pela consistência numérica como também pelo critério estilístico (e, assim como provavelmente os mimos de Sófron, deviam ser destinados à leitura, mais do que à encenação teatral). Para compreender melhor as características gerais, contudo, exploremos primeiramente as motivações.

Sabemos que, alguns anos após a morte de Sócrates, o orador Polícrates fez circular uma *Acusação de Sócrates* que voltava a pintá-lo nos mais violentos tons como inimigo da democracia. Esse panfleto não chegou a nós, mas há vários indícios de que a sua publicação teria reavivado a polêmica nunca extinta sobre a condenação do filósofo e, portanto, contribuído para alimentar entre os seus seguidores o desejo de acorrer em defesa do mestre com a arma da escrita (vê-se o quanto esse difamador da memória póstuma de Sócrates ainda podia tocar na ferida ao notarmos a frequência com que Xenofonte se refere a ele no livro I dos *Memoráveis*, chamando-o de "o acusador"). Mas a necessidade de reagir ao libelo de Polícrates não basta para explicar o florescimento dos *logoi sokratikói*, cujas razões devem ser buscadas mais a fundo, isto é, no desejo dos discípulos de manter viva a lição socrática. Não há razões para duvidar substancialmente de um fato que Sócrates destacou ao falar em defesa própria: muitos procuravam imitar a sua obra de questionamento constante dos cidadãos de Atenas e, assim, contribuíram para atrair sobre ele a hostilidade geral (Platão, *Apologia* 23c-d). Note-se também que depois, ao comentar a condenação que acabara de receber, Sócrates "profetiza" que, após a sua morte, muitos que até então eram penosamente mantidos sob controle viriam às claras, para levar adiante a sua obra crítica e a sua regeneração oral (*Apologia* 39c-d). Pouco importa que se trate de uma profecia *ex eventu*, ou melhor, de uma autodescrição de

Platão, que, assim, ao pôr essas palavras na boca de Sócrates, apresenta-se como aquele que colhe o seu testemunho. De todo modo, Platão se coloca na companhia de "muitos" condiscípulos que já haviam começado a "imitar" o mestre ainda vivo, no sentido de que procuravam repetir as suas ações e movimentos de discussão, tal como continuariam a fazer após a sua morte. Mas, agora, a essa "imitação" *in vivo* acrescenta-se outra: a de colocar por escrito os diálogos de Sócrates, com o fito de defender perante uma opinião pública hostil não só a atividade do mestre como também as próprias atividades, na medida em que eles mesmos *fazem filosofia*.

Podemos nos perguntar se todo esse florescimento de textos sobre Sócrates não constitui uma traição à sua notória abstenção da escrita, coerente com uma concepção da filosofia como busca da verdade a ser empreendida numa sequência praticamente infinita de discussões *face to face*, irredutíveis a sistemas de conceitos organizados num texto contínuo. O problema se torna especialmente intrigante com Platão porque ele, autor do mais antigo conjunto de escritos filosóficos que chegou a nós – e que, ademais, é um produto de altíssima literatura –, adota a mesma desconfiança pela escrita por motivos não diversos. Estes são ilustrados no discurso que o faraó Tamus dirige a Tot, o mítico inventor do alfabeto, no relato do *Fedro*: a escrita é um remédio mais para o esquecimento do que para a memória e a sabedoria (como afirma o seu inventor), na medida em que a alma que aprende, confiando num suporte externo, não exercerá mais a capacidade intelectual da memória; além disso, os discursos escritos se separam do seu autor, circulando por todos os lados e caindo nas mãos de qualquer um, bom ou mau intérprete, e ademais, quando interrogados, os escritos não respondem, mantendo-se como pinturas mudas, subtraindo-se àquele confronto dialético que é o único de onde pode provir o autêntico conhecimento (*Fedro* 274e-275e).

Aqui Platão se mostra uma arguta testemunha daquela fase geral de transição em que se encontra a cultura grega entre os séculos V e IV, passando de um modo de comunicação predominantemente oral para uma utilização crescente do *medium* escrito. Durante a vida de Platão, a filosofia ainda não havia encontrado o seu canal privilegiado na prosa do tratado, embora já tivesse sido experimentada pelos médicos hipocráticos ou nos escritos sobre a natureza, presumivelmente bastante curtos, de autores pré-socráticos como Anaxágoras, Diógenes de Apolônia e Demócrito; o tratado, como sabemos, passará a ser a forma-padrão da escrita filosófica com Aristóteles. Levando em conta esse quadro mais amplo, a renúncia de Sócrates à escrita se afigura não só coerente com a sua posição filosófica como também menos idiossincrática do que se poderia pensar; devemos levar em consideração que outros filósofos antigos também optaram por não escrever, como Pirro ou Carnéades, pela posição radicalmente cética, ou Epiteto, para quem Sócrates é modelo também nos movimentos do ensino, cujos conteúdos nos foram transmitidos nos *Discursos* e no *Manual*, redigidos pelo discípulo Arriano (cabe lembrar também a relutância de Plotino, que somente em idade avançada se deixou convencer pelo discípulo Porfírio a fixar na escrita os seus temas de reflexão).

A atitude de Sócrates perante a comunicação escrita, aliás, não devia consistir numa rejeição total: havia de ser, pelo menos, um leitor ou ouvinte de leituras curioso (numa época em que a fruição do texto escrito tendia a passar pela leitura em voz alta de um texto, na presença de um grupo mais ou menos restrito de espectadores interessados). No *Fédon*, Sócrates relembra que certa vez ouvira alguém lendo num livro de Anaxágoras coisas que lhe pareciam poder responder às suas dúvidas sobre as causas do devir; então providenciara imediatamente a obra e lera avidamente, mas ficara desiludido nas suas expectativas (97b-98b). E, no início do *Fedro*, é exatamente o papiro com o discurso de Lísias sobre o amor, o qual Fedro esconde sob o manto, que desperta a sua curiosidade de "doente em querer ouvir discursos", e obviamente discuti-los (228a-d). E Xenofonte confirma que Sócrates gostava muito de repercorrer os pensamentos que os sábios antigos consignavam aos livros, lendo-os e comentando-os com os amigos (*Memoráveis*, I, 6.14).

Nessa última passagem, as coletâneas de pensamentos escritos são chamadas de "tesouros", imagem que retorna em contextos significativos tanto em Xenofonte quanto em Platão. Nos *Memoráveis*, com efeito, fala-se também sobre o jovem Eutidemo, que acumulou em casa os escritos dos poetas e dos sábios mais ilustres, pensando que assim adquirira sabedoria. Num primeiro momento, Sócrates o incentiva, elogiando-o por ter preferido um "tesouro" de sabedoria a um tesouro de ouro e prata (imagem que serve de contraponto à imagem do ouro da sabedoria na oração final do *Fedro*); a seguir, insistindo nas perguntas que o outro não sabia responder, obriga-o a admitir que não é nos livros que se aprende a virtude, em especial a virtude política, que tanto lhe importa (*Memoráveis* IV, 2.9-23).

É claro que, para Sócrates, havia maneiras e maneiras de aproveitar o tesouro dos sábios. Havia a leitura e a memorização reverente, mas mecânica, como a praticada pelo jovem Eutidemo, ou, o que já era melhor, extraindo temas para discussões animadas, como decerto Sócrates sabia fazer com o seu grupo (desde que o autor do escrito não estivesse ali para se defender!). Mas havia, principalmente, um modo de *produzir* tais tesouros, e é a ele que se refere o personagem de Sócrates quando comenta o discurso de Tot no *Fedro*: quem possui conhecimento sabe que os discursos que escreverá não conseguirão transmitir adequadamente a verdade sobre o certo, o belo e o bom, porque não poderão acorrer em ajuda própria; todavia:

> ...esses jardins da escrita semearão por folguedo ao escrevê-los, acumulando um tesouro de lembranças para si próprio, se um

dia alcançar "a velhice que leva ao esquecimento", e para todos os que seguem na mesma trilha (*Fedro* 276d).

Na reflexão de Platão surge a motivação que deve tê-lo inspirado, bem como a muitos outros que haviam conhecido Sócrates, a escrever sobre ele: a necessidade de *lembrá-lo* para quem quisesse seguir na busca do saber. É uma operação que poderíamos chamar de "preservação da memória cultural" e, enquanto tal, sem dúvida, foi bem-sucedida.

Chegamos aqui a um enésimo paradoxo da vida de Sócrates, que, entre outras coisas, a aproxima da vida de Jesus num paralelo inegável e amiúde observado ao longo dos séculos: mesmo não tendo depositado a sua mensagem num texto, motivou muitos outros a preencherem esse vazio narrando a sua vida e os seus discursos. É verdade que, entre os socráticos, somente Platão acabou por se destacar como inventor do diálogo filosófico, tendo adaptado um módulo literário existente para uma modalidade de comunicação de estratégias teóricas próprias, com base num talento especial para a caracterização dramática dos personagens. Ao se abordar o problema da forma do diálogo platônico, seria preciso lembrar com mais frequência que ele nasce e se aperfeiçoa não só dentro do quadro mais amplo dos *logoi sokratikói*, cujo dispositivo dialógico encontrava, por sua vez, um precedente nos mimos de Sófron e Xenarco (a quem Aristóteles os compara no início da *Poética*), como também sob a influência do gênero cômico, com a importante combinação entre forma dialógica e interesse filosófico realizada por Epicarmo de Siracusa, de quem a comédia ática, por seu lado, retomara uma especial propensão à paródia filosófica. Isso não exclui que todos os *logoi sokratikói*, e os de Platão, em especial, apresentam uma marca de originalidade que muito provavelmente decorre da realidade (de estilo e de conteúdo) da conversação de Sócrates.

Sem dúvida, se os *logoi sokratikói* se inserem sob o signo da mimese, como Aristóteles reconhecia sem hesitar, não deviam visar a uma reprodução "fotográfica" da realidade, mas sim, justamente, a uma "representação"; por isso é natural que cada autor, perante uma personalidade complexa como a do próprio mestre, tendesse a ressaltar mais um aspecto do que outro, segundo a sua sensibilidade e/ou perspectiva teórica, inclusive criando em torno conversas que jamais existiram. Essa observação, que se pode aplicar a toda a literatura socrática mais antiga, não deve, porém, levar a um ceticismo radical em relação às fontes. Em primeiro lugar, todo autor de escritos socráticos, mesmo visando à sua autolegitimação filosófica, tinha todo o interesse em explorar argumentos que considerava ter realmente presenciado no seu convívio com o mestre. Em segundo lugar, para dizê-lo com as palavras de Alcibíades em *O Banquete*, "a melodia" dos discursos de Sócrates era tal que podia ser transmitida incólume, em toda a sua eficácia, tocada por todos mesmo modestamente, atingindo até quem jamais tivesse tido contato com ele.

Vale lembrar que, nos meados do século passado, no quadro de uma importante discussão sobre a formação do gênero biográfico (na Grécia, sem dúvida, mas quando e onde?, e com quais características peculiares?), Albrecht Dihle apontou o ambiente socrático justamente como o local de nascimento da biografia. As suas considerações remetiam, obviamente, apenas à *Apologia* platônica e aos escritos de Xenofonte (o território dos *logoi sokratikói* era inexplorado naqueles anos), mas poderíamos estendê-las facilmente a todo o campo da literatura socrática. Nesses textos, Dihle ressaltava a manifestação mais antiga de uma vontade de captar a "essência" de uma vida individual, não por acaso inspirada por uma figura excepcional como a de Sócrates. Essa tese foi redimensionada na discussão decisiva que Arnaldo Momigliano dedicou ao problema, recordando que, no século V, não faltavam "experimentos" biográficos, estimulados pela existência de personalidades fortes como Ciro, Cambises e Creso (em Heródoto), ou de autores ilustres, de Homero e Hesíodo em diante. Mas Momigliano não se limitava a conceder que, no século IV, "a biografia e a autobiografia recomeçaram desde o início", seguindo-se também ao surgimento de "personagens públicos", como, aliás, o espartano Agesilau retratado por Xenofonte. O grande historiador não deixava de maneira alguma de valorizar a contribuição dos socráticos, que considerava como "os principais autores de experimentos biográficos no século IV". Permanecia inconteste o fato de que a biografia antiga implicava um aspecto de ficção que hoje seria no mínimo "embaraçoso para o historiador profissional". Mas é exatamente nesse ponto que Momigliano acrescentava um precioso comentário, o qual fortalece a concepção geral que quisemos dar à nossa reconstrução: a influência de Sócrates no desenvolvimento da biografia antiga (cujo caráter peculiar reside na preferência pela categoria do típico, mais do que pelo individual) se explica graças àquele conjunto de qualidades pessoais que lhe permitiram encarnar o *tipo* do filósofo. E assim:

> Os socráticos faziam experimentos no âmbito da biografia, com o propósito de captar as potencialidades mais do que as realidades das vidas individuais. Sócrates [...] era não tanto o verdadeiro Sócrates quanto o Sócrates potencial. Não era um morto cuja vida se poderia narrar: servia de guia para territórios inexplorados [...]. Na biografia socrática, encontramos pela primeira vez aquele conflito entre verdade superior e verdade inferior que constituiu um grande problema para os estudiosos dos Evangelhos ou das vidas dos santos (Momigliano, *Lo sviluppo della biografia greca*, 50).

É, portanto, o momento de verificar a "potencialidade" de Sócrates pondo em relevo uma característica sua que aflora nas fontes de modo tão incisivo e uniforme que não pode não remontar ao Sócrates histórico, independentemente dos detalhes acrescentados pela ficção nas diversas situações; referimo-nos ao fato de que ele devia gostar muito de *caçoar*.

Sócrates sabia caçoar, antes de mais nada, de si mesmo. É um traço que vimos surgir, por exemplo, na autodescrição que lhe é atribuída no *Zópiro* de Fédon de Élida (com que ele reage não só ao juízo fisiognômico como também ao divertimento que isso causou entre os espectadores). Um registro igualmente jocoso se encontra na reevocação de Xenofonte, que demasiadas vezes é injustamente tachada de monotonia. Assim, na conversa com a hetera Teodota sobre as modalidades da sua profissão, ela lhe pede, a certo ponto, para ajudá-la naquela "caça aos amigos" cujos critérios haviam discutido ampla e seriamente, e o convida a visitá-la com mais frequência; porém, Sócrates se esquiva, queixando-se que não tinha tempo livre por causa dos diversos compromissos públicos e privados (afirmação que inverte a usual declaração de se manter à distância da vida pública) e principalmente por causa das inúmeras "amigas" que atraiu com filtros e encantamentos e que não o abandonam sequer por um instante. Tal *pointe* não consiste apenas na referência ao filtro mágico com finalidades eróticas, como metáfora dos seus discursos encantadores, como também na identidade dessas "amigas" (Apolodoro, Antístenes, Símias e Cebes!) e na advertência a Teodota, que será recebida por Sócrates somente se não estiver em casa "nenhuma" mais querida do que ela (Xenofonte, *Memoráveis* III, 11.16-18).

Mas Sócrates gostava ainda mais de troçar, com maior ou menor amabilidade, dos que estavam por perto. Xenofonte conta que, certa vez, ele sugeriu a um jovem que fosse ouvir o sofista Dionisodoro, que se gabava de ensinar a arte da estratégia, só para "zombar" dele quando retornasse (III, 1.4); e não faltam nos *Memoráveis* outros momentos em que Sócrates se aproxima dos interlocutores com aquele ar matreiro que se revela mais notoriamente nos primeiros diálogos platônicos. Como o tema da ironia socrática merecerá uma investigação à parte, aqui preferimos nos deter num aspecto da conversação de Sócrates que se aproxima de uma comicidade mais grosseira. Um bom exemplo é a discussão com o fervoroso seguidor de Górgias, Cálicles, durante a qual Sócrates contrapõe uma imagem ridicularizante à afirmação de que a vida feliz seria aquela em que todos os desejos, desde os mais elementares, fossem satisfeitos. Então, mesmo quem coça um prurido persistente viverá feliz?...

> Sócrates (*a Cálicles que está propugnando a satisfação de todos os desejos para uma vida feliz*): Muito bem, homem excelente; agora, porém, conclua tal como começou e preste atenção para não recuar por embaraço; aliás, ao que parece, também não devo recuar por embaraço. Ora, diga-me, em primeiro lugar, se mesmo quem tem sarna e quer se coçar, livre para se coçar à vontade, viverá feliz passando toda a sua existência a se coçar.
> Cálicles: Que homem estranho (*atopos*) você é, Sócrates, somente um banalíssimo orador de massas.
> ...
> Cálicles: Bom, afirmo que mesmo quem se coça vive agradavelmente.
> Sócrates: E se vive agradavelmente, não vive também feliz?
> Cálicles: Certamente.
> Sócrates: Mas quem coça apenas a cabeça, ou... devo prosseguir com a pergunta?...
> ...
> Cálicles: Mas você não tem vergonha em conduzir as conversas em tais níveis, Sócrates? (Platão, *Górgias* 494c-e).

Górgias é um diálogo da maturidade de Platão, que se ressente das suas preocupações teóricas, e é muito provável que toda a conversa entre Sócrates e Cálicles seja fruto de invenção. Aliás, Platão, e não só aqui, mostra competência em se apropriar dos mecanismos de dramatização da comédia ática (e, em especial, da de Aristófanes, cuja arte ele muito admirava), inclusive a utilização de uma vulgaridade genital como a insinuada na última frase reproduzida acima. Mas, como o ponto de vista sobre a felicidade atribuído a Sócrates se mostra coerente com a sua posição anti-hedonista, confirmada por um robusto conjunto de outros textos, é provável que ele não desdenhasse recorrer a imagens grosseiras e mesmo vulgares com vistas a ter uma eficácia persuasiva. No diálogo, diante do exemplo usado por Sócrates, aquele defensor da elegância gorgiana que é Cálicles exclama que Sócrates é "estranho" (*atopos*) por utilizar expedientes baratos, aparentemente destinados a atrair a plebe. O destinatário de Sócrates não era o *demos* de Atenas tomado indistintamente, mas nada impede que, para o seu público selecionado, ele inserisse nos discursos mais sérios alusões e imagens divertidas, extraídas da realidade cotidiana, num entrelaçamento de registros estilísticos ignorados (e, por isso, francamente "estranhos") num panorama cultural marcado por um elevado estilo de discussão.

Elevado, justamente, exceto no palco da comédia, com a qual Sócrates mostrava uma consonância que não podemos dizer até que ponto era "construída". Ele, ademais, gostava de discorrer sobre sapateiros, lavadores, cozinheiros, médicos, ou seja, uma série de figuras de baixa extração social, incomuns como objetos de discurso filosófico (é o que notam Alcibíades em *O Banquete*, 221e, Cálicles em *Górgias* 490e-491a e Hípias em *Hípias maior*, 288d). O testemunho de Platão converge com o de Xenofonte (*Memoráveis* I, 2.37), e ambos, aliás, são coerentes com a importância dos ofícios artesanais para Sócrates, como modelos de atividade virtuosa. Mas é sobretudo nesse ponto que se revela mais um elemento de contiguidade entre os discursos de Sócrates e a comédia ática. Ela, como notará Aristóteles na *Poética*, imita as ações de homens "piores" do que a média e "de pouco valor" (aqueles que diremos "da rua"), ao passo que a tragédia imita os "melhores" e, com efeito, trabalha sobre acontecimentos e personagens do mito (*Poética* 1448a, 1-17). Enquanto a Comédia Antiga retratava com tons realistas comportamentos e indivíduos que encontramos na vida de todos os dias, Sócrates abria a cena filosófica às figuras concretas e reais que encontrava pelas ruas e que interrogava frequentemente sobre o sentido das suas profissões, fossem eles oradores e políticos mais ou menos conhecidos ou artesãos de baixa posição social. O comportamento desses últimos, aliás, muitas vezes lhe servia como exemplo de uma conduta correta e competente; mas a seriedade do discurso era aliviada por um humor que Sócrates, quer fosse um dote natural seu, quer moldasse os seus mecanismos pelos do teatro cômico, já devia saber usar daquela maneira que Platão, na sua esteira, elevou à máxima eficácia.

No entanto, o nosso discurso não estaria completo se não relembrássemos aqui que Sócrates deve ter se mantido fiel até o fim a essa alternância entre seriedade e leveza, como iria comprovar a maneira como formulou a sua defesa (se a fez com a provocação sarcástica que lhe atribui Platão), além da serenidade demonstrada diante do veredito e da morte. Já vimos como Platão interpretou e apresentou no *Teeteto* aquela união entre cômico e trágico nos acontecimentos finais da vida de Sócrates; ali onde a extravagância impenitente do filósofo é punida não mais apenas com o riso da plebe ignara como também com a eliminação daquele corpo estranho da cidade. Mas queremos registrar pelo menos outros dois momentos interessantes, em que se percebeu bem a contiguidade entre cômico e trágico na história de Sócrates. O primeiro se localiza na esfera estoica, em que a "jocosidade" de Sócrates é interpretada como manifestação de supremo distanciamento das coisas do mundo que, belas ou feias que sejam, não afetarão a independência interior do sujeito moral. Leiamos sob esse aspecto uma bela passagem de Epiteto:

– Muito bem, Sócrates sabia jogar bola.
– Como?
– Sim, jogou no tribunal. "Diga-me, Ânito – pergunta ele –, como pode dizer que não acredito num deus? Os demônios, para você, o que são? Não são, talvez, prole de deuses ou prole

mista, nascida de homens e deuses?" E quando o interlocutor admite, acrescenta: "Mas quem há de pensar, na sua opinião, que existem mulas e asnos e, no entanto, não?" [...] como se jogasse uma bola [...]. Mas que bola era aquela, ali em questão? Tratava-se da vida, da prisão, do exílio, do veneno a ingerir, de ser privado da esposa, de ter de abandonar os filhos órfãos. Era isso o que estava em jogo, e mesmo assim jogava com a sua bola, e não sem graciosidade (Epiteto, *Discursos* II, 5.18-20).

Encontraremos agora uma leitura similar numa fase esquecida da recepção de Sócrates, que vale a pena destacar aqui em primeiro plano. O seu protagonista é Heinrich Gomperz, o filósofo nascido em Viena em 1873 (falecido em Los Angeles, em 1942), filho do ilustre historiador do pensamento antigo Theodor Gomperz. Na esfera dos interesses paternos (mas distanciando-se da sua abordagem positivista), Heinrich escreveu, no início do século XX, dois livros, um deles dedicado ao ideal grego da liberdade interior que via encarnado em Sócrates (tema que continuava a aprofundar no plano teórico, sob a influência do empiriocriticismo), e o outro dedicado à retórica dos sofistas. Um fato menos sabido é que já em 1897, mesmo antes de se formar, o jovem Gomperz havia publicado um livro com o título *Grundlegung der neusokratischen Philosophie* (Fundação da filosofia neossocrática), concebido como manifesto de um conjunto de princípios éticos (e estéticos) em torno dos quais, desde 1890, reunira-se um grupo de jovens intelectuais, de grande visibilidade e muito discutido no panorama cultural da Viena daquele *fin-de-siècle*, que ostentavam o título de "neossocráticos" (entre eles despontam, entre outros, os nomes de Richard von Kralik e Rudolf Kassner). A sabedoria de Sócrates, segundo Gomperz, revela-se no sentido de que toda a existência seja *paidiá* ("jogo" ou "brincadeira" em grego), e que ele, "como que por brincadeira", chegou a ingerir a cicuta, assim manifestando o seu sereno distanciamento do agitado teatro dos acontecimentos humanos. É significativo, mas não surpreendente, que esse livro de Gomperz não traga referências à valorização do tema já realizada pelos estoicos; um e outros se abeberaram separadamente na mesma fonte, à qual foram conduzidos, com um intervalo de séculos, por exigências morais e intelectuais similares.

Nota bibliográfica

A reconstrução dos *logoi sokratikói* tem uma enorme dívida para com a pesquisa de Livio Rossetti, que, estendendo-se ao longo dos últimos quarenta anos, produziu uma das maiores novidades nos estudos socráticos nos últimos dois séculos. Relembramos aqui somente a síntese mais recente: "Le dialogue socratique 'in statu nascendi'", in *Philosophie antique*, v. I, 2001, 11-35, além da coletânea de escritos *Le dialogue socratique*, Les Belles Lettres, Paris, 2011. Útil também é a elaboração de D. CLAY, "The Origins of the Socratic Dialogue", in P. A. VANDER WAERDT (org.), *The Socratic Movement*, Ithaca (N.Y.), 1994, 23-47. Uma base segura para a futura pesquisa sobre a literatura socrática é a rica e nítida seleção temática de textos in G. BOYS-STONES e C. ROWE (orgs.), *The Circle of Socrates. Reading in the First-Generation Socratics*, Hackett, Indianapolis-Cambridge, 2013. Uma obra de referência obrigatória continua a ser a coletânea de textos in G. GIANNANTONI (org.), *Socratis et Socraticorum Reliquiae*, 4 vols. Bibliopolis, Nápoles, 1990², agora disponível *online* (http://socratics-documentation.ancientsource.daphnet.org).

Sobre o papel da literatura socrática para o nascimento da biografia, sobre o qual mencionamos a tese de A. DIHLE, "Studien zur griechischen Biographie", in *Abhandlungen der Akademie der Wissenschaften in Göttingen – Philologisch-Historische Klasse*, Dritte Folge, n. 37, 1956, é fundamental no plano geral a leitura de A. MOMIGLIANO, *Lo sviluppo della biografia greca*, Einaudi, Turim, 1974.

Sobre o desenrolar dos mecanismos cômicos entre a comédia ática e Platão, ver A. CAPRA, "Stratagemmi comici da Aristofane a Platone", in *Stratagemmi. Prospettive teatrali*, v. 2, 2007, 7-48; v. 3, 2007, 7-45; v. 4, 2007, 7-50. Uma perspectiva interessante sobre o nascimento do diálogo filosófico, com a valorização do precedente epicarmiano, foi proposta recentemente por L. GIANVITTORIO, "Epicarmo dialogico: quatro livelli di analisi. Dalle forme al genere del dialogo letterario attraverso parodia filosofica ed intertestualità", in *Hermes*, v. 141, 2013, 435-449, e v. 142, 2014, 58-77.

Cabe lembrar, por fim, H. GOMPERZ, *Grundlegung der neusokratischen Philosophie*, Franz Deuticke, Leipzig-Viena, 1897. Informações preciosas sobre os "neossocráticos vienenses" encontram-se in J. LE RIDER, *Freud, de l'Acropole au Sinaï. Le retour à l'Antique des Modernes viennois*, PUF, Paris, 2002, 136-140.

Capítulo IV
Sócrates entre as nuvens: um mau professor?

[No teatro onde se apresentava a peça *As Nuvens* de Aristófanes] os forasteiros não conheciam o personagem ridicularizado e, assim, faziam barulho e tentavam entender quem era esse Sócrates. Quando Sócrates percebeu (ele, de fato, estava presente, não em vão nem por acaso, mas sabendo que era ele o personagem ridicularizado; e, por isso, sentava-se num lugar bem visível no teatro), para desfazer as dúvidas dos forasteiros, mantendo-se de pé durante toda a encenação, enquanto os atores competiam, oferecia-se aos seus olhares. A tal ponto prevalecia em Sócrates o desprezo pela comédia e pelos atenienses.
Eliano, *Varia Historia* II, 13.

...na perspectiva dos não filósofos, o filósofo é necessariamente ridículo; por outro lado, na perspectiva dos filósofos, os não filósofos são eles também necessariamente ridículos; o encontro entre filósofos e não filósofos é o tema natural da comédia. E é precisamente este [...] o tema de *As Nuvens*. Assim, não é de forma alguma um acaso que a nossa mais antiga fonte de informação sobre Sócrates e, portanto, mais digna de consideração seja uma comédia.
Leo Strauss, *O problema de Sócrates* (Primeira conferência).

A esta altura, não deveríamos nos surpreender que a *vis* cômica do indivíduo Sócrates, somada à extravagância do aspecto e do comportamento, fizesse-o o melhor candidato para o papel do intelectual satirizado em *As Nuvens*. De fato, nessa comédia, Aristófanes condensa no personagem de Sócrates elementos díspares das mais diversas figuras intelectuais emergentes na Atenas da segunda metade do século V a.c., pretendendo pôr na berlinda a figura do intelectual *tout court*, na sua alienação ante a esfera do bom senso. Por outro lado, como veremos, os mecanismos dessa operação são facilmente desmontáveis nesse primeiro nível: será mais difícil dissociar dos mecanismos dramatúrgicos aquela aura de tragédia que emana da comédia e culmina no final, como que prenunciando de maneira inquietante, pelo menos para os leitores *pós* 399 a.C., o fim ao qual se encaminharia Sócrates. Em suma, aqui deveríamos ter em conta também, e mais do que nunca, o entrelaçamento entre cômico e trágico, que já podemos considerar como marca característica da história existencial de Sócrates; marca que, vale lembrar, Leo Strauss captou mais agudamente do que qualquer outro intérprete moderno dos rumos da representação aristofânica.

As Nuvens é uma das onze comédias conservadas na íntegra do mais ilustre representante da Comédia Antiga e foi representada durante as Grandes Dionisíacas de 423 a.C. Nunca é demais frisar que esta é a única fonte que remonta a uma data em que Sócrates ainda estava em vida, e como tal será aqui valorizada, apesar de uma dupla ordem de dificuldades. A primeira dificuldade, já citada, é inerente à própria natureza do meio cômico, em especial à utilização da caricatura e da paródia, que deformam os traços do indivíduo posto em cena até quase – assim pareceria – torná-lo irreconhecível. A outra dificuldade, mais grave, está ligada ao fato de que o próprio Sócrates, ao menos pelo que se depreende da autodefesa na *Apologia* de Platão, apontou a comédia de Aristófanes como a mãe de todas as calúnias contra ele, que resultaram, mais de vinte anos depois, na acusação que o levou ao tribunal. No início do seu discurso, de fato, Sócrates estabelece uma clara ligação entre a acusação formal que lhe foi recentemente instaurada e os acusadores "mais antigos" (cujos nomes, afora o de um certo comediógrafo, não é possível saber), que são até mais perigosos porque há tempos têm espalhado boatos caluniosos sobre os conteúdos dos seus ensinamentos.

As acusações dos seus antigos difamadores – sugere ele – podem ser lidas "como uma declaração sob juramento", formulável nos seguintes termos:

Sócrates é censurável e intrometido enquanto explora tanto as coisas que estão sob a terra quanto as que estão no céu e fortalece o raciocínio mais fraco, e a outros ensina essas coisas (Platão, *Apologia* 19b).

A esse ponto, Sócrates cita o nome de Aristófanes e lembra, repetindo textualmente algumas passagens de *As Nuvens*, que ele o retratara como indivíduo que "anda especulando sobre as coisas no céu e investigou todas as coisas sob a terra", e que do estudo da natureza extrai razões para contestar a supremacia dos deuses tradicionais, e além disso, ao mesmo tempo, como típico expoente do programa sofista, consistindo em ensinar a "fortalecer o discurso mais fraco" (antecipando a acusação de corrupção dos jovens: *Apologia* 23d, mas já 18a-e).

A conexão estabelecida na *Apologia* entre os acusadores "mais antigos" e os "mais recentes" teve repercussões negativas na recepção de *As Nuvens*, vista desde a Antiguidade como ato de verdadeira difamação, basicamente desprovido de valor testemunhal mesmo entre os estudiosos modernos. Apenas em tempos recentes é possível assistir a uma reversão dessa tendência, consistindo de modo geral em enfatizar a finalidade essencialmente cômica do projeto de Aristófanes. Mas, para uma avaliação cuidadosa, expomos o enredo da comédia, indicando sucessivamente as referências mais significativas, mais ou menos explícitas, a determinadas posições intelectuais que o autor atribui a Sócrates.

O protagonista da comédia é o camponês Estrepsíades, memorável exemplificação do tipo cômico do campônio, ignorante e patife, cuja incapacidade de aceitar um saber que não seja mesquinhamente vantajoso serve de exasperado veículo da denúncia de Aristófanes: a de que fundamentalmente "a filosofia é um problema: a filosofia não possui existência sob o perfil político e civil" (ao escrever estas palavras, Strauss se mostra certamente afetado pela crítica de Nietzsche, que diagnosticara o racionalismo socrático como a mais evidente manifestação da incapacidade da teoria em abordar os comportamentos e problemas da vida real, e, por isso, apreciara a sátira aristofânica).

Estrepsíades, portanto, aparece no início da peça revirando-se insone no leito, obcecado pelas dúvidas que o filho Fidípides contraíra na sua desenfreada paixão pelos cavalos (segundo um gosto aristocrático herdado da mãe, cidadã e pretensiosa). A Estrepsíades pertence a grande ideia cômica da peça: enviar o filho para a escola de Sócrates, o chamado Phrontisterion ou Pensatório (v. 94), onde se ministram inéditos conhecimentos sobre a natureza do cosmos, mas principalmente ensinam, por dinheiro (v. 98), como vencer uma disputa tornando um discurso fraco em um discurso mais forte (vv. 112-115). A intenção do pai é que assim Fidípides possa convencer os credores (injustamente) que não lhes deve nada.

Mesmo antes de aparecer em cena, portanto, Sócrates é apresentado sob os traços, certamente estranhos a ele, de chefe de uma escola que, mediante pagamento, ensina uma arte do discurso capaz de prevalecer sobre o adversário independentemente de considerações de ordem moral. É verdade que Sócrates reunia em torno de si grupos de ouvintes, nos quais se incluíam aqueles *habitués* que podiam ser considerados discípulos seus; mas, como sabemos, as suas conversas ocorriam durante encontros fortuitos nas ruas de Atenas ou, em ocasiões um pouco mais estruturadas, em residências particulares ou oficinas sempre diferentes. O Pensatório, por outro lado, remete claramente ao único movimento com feições de escola filosófica organizada que o mundo grego conhecia naqueles anos, qual seja, o pitagorismo, com suas sedes distribuídas entre Cróton e outros centros da Magna Grécia, e essa referência explica as frequentes alusões ao caráter iniciático dos conhecimentos lá ministrados: em deliberada contraposição (que podia ser entendida ao menos pelo público mais culto) à disponibilidade dos sofistas em ensinar a arte do discurso a todos em condições de pagar (ou de acolher as suas exibições retóricas numa residência abastada).

Quando Fidípides se recusa a se associar a personagens tristemente famosos pela aparência enfermiça, o próprio Estrepsíades se dirige ao Pensatório, cujos frequentadores estão mergulhados em pesquisas que vão desde o problema se os saltos das pulgas são de altura proporcional ao tamanho delas, ou se os mosquitos emitem os zunidos pela boca ou pelo traseiro, até questões geométricas e astronômicas. Frisa-se a vacuidade dessas últimas com um episódio que um discípulo relata a Estrepsíades: certa vez, o próprio Sócrates estava investigando as órbitas lunares com a boca aberta, e um grego defecou na sua boca (vv. 171-174). Essa imagem parece uma inversão surreal daquela outra imagem de Tales, que pelo mesmo motivo caiu dentro do poço; e inevitavelmente nos perguntarmos (complicando um problema já citado em capítulo anterior) se aqui estamos diante de uma variação cômica de uma historieta preexistente relativa a Tales (como somos levados a pensar, devido à maneira como ele é mencionado logo depois), ou se foi Platão quem inventou o episódio do *Teeteto* como dupla resposta à historieta em circulação e a Aristófanes. De todo modo, o que é certo e mais importante é que o comediógrafo está dando voz à perplexidade divertida e sarcástica que a maioria sente diante da escolha de uma vida dedicada ao conhecimento que, tanto aos seus olhos quanto depois aos olhos de Platão, encontra a sua encarnação mais viva em Sócrates.

Em todo caso, o personagem de Sócrates, na sua primeira aparição, é representado com traços que logo se tornarão característicos do tipo do intelectual distraído; com efeito, ele aparece literalmente com a cabeça nas nuvens, instalado numa engenhoca suspensa no ar para poder observar melhor os corpos celestes, e também porque naquela altura a sua inteligência se mescla melhor com o ar, que é da mesma leveza (vv. 227-234: há aqui uma provável alusão a uma doutrina de Diógenes de Apolônia). Ademais, ele invoca justamente as nuvens para que desçam à cena, como divindades protetoras do ensinamento que pretende ministrar a Estrepsíades (outras divindades que Sócrates invoca em vários momentos são o Ar, o Éter, o Vórtice). A escolha das nuvens como componentes do coro (que depois dá nome à peça, segundo um uso habitual) atende a uma dupla finalidade: de um lado, elas remetem a implicações ateístas de um estudo dos fenômenos naturais que pode levar, se não a endeusar as próprias entidades cósmicas, a abalar a crença de que Zeus e as outras divindades do Olimpo estão na origem dos fenômenos meteorológicos; de outro lado, sugerem a vacuidade das "conversas fiadas" dos sábios (como são frequentemente chamadas na peça) e talvez, mais precisamente, os contornos fugidios do discurso sofista, que pode assumir qualquer forma requerida pelas necessidades do momento.

Depois de várias tentativas, Sócrates renuncia à tarefa de instruir Estrepsíades, ignorante e velho demais para entender o que quer que seja, mas não rejeita a ideia de prover à educação de Fidípides, fazendo-o assistir a um debate (o chamado *agón*, momento central na estrutura da Comédia Antiga) entre o Discurso mais forte e o Discurso mais fraco, personificação dos *logoi* dos quais seria hábil manipulador. Enquanto o Discurso mais forte celebra, contra a debilidade da vida contemporânea e os falatórios (filosóficos) na praça, os valores da justiça e da moderação embutidos na educação de outrora, na qual se formaram os atenienses vencedores dos persas em Maratona, o Discurso mais fraco denuncia, pelo contrário, que de tal vida não deriva nenhuma vantagem e defende a causa dos prazeres da comida, da bebida, do sexo e do jogo. E Fidípides se mostra bom aluno, mas não em refutar os credores e, sim, em dar uma surra no pai, demonstrando-lhe solidamente que está fazendo o certo, com um discurso repleto de remissões à crítica, de marca sofista, do *nomos* constitutivo (vv. 1410-1429).

No fim, Estrepsíades precisa admitir que mereceu tal tratamento como castigo pelos seus propósitos fraudulentos (vv. 1437-1439), mas fica furioso quando o filho se declara pronto a demonstrar que é igualmente certo ir surrar a própria mãe. As Nuvens retrucam às queixas de Estrepsíades dizendo que a culpa é apenas dele, pois tentou se dirigir a más ações invertendo o sinal dos discursos (vv. 1454-1455: aqui e em outras passagens, há um inegável jogo de palavras entre o verbo *strepsai*, "dirigir-se", e o nome do próprio Estrepsíades). Mas o nosso herói não aguenta mais: repudia o Vórtice, pede perdão a Hermes por ter-se deixado induzir ao erro por aquelas conversas e, descartada a possibilidade de instaurar um processo, prefere vingar-se ali mesmo e na mesma hora; com a ajuda de um servo (Fidípides não pretende se revoltar contra os seus novos mestres), ateia fogo ao Phrontisterion. A comédia termina com o convite de Estrepsíades para perseguir os seus ocupantes, surrando-os "por muitas razões, mas, principalmente, porque cometeram injustiça com os deuses" (vv. 1508-1509).

Esse final incendiário tem sido amiúde considerado muito violento e, na verdade, como sinistra premonição da pena infligida a Sócrates, que será, precisamente, julgado culpado de impiedade, além de ser um "mau professor", tal como foi para Fidípides na comédia. No entanto, o final não destoa muito das cores fortes usuais na comédia antiga; em todo caso, deve-se notar que o objetivo de Estrepsíades não é tanto o de que os ocupantes do Phrontisterion morram queimados, mas sim o de obrigá-los a sair e cobri-los de pancadas. Mais que isso, cabe perguntar até que ponto as modalidades do retrato aristofânico de Sócrates foram ditadas ou não pela hostilidade e até que ponto essa hostilidade se referia à sua pessoa ou se estendia a outras correntes intelectuais dominantes no mundo cultural de Atenas; enfim, até que ponto essa hostilidade podia ser compartilhada (e, por sua vez, alimentada) pelo público de *As Nuvens*, composto de grande parte, tendencialmente a mais culta, dos cidadãos de Atenas (calcula-se que a capacidade do teatro era, pelo menos, de 10 a 15 mil espectadores).

Sem dúvida, como já dissemos, devido à sua excentricidade, Sócrates se prestava ao papel de um personagem cômico ideal, tanto mais que, tendo 45 anos na data de apresentação de *As Nuvens*, já devia ser bastante conhecido para que a sua caricatura fosse reconhecida e motivo de divertimento (lembremos que, no século V, o riso cômico precisa de personagens reais). Também em alguns fragmentos de outros autores cômicos (por exemplo, Amípsias, numa comédia representada no mesmo ano, e Êupolis), Sócrates é tomado como alvo em comportamentos que também encontramos em *As Nuvens*, estendidos aos seus discípulos: o aspecto desmazelado, o hábito de andar descalço, o modo de vida miserável. Algumas dessas extravagâncias deviam ser reais: mesmo Alcibíades relembra no seu elogio que Sócrates costumava caminhar descalço no gelo, com um manto leve mesmo durante o rigoroso inverno do cerco de Potideia (432-430 a.C.), atraindo com isso a malevolência dos camaradas que se sentiam desprezados por ele (Platão, *O Banquete* 220a-c). Por outro lado, não é tão certo que Sócrates vivesse na indigência, pois Alcibíades relembra também que ele prestara serviço no exército dos hoplitas (soldados de infantaria pesada), reservado aos cidadãos com posses suficientes para prover pessoalmente às suas armaduras (*O Banquete* 221a). Assim, é plausível supor que possuía alguns bens de família, pelo menos suficientes para manter a si e aos seus, graças também, ademais, à escolha de uma vida frugal que devia contrastar com a vida luxuosa dos sofistas de maior fama.

Os poetas cômicos também apresentavam o desmazelo de Sócrates e seus discípulos como expressão de frugalidade e resistência física, mas aquilo que poderia assumir valor positivo no plano moral tem o seu sinal invertido e é ridicularizado no universo cômico, que insiste no apreço pela comida, pelo vinho, pelo sexo. Assim, os pés nus e o desleixo na indumentária se tornarão, além de uma característica distintiva dos cínicos, um motivo de grande sucesso da sátira antifilosófica, ao lado da palidez doentia que os autores cômicos atribuem aos discípulos, mergulhados em conversas em vez de se dedicarem a saudáveis atividades ao ar livre. E outro *topos* da sátira antifilosófica é, precisamente, o gosto pela "conversa fiada", cujo melhor exemplo na cena intelectual de Atenas era o de Sócrates (Aristófanes, *As Nuvens* 359, 1480, 1485; *Rãs* 1497; Êupolis, fr. 386).

Mas aqui se encerra a lista dos elementos da representação de Aristófanes que é plausível atribuir ao indivíduo Sócrates. Ou melhor, não faltam no texto de *As Nuvens* sábias alusões a momentos característicos do ensinamento socrático, como "conhece a ti mesmo" (242, 385, 478, 842, 1454-1455), a aporia (703-705, 743, 761), talvez também a maiêutica (137). Contudo, essa questão é raramente observada mesmo pelos estudiosos modernos, pois fica oculta – e aqui finalmente chegamos ao cerne do problema – sob uma trama de referências, em quantidade e densidade impressionantes, que remetem, de um lado, a opiniões sobre a natureza dos mais diversos pensadores da época pré-socrática (dos pitagóricos a Xenófanes, Empédocles, Anaxágoras, Diógenes de Apolônia e Arquelau) e, de outro lado, ao programa sofista (em especial de Protágoras) de ensinar a "fortalecer o argumento mais fraco". Como se explica a contradição com autores como Platão, Xenofonte, Aristóteles, que dissociam Sócrates ao máximo possível tanto do naturalismo (com todas as possíveis implicações de irreligiosidade) quanto da utilização enganadora da retórica de marca sofística?

Aqui também a invenção cômica deve ter tido, sem dúvida, algum argumento real para lhe servir de base. Em primeiro lugar, no *Fédon*, Sócrates conta que, "quando jovem", interessou-se pela natureza (em especial, lembremos, pelo livro de Anaxágoras); o fato de ter, na época da primeira *As Nuvens*, 45 anos de idade e, portanto, não ser propriamente jovem segundo o cânone antigo, não impede que pudesse se ver como tal do alto dos seus setenta e poucos anos, no último dia de vida. Em segundo lugar, a semelhança de Sócrates com um sofista devia ser maior do que aparece na representação de Platão e Xenofonte, cujas finalidades justificatórias não podemos esquecer. Sem dúvida, Sócrates tinha em comum com os sofistas uma posição extremamente crítica perante o saber tradicional (mesmo que certamente fosse mais respeitoso em relação à lei e aos costumes da *polis*), além da predileção pelo método refutatório, não isento do recurso a argumentações capciosas (embora o seu objetivo fosse a busca de um conhecimento o mais objetivo possível dos valores morais, que seguia em direção oposta ao relativismo sofista).

No conjunto, portanto, a distinção entre Sócrates e as duas principais correntes intelectuais com que se confrontou na Atenas da sua época não devia ser tão nítida como parece hoje. E quer Aristófanes tivesse ou não consciência dessa distinção, e quer a tivessem ou não os espectadores do teatro ateniense, a prática do gênero cômico autorizava formar um *mix* único dessas correntes, representando num personagem conhecido o tipo do intelectual perdido em discursos que, de todo modo, eram vazios e ridículos aos olhos da maioria. Para maior eficácia sobre o público ateniense, sem dúvida seria melhor atacar alguém do lugar do que alguém vindo de fora, como Protágoras. E haveria ocasião mais saborosa do que ter à mão, quem sabe até como amigo, aquela estranha figura de Sócrates? Talvez até disposto a se fazer reconhecer entre o público, como conta o episódio de Eliano (a história, *se non è vera, è ben trovata* [Se não é verdade, é bem inventada]). Lembremos que Aristófanes participa do *Banquete* platônico, rindo e brincando com Sócrates e os outros comensais e propondo um encantador relato sobre a origem do amor sexual. Nenhuma malevolência deve ter inspirado *As Nuvens*; pelo contrário, no campo da poesia em competição com a filosofia, há uma grande liberdade.

Liberdade não só de despertar risos, que fique claro; há também, precedendo toda a operação, o propósito de ingressar na arena intelectual de Atenas, com dignidade própria de *poeta* sábio.

Aqui, vale determo-nos no fato de que o texto de *As Nuvens* que nos chegou pela tradição manuscrita não é o mesmo sobre o qual se baseou a representação de 423, mas uma segunda versão que Aristófanes escreveu alguns anos depois (entre 421 e 418), a qual, apesar das claras intenções do autor, nunca foi levada ao palco. Com ela, Aristófanes pretendia responder ao insucesso da primeira versão, que ficara em terceiro lugar na arena das Grandes Dionisíacas, depois de *A bilha* de Crátinos (onde o velho poeta criava uma competição metaliterária entre o seu amor pelo vinho e o seu amor pela Comédia personificada) e o *Cono* de Amípsias (em que, aliás, o próprio Sócrates aparecia, como antigo discípulo do músico Cono). Segundo um antigo prefácio ao drama, as mudanças introduzidas nessa segunda versão se referem à parábase (um momento típico da comédia em que o coro se dirige ao público para cativar a sua simpatia pela representação), a disputa entre os dois Discursos e o final. É inútil especular muito sobre tais modificações, mas cabe ao menos detectar na nova parábase (em especial nos versos 518-562) a insistência de Aristófanes quanto aos motivos do parco sucesso obtido na representação anterior. Com efeito, o poeta alega que escreveu a comédia "mais sábia" e, por isso, mais "temperante" de toda a sua produção (vv. 522, 537), renunciando aos expedientes mais grosseiros nos quais apostam os colegas: piadas grotescas como falos exagerados, ridicularização de alvos fáceis como a calvície, personagens empunhando bastões (há alguns desses expedientes em *As Nuvens*, mas Aristófanes discorda não desse gênero de humor, mas sim da utilização mais ou menos inteligente que se possa fazer dele). Por isso, espera encontrar espectadores e, entre eles, juízes mais "inteligentes" do que os anteriores (vv. 521, 524-527, 535, 562), capazes de apreciar e premiar a "sabedoria" que o autor desenvolveu na sua obra, graças à sua capacidade de construir personagens interessantes aos quais pode confiar boas frases e dar voz na obra a ideias inovadoras e originais (vv. 520, 547-548).

Ao que parece, o público de 423 a.C. não apreciara suficientemente a comédia, pelo menos na opinião de Aristófanes, devido à escolha de base sofisticada, que não permitia um desenvolvimento dramaticamente eficaz (a disputa entre Discurso justo e Discurso injusto, por exemplo, talvez parecesse um tanto abstrata e, certamente, menos exuberante do que o habitual). É possível que a operação resultasse culta demais e boa parte do público fosse incapaz de apreciar a densa trama de referências culturais que forma a comédia e, com razão, de separar os componentes heterogêneos do amálgama/Sócrates. Mas também é possível que, na parábase, Aristófanes tenha manipulado o quadro para reforçar, com fins competitivos, o contraste entre a sua originalidade e a repetitividade dos adversários. Isso porque é verdade que a comicidade de *As Nuvens* se funda basicamente numa série de referências doutrinais que requerem uma apreciação mais sutil de espectadores doutos, mas Aristófanes tem, sem dúvida, grande habilidade (e o leitor moderno o percebe claramente) em construir uma paródia capaz de ser fruída em diversos níveis, de modo que todo o público, mesmo o de instrução médio-baixa, poderia apreciar o sentido geral do escárnio dirigido à categoria intelectual, ridicularizada por estar muito distante do "mundo da vida" (retomo aqui a expressão, carregada de ressonâncias nietzschianas, com que Blumenberg designa aquela esfera em que o homem teórico se encontra "fora de lugar"). Resta o fato de que Aristófanes reforça, por meio do corifeu, que a sua intenção era precisamente a de se apresentar como "sábio"; em outras palavras, pretendeu expressar a sua posição (que – para dizê-lo novamente com Leo Strauss – é a do "grande reacionário" que defende a "justiça à antiga") com tal refinamento intelectual que se coloca no mesmo nível de todos aqueles novos sábios, cujas características condensou tão brilhantemente no personagem de Sócrates.

Em todo caso, no longo prazo, a comédia parece ter alcançado o sucesso que não obtivera na primeira encenação, talvez graças a sucessivas reapresentações (que não é possível provar, mas tampouco excluir), talvez graças a comentários boca a boca. Por um lado, também contrariando e indo além das intenções do autor, o clichê do Sócrates mau professor deve ter-se gravado cada vez mais na memória dos atenienses. Mesmo que não levemos em conta a ligação que Sócrates intui, no início da *Apologia*, entre a hostilidade dos concidadãos e a velha "calúnia" do cômico, é significativo que, mesmo após a sua morte, o orador Polícrates o acusasse de ter ensinado os filhos a maltratarem os pais, evidentemente se remetendo ao episódio em que Fidípides bate no pai em *As Nuvens* (sabemos disso por meio de Xenofonte, que se sente no dever de refutar a acusação: *Memoráveis* I, 2.49).

Mas, por outro lado, a operação de *As Nuvens* trouxe a Aristófanes a atenção dos seus pares na arena intelectual ateniense. Relembremos por um momento aquela passagem da comédia em que Estrepsíades diz que Sócrates cobra pelos conhecimentos que ministra, o que, evidentemente, o aproxima do sofista profissional. Cabe apontar também que outras referências no texto aos honorários cobrados por Sócrates são postas na boca de Estrepsíades (vv. 245-246, 1146-1447) e, por isso, têm como finalidade descrever as expectativas dele e não tanto um hábito de Sócrates; além do mais, essas referências contradizem a frugalidade miserável em que o próprio Aristófanes retrata Sócrates e discípulos, para ridicularizar uma escolha de vida que está em total desacordo com seu ideal de um franco gozo dos prazeres (naturais e necessários, poderíamos dizer) do alimento, do vinho e do eros. Ademais, o fato de receber pagamento não devia constituir especial motivo de descrédito aos olhos dos atenienses, que possivelmente conheciam bem e aceitavam essa modalidade de ensinamento sofista, e seria ainda menos possível que isso tivesse alguma relevância no plano da acusação formal. Contudo, o próprio Sócrates em processo, talvez, e certamente os seus discípulos se mostram indignados com tal suspeita, que é vigorosamente contestada tanto na *Apologia* de Platão (19d-20c) quanto, repetidamente, nos *Memoráveis* de Xenofonte. E é interessante que seja justamente Xenofonte, a quem se costuma atribuir uma representação banalizada e superficial da lição socrática, a captar uma profunda conexão entre gratuidade e *liberdade* na contribuição-exercício do pensamento, que leva Sócrates a declarar várias vezes em termos muito claros:

> ...não pretendia dinheiro dos que tinham vontade de ficar com ele. Recusando pagamento, considerava cultivar a liberdade. Os que recebiam salário por conversarem com os outros, ele definia como escravizadores de si mesmos, porque eram obrigados a discorrer com aqueles de quem aceitavam salário (I, 2.5-6).
>
> ...mantinha sob controle não só os prazeres do corpo como também os que vêm do dinheiro, porque estava convencido de que, quem aceita dinheiro de outrem, converte-o no seu patrão e acaba por ser escravo de uma escravidão não menor em torpeza do que qualquer outra.
>
> Sócrates (*em conversa com Antifonte*): ...entre nós é convicção difundida que é possível dispor igualmente da beleza e da sabedoria de maneira decente e indecente. Se, de fato, uma pessoa vende a sua beleza por dinheiro a quem a queira, chamam-na de prostituta, se alguém, pelo contrário, torna-se amigo de outro

que sabe ser um amante virtuoso, julgam-no sensato. O mesmo vale para os que põem à venda a sua sabedoria para quem a queira em troca de dinheiro: nós os chamamos de sofistas; por outro lado, quem ensina o que tem de bom em si a alguém que sabe ser naturalmente dotado e se torna seu amigo, pensamos que ele faz o que convém a um cidadão e a um cavalheiro (*kalói kagathói*; I, 6.13).

A insistência de Xenofonte sobre esse tema reflete visivelmente a exigência de defender Sócrates nem tanto de acusações específicas, e sim de incompreensões e desconfianças sobre o valor da sua escolha de vida filosófica. De todo modo, após a sua morte, eventuais semelhanças com qualquer sofista que ensinasse mediante pagamento já não seriam mais motivo de riso.

Mas a maior demonstração do sucesso de *As Nuvens* é dada justamente pelas páginas iniciais da *Apologia*: é aqui que o desafio lançado por Aristófanes (um desafio do teatro à filosofia, para dizê-lo novamente nos termos de Strauss) é levado a sério e acolhido no mais alto nível. Não estamos nos referindo à realidade ou não desse nexo entre acusações antigas e recentes, àquela sedimentação da "calúnia" cômica na percepção ateniense de Sócrates; nexo que ele, como já dissemos, estabelece no início do seu discurso. Numa cuidadosa releitura recente das primeiras páginas da *Apologia*, Fernando Santoro mostrou persuasivamente que a aproximação entre as antigas e as novas acusações tem como função não tanto transferir para Aristófanes a responsabilidade pela hostilidade que cresceu em torno de Sócrates, e sim – numa sutil inversão – ridicularizar os termos da acusação formal. Nota-se a construção paródica do discurso, em primeiro lugar, no fato de dedicar maior número de páginas (18a-24b) aos primeiros acusadores, considerados "mais perigosos", do que aos segundos (24c-28a). Além disso, enquanto os primeiros são levados a sério, os segundos, na pessoa de Meleto, que era o único presente ao processo, são liquidados rapidamente, com uma refutação escarnecedora com a finalidade de mostrar as suas acusações, implicitamente, como um "subproduto do gênero cômico" (em 31d Sócrates dirá que Meleto redigiu a acusação zombando dele como numa comédia, *epikomodón*). É possível, segundo Santoro, que essa jogada fizesse efetivamente parte da estratégia defensiva e, sem dúvida, não convencional (falaremos a esse respeito nos últimos capítulos) de Sócrates, que, como sabemos, tinha familiaridade com os instrumentos do gênero cômico. Em todo caso, é a Platão que devemos a clara configuração não só dessas primeiras frases como também de todo o escrito, como uma "encenação teatral". A cena é nitidamente desenhada: Sócrates está no tribunal, diante do júri popular, como no teatro, pois o tribunal, com a assembleia, é justamente o local onde a democracia ateniense se oferece em espetáculo. Sócrates é protagonista e Atenas antagonista num drama filosófico, de tom cômico, mas de sentido sério e mesmo trágico, no qual Platão acolheu o desafio que Aristófanes lançara em *As Nuvens*.

Nota bibliográfica

Sobre Sócrates como tipo cômico em *As Nuvens*, ver E. L. Bowie, "Le portrait de Socrate dans les 'Nuées' d'Aristophane", in M. Trédé e Ph. Hoffmann (orgs.), *Le rire des anciens*, Presses de l'École Normale Supérieure, Paris, 1998, 53-66; D. Konstan, "Socrates in Aristophanes' 'Clouds'", in D. R. Morrison (org.), *The Cambridge Companion to Socrates*, Cambridge University Press, Cambridge, 2010, 75-90. As remissões ao tema socrático do autoconhecimento, esparsas na comédia, foram cuidadosamente levantadas por E. A. Havelock, "The Socratic Self as it is Parodied in Aristophanes' 'Clouds'", in *Yale Classical Studies*, v. 22, 1972, 1-18.

As inúmeras referências a posições filosóficas anteriores identificáveis no texto de *As Nuvens* têm sido amplamente trabalhadas, e, em data mais recente, numa série de estudos reunidos em A. Laks e R. Saetta Cottone (orgs.), *Comédie et philosophie. Socrate et les "Présocratiques" dans* les '*Nuées*' *d'Aristophane*, Éditions Rue d'Ulm – Presses de l'École Normale Supérieure, Paris, 2013, onde ver, entre outras coisas, F. SANTORO, "La citation des *Nuées* dans l'*Apologie de Socrate*' de Platon", 193-206. Ver também W. LAPINI, "Socrate pitagorico: Aristoph. 'Nub'. 144-152", in ID., *Studi di filologia filosofica greca*, Florença, Olschki, 2003, 119-136, também para ótimas observações finais sobre o jogo alusivo "multicamadas" de Aristófanes.

Sobre *As Nuvens* como comédia "intelectual", ver A. CASANOVA, "Parodia filosofica e polemica letteraria nelle 'Nuvole' di Aristofane: qualche riflessione", in G. ARRIGHETTI e M. TULLI (orgs.), *Letteratura e riflessione sulla letteratura nella cultura classica*, Giardini, Pisa, 2000, 367-376. Sobre a parábase, ver Z. P. BILES, *Aristophanes and the Poetics of Competition*, Cambridge University Press, Cambridge/Nova York, 2011, 167-210.

Leo Strauss dedicou a *As Nuvens* um dos seus últimos livros, *Socrates and Aristophanes*, Chicago University Press, Chicago/Londres, 1996, cujo núcleo temático já estava presente nas duas primeiras conferências de um ciclo apresentado em 1958 na Universidade de Chicago e publicado postumamente. A tradução italiana traz o título de "Il problema di Socrate. Cinque conferenze", in L. STRAUSS, *Gerusalemme e Atene. Studi sul pensiero politico dell'Occidente*, Einaudi, Turim, 1998, 120-210. Para uma reconsideração da tese de Strauss, controversa como outras suas igualmente controversas, ver M. STELLA, "'The plaything of things' ou les '*Nuées*' selon Leo Strauss", in LAKS e SAETTA COTTONE (orgs.), *Comédie et philosophie* cit., 207-223.

Capítulo V
Em missão por encargo do deus

SÓCRATES (*a Crítias*): Como pode pensar que, se eu o refuto ao máximo possível, faço-o com alguma outra finalidade que não seja a de indagar a mim mesmo pelo que digo, no temor de acreditar que sei alguma coisa sem de fato saber, e que eu não o perceba? E mesmo agora sustento que é isso o que faço, examinar o discurso cuidando principalmente de mim, mas talvez também dos outros amigos. Ou você não acredita que seja um bem comum a praticamente todos os homens que cada ente se torne manifesto por aquilo que é?
PLATÃO, *Cármides* 166c-d.

Que o indivíduo precise prover à sua eticidade (*Sittlichkeit*) significa que ele se torna moral; desaparece a faceta pública e aparece a moralidade (*Moral*): os dois fenômenos são concomitantes. Portanto, vemos que Sócrates se apresenta justamente com o sentimento de que nessa época cada qual deve prover à sua própria eticidade. Ele prové à sua por meio da consciência e da reflexão sobre si, buscando na própria consciência o espírito universal desaparecido da realidade; e ajudou os outros a prover à sua eticidade despertando-lhes a consciência de ter nos seus pensamentos o bem e o verdadeiro, vale dizer, o em-si da ação e do saber.
G. W. F. HEGEL, *Lições sobre a história da filosofia*.

É plausível supor que uma *pointe* implícita no jogo de Aristófanes consiste em atribuir o máximo possível de doutrinas a uma personalidade conhecida por não apoiar nenhuma (assim argumenta Andrea Capra). Em todo caso, é significativo que Sócrates, na passagem da sua diatribe em que se empenha em desmentir a boataria, nascida e alimentada pelas alusões do cômico, de que cobra pagamento para "educar" (*paideuein*), insista que não é autor de nenhuma doutrina. Diz, de fato, e com visível ironia, que não lhe desagradaria ter os conhecimentos que se arrogam Górgias, Pródico, Hípias, além de Evenos de Paro, o qual ministra aos filhos do rico Cálias dispendiosas aulas de "excelência (*aretè*) humana e política", no que declara ser e é reconhecidamente competente: "Eu também me enfeitaria e me orgulharia, se tivesse essas competências: o fato é que não as tenho, atenienses" (Platão, *Apologia* 19e-20c).

É nesse ponto que se inicia, após um gradual distanciamento do conteúdo das "velhas" acusações e um confronto cada vez mais cerrado com os cidadãos de Atenas, uma reconstrução das motivações profundas da hostilidade que Sócrates atraiu sobre si. O ponto de partida consiste numa objeção que ele imagina que alguns dos presentes poderiam lhe dirigir:

> Mas, afinal, Sócrates, do que você anda se ocupando? De onde surgiram essas calúnias? Decerto algo de extravagante (*perittoteron*) você fazia, se nasceram todos esses boatos e falatórios; eles não existiriam se o seu comportamento não fosse pelo menos diferente do da maioria. Diga, então, do que se trata, e assim poderemos entendê-lo melhor *(Apologia 20c)*.

Sócrates, portanto, mostra ter consciência de que é visto como uma anomalia na cidade; tendo de explicar o que poderia ter gerado "fama e calúnias" contra ele, começa admitindo que se sente dotado, na verdade, de "uma certa sabedoria": mas – especifica logo a seguir – trata-se de uma "sabedoria humana" (*anthropine sophia*), bem diferente daquela "elevada acima do plano humano" de que se consideram dotados aqueles outros que acaba de mencionar (pode-se supor que esse juízo irônico se estende implicitamente também aos estudiosos da natureza, sobre cujo efetivo saber Sócrates expressou as suas dúvidas ao tomar distância do rótulo de naturalista que lhe pespegou Aristófanes: 19c). Assim, com a tarefa de esclarecer em que consiste essa "certa sabedoria humana" que Sócrates reconhece em si (e nela reconhece o sinal da sua diferença em relação à maioria), tem início uma ampla reevocação que vai desde as raízes até o núcleo da sua atividade filosófica (20c-24b). Esse segmento da *Apologia*, que se estende do início polêmico contra os "velhos acusadores" ao confronto próximo com "os acusadores mais recentes", pode ser visto como um manifesto da chamada "profissão de ignorância" de Sócrates.

Antes de mais nada, ele invoca como "testemunha" o deus de Delfos: com efeito, certa vez o amigo Querefonte fora ao oráculo de Delfos para perguntar se havia alguém mais sábio do que Sócrates, e a Pítia respondera que não havia ninguém. Sócrates ficara surpreso com a resposta, tendo "consciência de não ser sábio de maneira alguma"; porém, para entender o sentido do oráculo (aliás, convencido de que o poderia "desmentir", *elenchein*), abordara os homens da cidade que mais gozavam de tal fama, indagando sobre o saber deles. Dirigiu-se primeiramente a um político bastante conhecido e se deu conta de que ele também não sabia "nada de belo e de bom", com a diferença de que "ele considerava saber e não sabia, ao passo que eu não sabia, mas não presumia saber". A consulta teve resultados similares com outros políticos e depois com os poetas, e que esses últimos se mostraram incapazes de explicar os conteúdos das suas composições, sendo elas fruto de "entusiasmo" (ou seja, de uma inspiração exterior de natureza divina) e não de conhecimentos pessoais. Com os trabalhadores manuais ela fora um pouco melhor, pois eles mostravam ter conhecimento seguro do seu campo operacional, em que eram, sem dúvida, mais sábios do que Sócrates (lembremos que o significado primário do termo *sophia* é o de competência "técnica", precisa no seu campo operacional). Por outro lado, eles também caíam em erro ao se crerem capazes, por essa razão, de discorrer sobre "matérias da maior importância, com uma presunção que acabava por ofuscar até mesmo aquele saber" que tinham. Ao final dessa exploração, em suma, Sócrates já atraíra a hostilidade daqueles cuja presunção havia desmascarado, bem como a dos que estavam a ouvir, por ter dado a impressão de querer exibir o próprio saber pondo à prova o dos outros. A sua conclusão, porém, foi muito diferente:

> Mas provavelmente, cidadãos, o verdadeiro sábio é o deus, e com aquele seu oráculo pretende dizer que a sabedoria humana tem pouca ou nula importância. É apenas na aparência que ele se refere a este Sócrates aqui: recorre ao meu nome porque me utiliza como exemplo, como que dizendo: "O mais sábio entre vocês, homens, é aquele que, como Sócrates, percebeu que, quanto à sabedoria, não vale nada". É por isso que continuo as minhas peregrinações procurando e procurando sem cessar, segundo a indicação do deus, quem, entre os cidadãos e forasteiros, pode se julgar sábio; e quando me parece que não o é, peço ajuda ao deus expondo a insipiência na praça. Assim ocupado, não me restou tempo para dedicar a assuntos públicos e privados, por importantes que sejam, e, assim, prestar esse serviço ao deus me lançou à mais profunda miséria (Platão, *Apologia* 23a-b).

Antes de discutir o significado desse elaborado relato, lembremos que o episódio do oráculo délfico também caiu sob as baterias das críticas dos últimos anos à veracidade da explicação platônica, e hoje vários estudiosos tendem a considerá-lo como fruto de invenção. Não faltam bons argumentos de apoio a esse ceticismo; em primeiro lugar, a constatação de que não se encontra nenhuma menção a ele em outras passagens de Platão, nem em Aristófanes, nem em Xenofonte, a não ser em sua *Apologia* (14-15), numa passagem que talvez seja decorrente do relato platônico. Cabe observar, além disso, que a referência em Xenofonte tem um desenvolvimento muito diferente: Apolo teria respondido a Querefonte que "não havia ninguém mais liberal, nem mais justo, nem mais sábio" do que Sócrates, o qual, durante o processo, teria argumentado que de fato possuía tais virtudes... Essa versão não depõe nem contra nem a favor da efetiva historicidade do episódio, pois apenas ilustra mais uma vez como Xenofonte, baseando-se amiúde em dados pressupostos também por Platão, construiu uma imagem simplificada e convencional do personagem de Sócrates. Deve-se acrescentar que o próprio tema da ignorância não encontra nenhuma relevância na obra de Xenofonte, cujo Sócrates parece não nutrir qualquer dúvida quanto aos próprios conhecimentos e também quanto à sua capacidade de transmiti-los (salvo uma alusão nos *Memoráveis* III, 9.6, ao fato de que opinar sobre coisas que não se conhece e se crê conhecê-las é um exemplo de loucura). E, no entanto, pode-se confirmar que era um tema genuinamente socrático (embora, de modo geral, tenha sido Platão quem lhe conferiu uma importância crucial, tornando-o quase um *refrain* dos primeiros diálogos) graças a um fragmento de Ésquines, talvez a partir do *Alcibíades*, em que Sócrates afirma que não conhece nenhuma doutrina cujo ensinamento pudesse ser útil a alguém (em Hélio Aristides, *Sobre a retórica* I 63). Ora, no que concerne ao episódio do oráculo, poderíamos sentir a tentação de ver uma confirmação sua num fragmento de Aristóteles (o fr. I Ross do texto *Sobre a filosofia*), segundo o qual a máxima délfica "conhece a ti mesmo" poderia ter dado o impulso inicial (*archè*) à investigação de Sócrates; porém, essa é uma referência a um apelo genérico seu (ainda que importante) à sabedoria apolínea, que nada nos revela sobre a historicidade da narrativa da *Apologia*.

É definitivamente preciso admitir que a questão da historicidade do oráculo délfico é indecidível. Mesmo assim, continua a ser proveitoso indagar se e como funciona a remissão a ele, vinculada ao sentido de uma missão "designada" pelo deus. Alguns estudiosos viram uma lacuna lógica entre a primeira fase da exploração de Sócrates, diretamente inspirada pela exigência de interpretar o oráculo, e a decisão posterior de *prosseguir* na pesquisa. Essa decisão, porém, encontra plena justificativa na passagem supracitada da *Apologia*: o deus, segundo Sócrates, usou o seu "nome", ou seja, a sua notoriedade, para apontá-lo como "modelo" a ser imitado; o que equivale a dizer que se sentiu investido do papel de levar os concidadãos a tomarem consciência do seu próprio não saber e a se comportarem de acordo com isso. Pode parecer uma constatação amarga, visto que a emulação dos discípulos, segundo o que ressaltaram Platão (*Apologia* 23c, 39d) e Xenofonte (*Memoráveis* IV, 2.40), apenas aumentou a hostilidade de todos os demais cidadãos. Mas, em suma, a resposta do oráculo com tudo o que disso decorre, quer se apoie ou não sobre algum dado da realidade, tem o valor de um *mythos*, ou seja, de uma narrativa de fundação; neste caso, do nascimento da filosofia como atividade crítica.

Mas passemos agora aos problemas maiores que tal relato traz ao plano teórico. Como bem se sabe, Sócrates reitera várias vezes nos diálogos platônicos que não tem conhecimento sobre os temas que investiga, tanto no início quanto no decorrer de muitas discussões (*Cármides* 165b-c, 166c-e; *Eutífron* 5a-c, 15c; *Laques* 186d-e, 200e; *Lísis* 212a; *Hípias maior* 286c-e, 304d-e; *Górgias* 509a; *Mênon* 71a, 80d; *República* I.337e). E, como nesses casos o tema da ignorância é tratado com visível ironia, às vezes se pensa que o mesmo ocorre na *Apologia*. No entanto, essa leitura é pouco convincente. A ironia socrática é um problema complexo sobre o qual nos deteremos especificamente, mas podemos dizer desde já que é improvável que Sócrates se permitisse brincar ironicamente com o próprio saber ou não saber durante a sua defesa; não tanto porque disse e repetiu que queria se expressar com a máxima franqueza (17b, 20d), o que é um *tópos* retórico muito difundido, mas porque a reivindicação do sentido profundo do seu estilo intelectual não pode deixar de se fundar, na sua estratégia defensiva, sobre a máxima seriedade; isso não exclui que o discurso tenha pouca aceitação e até seja voluntariamente provocador, mas este é outro problema, que será abordado mais adiante. Aliás, ele nem afirma que não sabe absolutamente *nada*, como veio a ser lugar-comum (repetido também por alguns estudiosos). Vimos, de fato, que ele se atribui "uma certa sabedoria humana"; trata-se, portanto, de entender quais objetos ela abrange e quais não abrange.

Ora, o texto da *Apologia* mostra claramente que aquilo que Sócrates não sabe (e tem consciência de não saber, à diferença dos outros) diz respeito aos mais importantes valores morais: os políticos, como vimos, mostram não ter o conhecimento do "belo" e do "bom" que deveria orientar a atividade deles (21d), e os trabalhadores manuais, mesmo tão competentes cada qual na sua *techne*, fracassam ao pretender se ocupar das "coisas mais importantes", que ainda continuam a ser as da política, as quais na cidade democrática são sujeitas a discussões e decisões assembleares (22d-e). Parece surgir uma contradição entre a ignorância que Sócrates declara sobre esses temas (distingue-se somente na medida em que *não presume* saber nada a tal respeito) e o fato de parecer ater-se, em outras passagens, a sólidos princípios de orientação moral. Na *Apologia*, por exemplo, nas duas vezes em que afirma não temer a condenação à morte porque não sabe o que há além dela, sustenta ao mesmo tempo preferi-la a coisas que sabe com certeza que são males, como a prisão ou o exílio (37b-c), ou francamente "vergonhosas", como "cometer injustiça e desobedecer a uma autoridade superior, seja deus, seja homem" (29b). A aceitação da condenação à morte encontra aqui o seu fundamento na vontade de não abandonar a missão empreendida por encargo de Apolo (o deus) e de respeitar, ademais, o que lhe fora decretado pelas leis da cidade por meio do juízo dos homens (de Atenas); aspecto este que é desenvolvido muito mais amplamente no *Críton*, com base num princípio absoluto de justiça que volta a reafirmar com segurança (40a-e).

Mesmo que não tenha empregado as exatas palavras que lhe atribui Platão, Sócrates certamente deve ter expressado com o seu exemplo concreto (acompanhando-o de comentários para os discípulos) o princípio de que não se deve em caso algum cometer injustiça, nem mesmo para retribuir uma injúria recebida, e, junto com esse princípio, a ideia de que cometer injustiça é, de todo modo, um mal pior para quem a comete do que para quem a sofre. Ora, o problema é que Sócrates, numa passagem do *Górgias*, especifica a sua sólida convicção quanto a esse princípio, que considera fundado em argumentos praticamente irrefutáveis, mesmo não sabendo "como estão exatamente as coisas".

> Afirmo, Cálicles, que ser esmurrado injustamente não é a coisa mais feia, nem que me sejam estraçalhados o corpo ou a bolsa; pelo contrário, é mais feio e pior golpear injustamente a mim e às minhas coisas, e também esfaquear, roubar, reduzir à escravidão e danificar a minha casa; em suma, cometer qualquer tipo de injustiça em relação a mim ou às minhas coisas é pior e mais feio para quem comete a injustiça do que para mim que a sofro. Tudo isso – que, assim digo eu, foi-nos revelado claramente logo acima, nos discursos anteriores – já está bem firmado e fixado *com raciocínios* – embora seja talvez demasiado tosco dizê-lo – *férreos e adamantinos*, pelo menos ao que parece a esse ponto; e se você ou outro mais veemente do que você não os demolir, será impossível que alguém que diga algo diferente daquilo que sustento agora esteja falando corretamente. Pois, para mim, vale sempre a mesma regra: *não sei como são essas coisas*, mas nenhum dos que encontrei – como acontece agora – é ao final capaz de dizer algo diverso sem se tornar ridículo (*Górgias* 508d-509a).

Assim, expressam-se na mesma passagem, aqui no *Górgias*, a sucessão e o entrelaçamento de uma sólida convicção moral e de uma incerteza geral: uma ambivalência de saber e não saber que se tornou problemática, como dissemos, e que os intérpretes têm tentado resolver com muitos raciocínios de sutileza variável. Adotando a posição que nos afigura mais próxima do conjunto dos testemunhos platônicos, diríamos aqui que Sócrates, por um lado, sem dúvida, demonstrou tanto nas palavras quanto nas ações sua sólida adesão a um certo número de princípios morais essenciais; por outro lado, e também sem dúvida, percebeu a necessidade de fundar esses princípios num sistema de valores claramente definidos.

Sócrates ressalta, de modo sincero (e polêmico), *não* possuir o saber que se atribuem aquelas figuras mais conhecidas na *pólis* pela sua sabedoria: os estudiosos da natureza, que se iludem pensando formar no seu campo um saber de algum valor; os sofistas, movidos pela presunção de saber e, portanto, de poder ensinar os modos de alcançar a excelência na discussão pública; e aquelas outras figuras profissionais mais conhecidas que são os políticos, os poetas, os detentores das *technai* (quando ultrapassam a sua área), eles também desmascarados no seu saber ilusório. E no campo até então inexplorado dos valores morais, ao qual se dirige agora com as suas indagações (sem pretender ter respostas), o saber de Sócrates "vale pouco ou nada" em relação ao saber do deus (23a). Foi por isso – entendamos agora – que, antes, Sócrates chamara esse saber de "humano", para destacar os seus limites ante a perfeição divina, retomando os termos de um contraste homem-deus tradicional na moral arcaica.

Assim, aquele velho vinho foi posto num odre totalmente novo. Sócrates está longe de ocultar os aspectos inéditos da sua investigação, originais pela natureza do território em que avança, mas também pelos procedimentos: é inédita a consciência de que o domínio moral, ao contrário de outros domínios cognoscitivos, não é completo e delimitado, mas constitui um campo de pesquisa sempre *in fieri*, a ser percorrido *sem presunção* e sem pausa. A *sophia*, portanto, nunca se apresenta como uma aquisição estável do homem, cuja prerrogativa (indicada pelo próprio deus) é procurá-la continuamente e ao longo de toda a vida. Nisso consiste o *philosophéin*: um termo que é usado na *Apologia* num sentido ainda não técnico de "amor pelo saber" (daquele saber que apenas o deus possui absolutamente: 28e, 29c-d), mas indica que Sócrates plantou com sucesso aquela semente que germinará em Platão como aquilo que chamamos de "filosofia".

Essa leitura da profissão de ignorância de Sócrates é também a que melhor explica um momento essencial da sua investigação. Trata-se daquela busca de *definições* de conceitos morais que atravessa os diálogos platônicos do primeiro período, chamados "socráticos" justamente porque, segundo a maioria dos estudiosos, reproduziriam com substancial fidelidade o estilo de discussão do Sócrates histórico: pensemos no *Eutífron*, centrado na natureza geral da piedade (entendida como respeito aos deuses a ser manifestado em ações justas) e no *Cármides*, dedicado à *sophrosyne* ("sabedoria" moral), ao passo que a coragem é tratada no *Laques*, o belo no *Hípias maior*, a justiça no livro I da *República* (que, à diferença dos demais livros dessa obra, provavelmente pertence à fase juvenil da produção platônica, tendo circulado de início com o título de *Trasímaco*).

Aqui, porém, coloca-se um sério problema de distinção entre elementos socráticos e platônicos. Examinemos os termos com que Sócrates explica, em alguns contextos significativos, o que esperaria de uma definição. Em *Eutífron*, por exemplo, sugere-se que há alguma "característica formal" (*eidos, idea*: 5d, 6d-e) que deve ser a mesma para todos os casos de piedade; em *Mênon*, que se pode localizar em determinadas ações um "aspecto comum" (*eidos*: 72c-e) tal que permita dizê-las dotadas de virtude; na discussão sobre o belo no *Hípias maior*, que há uma forma (*eidos*: 289d) que se acrescenta e é a mesma para todas as coisas belas. A utilização de *idea* e *eidos* é aqui tão interessante quão problemática. O primeiro significado dessas palavras em grego é o de "forma" ou "aspecto" visível (derivam ambas de uma raiz *(v)id-* que encontramos também no latim (*videre*), mas já nesse contexto ocorre uma ressemantização que abre caminho para o uso que lhes dará Platão nos diálogos da maturidade, designando aquelas que são para ele as Formas ou ideias, modelos universais e transcendentes dos particulares sensíveis (sobre essa base dois insignes estudiosos do início do século XX, John Burnet e Alfred E. Taylor, chegaram a conjecturar que o verdadeiro autor da teoria das ideias teria sido Sócrates).

Mas vejamos novamente como Sócrates apresenta a sua pesquisa nos diálogos socráticos. Ele insiste, de fato, que está procurando entender o que uma coisa é "em si", independentemente das instâncias particulares em que se apresenta como característica essencial e *universal*, mas nunca afirma que ela tem – como as Formas platônicas – uma existência em si e separada das coisas empíricas. Portanto, a pergunta que reitera aos interlocutores, *tí esti* ("o que é?": aquilo que é pio, corajoso, virtuoso etc.), visa identificar não uma essência ontologicamente autônoma, mas um traço conceitual capaz de caracterizar um certo número de entes. Assim, podemos admitir que Sócrates (quer tenha usado ou não termos como *idea* ou *eidos*) aspirava à identificação de conceitos universais, com a especificação de que o seu interesse nesse âmbito não era meramente lógico-conceitual. A sua exigência, de fato, era entender "como estão as coisas" no plano da vida moral, num momento em que os valores incorporados na tradição (o primeiro deles, o pressuposto da transmissão natural da *aretè* aristocrática de pai para filho) eram questionados no panorama político e social em transformação e em que os sofistas, em especial, acrescentavam à sua obra de demolição a promessa de um novo saber fundado na arte do discurso. Platão, na verdade, também teria partido da mesma exigência de refundação moral, pois a sua teoria das Formas pode ser vista como a tentativa de responder a uma pergunta que não podia encontrar solução no reino do sensível (como o próprio fracasso de Sócrates havia demonstrado). Mas, definitivamente, a busca de critérios gerais para se orientar no terreno confuso da moral foi inaugurada por Sócrates.

Essa conclusão condiz plenamente com as indicações de Xenofonte e Aristóteles, os quais ligam o interesse de Sócrates pelas definições ao seu *novo* interesse pela esfera moral. É verdade que, na articulação das conversas narradas nos *Memoráveis*, a exigência de definições não se manifesta com uma insistência comparável à que surge nos diálogos platônicos, mas, apesar disso, não faltam discussões sobre o significado do belo e do bom (III, 8.5-7), do justo (IV, 2.12 ss.), e há um convite para que se aprenda a distinguir entre o corajoso e o covarde antes de aprender a arte tática (III, 1.9). Seja como for, o papel das definições é claramente salientado e inserido num programa de renovação moral, no contexto "de batalha" do livro I (o livro de caráter mais claramente apologético), em que o objetivo do autor é dissociar Sócrates do território do naturalismo e exonerá-lo da acusação de impiedade:

> ...ninguém jamais viu ou ouviu Sócrates fazer ou dizer nada de irreligioso ou ímpio. E, de fato, não só não tratava da natureza de todas as coisas à maneira da maioria dos outros pensadores, indagando como é feito aquilo que os sábios chamam de *kosmos* e por quais leis necessárias ocorre cada fenômeno celeste, como também apontava como tolos os que se ocupavam de tais questões. E a eles perguntava-se, antes de mais nada, se empregavam a sua mente nesses temas por crerem já saber o suficiente sobre as coisas humanas, ou se pensavam fazer a coisa certa ao negligenciar as coisas humanas em favor das divinas [...]. Ele, pelo contrário, tratava sempre de questões inerentes aos homens, indagando o que era pio, o que era ímpio, o que era belo, o que era vil, o que era justo, o que era injusto, o que era sabedoria, o que era loucura, o que era coragem, o que era covardia, o que era o Estado, o que era o homem político, o que era o governo dos homens e o que era o homem adequado para governar os homens (*Memoráveis* I, 1.11-12 e 1.16).

É significativo, ademais, que o mesmo nexo entre busca das definições e interesse ético esteja presente em Aristóteles num contexto isento de exigências apologéticas como o livro I da *Metafísica*, dentro de um poderoso quadro de desenvolvimento da tradição filosófica anterior em que, aliás, Aristóteles se mostra muito preciso ao distinguir entre o impulso dado por Sócrates à busca do universal e a elaboração platônica da teoria das formas:

> E, na verdade, ele [Platão] aceitou o ensinamento de Sócrates, o qual se ocupava de problemas de ética e não da natureza no seu conjunto; neles, procurava o universal e, em primeiro lugar, concentrara a sua reflexão nas definições; mas, em virtude daquela outra tese [de Heráclito, segundo a qual todas as coisas estão em devir e não é possível ter ciência delas], [Platão] considera que [universal e definições] se referiam a outras realidades que não as sensíveis; é impossível, de fato, que haja uma definição comum para qualquer das coisas sensíveis, devido à sua contínua transformação. E a essas outras realidades ele deu o nome de "ideias" etc. (Aristóteles, *Metafísica* I, 6.987b1-7).

Assim, Aristóteles atribui a Sócrates uma escolha – ou melhor, uma dupla escolha – muito clara e repleta de consequências para os desenvolvimentos da filosofia. Em primeiro lugar, ele capta bem a novidade do interesse de Sócrates pelo universal, sob a forma da definição de conceitos, e a sua importância para Platão (lembremos brevemente que Aristóteles, em outra passagem da *Metafísica*, mais uma vez cita Sócrates como o primeiro a se ocupar das virtudes éticas e a procurar dar definições universais suas – não dissociadas das coisas! –, e lhe atribui também a descoberta do raciocínio indutivo, vendo nele, provavelmente, a primeira referência na discussão sobre as manifestações individuais de uma determinada noção, das quais Sócrates extraía uma conclusão geral: *Metafísica* XIII, 1078b). Em segundo lugar, Aristóteles ressalta, em inequívoca consonância com Xenofonte, que Sócrates se movia no campo de uma problemática ética, simultaneamente se afastando dos interesses naturalistas dominantes no pensamento anterior. É a essa passagem que agora dedicaremos atenção.

Ainda no livro I do tratado *Sobre as partes dos animais*, em que traça um panorama do pensamento biológico precedente, Aristóteles afirma que, "na época de Sócrates", a pesquisa sobre a essência das coisas "progrediu, mas as investigações sobre a natureza foram negligenciadas e os filósofos dedicaram os seus estudos à virtude prática e à política" (I, 642a 28). Mas é no livro I da *Metafísica* que a atuação de Sócrates é associada a um esquema de periodização da filosofia em que o estudo da natureza é visto como caracterizador dos pensadores anteriores (aqueles que hoje costumamos chamar de "pré-socráticos"), ao passo que a dialética começa com Platão (ver 983b7, 987b31). Na trilha desse texto, somado ao dos *Memoráveis*, a imagem de Sócrates inaugurando a investigação ética, enquanto abandona a do cosmos, encontra imensa difusão na época helenista e romana, às vezes se associando a uma divisão da filosofia em física, ética e dialética. Entre todas as retomadas desse tema, a mais eficaz se deve certamente a Cícero, numa memorável passagem (mas não a única em que aborda o tema) das *Tusculanas*:

> ...os antigos filósofos até Sócrates, que haviam ouvido Arquelau, discípulo de Anaxágoras, estudavam os números e o movimento, a origem e o fim de todas as coisas; e procuravam com grande interesse as grandezas, as distâncias, as trajetórias das estrelas e todos os fenômenos celestes. Sócrates foi o primeiro a retirar a filosofia do céu e a trazê-la para as cidades e a introduziu também nas casas e a obrigou a indagar sobre a vida e os costumes, sobre o bem e sobre o mal (Cícero, *Tusculanas* V, 4.10-11).

Não admira que, na raiz dessa famosa imagem, esteja uma leitura unitária das referências de Aristóteles e Xenofonte, pois na Antiguidade a presença de uma variedade de testemunhos sobre Sócrates nunca constituiu problema. É, porém, significativo que mesmo os modernos, pelo menos por uma vez, não tenham precisado privilegiar um autor em detrimento do outro sobre esse aspecto e, pelo contrário, tenham tirado partido da concordância entre eles, a fim de estabelecer definitivamente a ética de Sócrates como ponto crucial entre a tradição precedente do pensamento físico e o surgimento da dialética platônica. Nesse sentido, tem-se um momento importante com as histórias da filosofia grega produzidas no clima historicista do século XIX alemão, como as de Heinrich Ritter (1829-1853, 12 vols.) e August Brandis (1835-1866), ambos seguindo os passos de Schleiermacher, ou a mais influente e famosa de Eduard Zeller (1844-1891), verdadeiro desenho evolutivo sob forte influência do modelo hegeliano, que condicionou por muito tempo a abordagem da filosofia grega não apenas dos especialistas (pensemos nos nossos manuais escolares). Na verdade, no século passado, levantaram-se crescentes ressalvas a esse esquema historiográfico (por exemplo, ressaltando a presença de elementos do pensamento ético também na época pré-socrática, ou contestando a representação negativa que sofreu o pensamento sofista de Platão em diante), mas este não é o lugar para tratá-las a fundo. Preferimos nos deter na interpretação de Hegel, que coloca Sócrates como marco de época da história da filosofia (bem como da história, mas remetemos esse último aspecto ao capítulo XIII).

Hegel sentiu intensamente o fascínio de Sócrates (que, para ele, é essencialmente o Sócrates de Platão), tendo se referido várias vezes a ele nos seus escritos, da *Lógica* à *Filosofia do direito*, da *Enciclopédia* à *Filosofia da religião* e à *Filosofia da história*. Mas a discussão mais ampla e aprofundada se encontra nas *Lições sobre a história da filosofia* (apresentadas a partir de 1805 e publicadas postumamente em 1832). Aqui a investigação socrática sobre as virtudes (como, de outro lado, a remissão ao *daimon*) é vista como a manifestação de um princípio de subjetividade que assim faz a sua aparição não só na história da filosofia como também na história da humanidade. Segundo Hegel, o horizonte dos présocráticos, limitado pelo sentido de uma absoluta objetividade da natureza, não previa uma reflexão do pensamento sobre si mesmo; esta foi introduzida pelos sofistas, mas nos termos opositivos de uma subjetividade extrema e negativa, ao passo que foi Sócrates a afirmar, com consciência, as instâncias de uma consciência não relativista, de uma subjetividade absoluta. E, graças ao gesto revolucionário desse indivíduo extraordinário, a cultura ética grega passa do estágio da *Sittlichkeit* (a aceitação inerte dos valores incorporados na tradição) para o da *Moral*, em que o indivíduo decide sobre as suas ações por meio de uma livre reflexão racional (passagem não indolor que Sócrates paga com a vida; veremos adiante o que Hegel tem a dizer sobre esse ponto).

Nada mau, para alguém que se declarava ignorante, passar para a história como o descobridor do novo mundo do conhecimento ético... Assistimos aqui ao enésimo paradoxo entre os que envolvem a figura de Sócrates. Envolvem, mas não ofuscam: como procuramos demonstrar, o núcleo motivador e a configuração substancial da investigação sobre as definições podem ser remontados a Sócrates, a quem podemos também remontar – por que não? – o projeto de fundar uma sabedoria *humana*, não só por ser limitada e imperfeita em comparação à do deus como também porque é possível a *todos* os homens. Não queremos com isso lhe atribuir um projeto de saber "universal", pois é evidente que ele se dirigia, nos limites do seu horizonte cultural e social, aos cidadãos masculinos livres para discutir com facilidade na *pólis*. Mas, dentro desses limites, o seu propósito certamente era de grande alcance, e Platão – seguido por muitos, de Aristóteles a Hegel – apenas explicitará uma intenção *ali presente*: a de esclarecer (para dizê-lo com as palavras do *Cármides* mencionadas na abertura) "como toda coisa é", em vista do "bem comum", não só próprio, não só dos amigos, mas potencialmente de "todos os homens".

Nota bibliográfica

Sobre o saber/não saber de Sócrates, ver T. C. BRICKHOUSE E N. D. SMITH, *Plato's Socrates*, Oxford University Press, Nova York/Oxford, 1994, cap. II; A. BRANCACCI, "Il sapere di Socrate nell'Apologia'", in G. GIANNANTONI e M. NARCY (orgs.), *Lezioni socratiche*, Bibliopolis, Nápoles, 1997, 305-327; R. BETT, "Socratic Ignorance", in MORRISON (org.), *The Cambridge Companion to Socrates* cit., 215-236. Vale lembrar, embora aqui não tenha sido discutida diretamente, a tese de G. VLASTOS, "Socrates' Disavowal of Knowledge", in *Philosophical Quarterly*, v. 35, 1985, 1-31; segundo Gregory Vlastos, Sócrates seria sincero na declaração de não saber, ao afirmar que não possui um saber *certo* e irrefutável, mas não o seria na medida em que possui um certo número de princípios válidos no plano da *opinião*.

Sobre a remissão ao oráculo délfico, ver J. DOYLE, "Socrates and the Oracle", in *Ancient Philosophy*, v. 24, 2004, 19-36; L.-A. DORION, "The Delphic Oracle on Socrates, Wisdom: A Myth?", in C. COLLOBERT, P. DESTRÉE e F. J. GONZALEZ (orgs.), *Plato and Myth. Studies on the Use and Status of Platonic Myths*, Brill, Leiden-Boston, 2012, 420-434.

Sobre o papel da definição no quadro da dialética socrática, ver G. GIANNANTONI, *Dialogo socratico e nascità della dialettica nella filosofia di Platone*, ed. B. CENTRONE, Bibliopolis, Nápoles, 2005, cap. VI. A identificação de Sócrates como autor da teoria das ideias foi feita na época com base no Sócrates de Platão, em total detrimento de outras fontes, e por essa e outras razões está hoje inteiramente superada; porém, graças à contribuição de dois grandes estudiosos do pensamento antigo, uma argumentação rica e interessante foi fornecida: J. BURNET, *Interpretazione di Socrate*, Vita e Pensiero, Milão, 1994 (reúne estudos publicados na segunda década do século XX); e A. E. TAYLOR, *Varia Socratica*, James Parker & Co, Oxford, 1911; ID., *Socrate* (1933), trad. ital. La Nuova Italia, Florença, 1952. Em todo caso, sobre a distância entre a busca socrática de definições morais e a teoria platônica das Formas, vale ainda ler o límpido ensaio de P. WOODRUFF, "Socrates and Ontology: The Evidence of the 'Hipias Major'", in *Phronesis*, v. 23, 1978, 101-117.

Cabe mencionar aqui o tema da presença de Sócrates em Kant, a quem o filósofo grego oferece o mais significativo modelo de sabedoria em contextos em que o primeiro plano é ocupado pelo problema do sumo bem, como um ideal ao qual não apenas podemos como também devemos tender com a consciência da finalidade do espírito racional. O tema, totalmente inexplorado no âmbito tanto dos estudos socráticos quanto dos kantianos, agora ganha destaque in A. FERRARIN, *The Powers of Pure Reason: Kant and the Idea of Cosmic Philosophy*, Chicago University Press, Chicago/Londres, 2015, 88-91.

Por fim, sobre a leitura hegeliana de Sócrates, evocada em diversos pontos deste livro, ver o preciso ensaio de G. W. MOST, "Socrates in Hegel", in M. TRAPP (org.), *Socrates in the Nineteenth and Twentieth Centuries*, Ashgate, Londres, 2007, 1-17.

Capítulo VI
Contradições, incertezas e perguntas

> Nícias (a Lisímaco): Parece-me que você ignora que, quem se aproxima muito de Sócrates numa discussão ou tem com ele familiaridade no dialogar, inevitavelmente, mesmo que comece num primeiro momento a discutir qualquer outra coisa, vem a ser conduzido por ele no discurso num giro sem trégua, até que não tenha mais nada a dizer sobre si mesmo, como vive agora e como vivia no passado. E, depois que entram nisso, Sócrates não o deixará enquanto não tiver sopesado bem e exaustivamente todas essas coisas.
>
> Platão, *Laques* 187e-188a.

> O personagem principal dos seus [de Platão] diálogos, Sócrates, segue sempre interrogando e conduzindo a discussão, sem jamais concluí-la, sem jamais dar uma resposta definitiva, e diz não possuir outra ciência a não ser a do contradizer.
>
> Michel de Montaigne, *Apologia de Raymond Sebond* (1580).

A prática da discussão socrática é orientada não só pela clara intenção filosófica que acabamos de expor como também pela utilização de determinados procedimentos. Por isso, pode-se atribuir a Sócrates o exercício de uma "dialética", ou seja, uma técnica de discussão regida por finalidades precisas e por um *método*. Não que isso seja teorizado em momento algum (entre outras coisas, Sócrates nunca utiliza o termo *methodos* em nenhum dos diálogos socráticos), mas é sem dúvida posto em prática de modo consciente; este capítulo se dedica a ressaltar alguns momentos importantes desse procedimento.

Uma marca distintiva desse método, evidenciada nos diálogos tradicionalmente considerados mais antigos e, por isso, ligados à realidade histórica de Sócrates, é, sem dúvida, o *elenchos* ou refutação. Ela já era praticada com certa sistematicidade na esfera dos sofistas, de onde Sócrates a retomou, conservando alguns aspectos seus: com efeito, a narração platônica não oculta o recurso ocasional a estratégias capciosas e falácias lógicas que o aproximam da prática de discurso sofista mais do que estamos acostumados a pensar (o que, por sinal, permite entender melhor a aproximação com os sofistas feita por Aristófanes). Por outro lado, Platão toma cuidado em distanciar Sócrates, pelo menos do ponto de vista das finalidades pretendidas, de uma concepção agonística da discussão, como a existente no programa protagórico de "fortalecer o discurso mais fraco", que recebe nos diálogos o nome de erística ou "arte disputativa" (*Eutidemo*, 272a-b; *Teeteto*, 167e; *Sofista*, 231e). Essa concepção implica que o contraste entre os discursos constitui um "conflito" e uma "disputa" (este é o significado do grego *eris*) que deve ser vencida por qualquer meio de impor o ponto de vista de quem fala, sem nenhuma preocupação em definir um plano de realidade absoluta ou, pelo menos, compartilhada. Sócrates, pelo contrário e como bem sabemos, é movido pela exigência de traçar um quadro de valores morais, sob o signo da *verdade* das coisas. Em coerência com isso, o seu diálogo se dá sobretudo pela troca de perguntas (de Sócrates) e respostas (dos interlocutores), cujo estilo talvez siga os moldes das esticomitias da poesia dramática (no caso de Sócrates, o modelo pode ser sobretudo o da comédia), e assim se contrapõe aos discursos amplos e formalmente elaborados dos sofistas, que não deixam espaço a perguntas sobre a validade de cada argumento, pois visam à exibição de um saber aparente (ver Platão, *Górgias*, 461c-462a, e a oposição entre a *brachyloghia* de Sócrates e a *makrologhia* sofista no *Protágoras*, 329a-b).

Na variedade das refutações descritas nos diálogos socráticos é possível reconhecer um esquema comum, por meio do qual a verdade de uma proposição (na forma de uma premissa adotada pelo interlocutor para responder a uma pergunta de Sócrates) é negada desenvolvendo algumas consequências suas que mostram o seu caráter contraditório, o qual, por sua vez, demonstra a falsidade da premissa inicial (mas amiúde, para questionar a validade da resposta, Sócrates se contenta, num processo mais abreviado, em contestar a sua generalidade ou em aduzir contraexemplos). Tomemos como exemplo o *Eutífron* e, em especial, as suas páginas iniciais (2a-9e). O diálogo se abre com o encontro entre o sacerdote adivinho Eutífron e Sócrates junto ao pórtico do arconte (o magistrado que se ocupava de causas relativas ao culto e aos crimes de sangue). Sócrates está ali por causa da denúncia de impiedade e de corrupção dos jovens apresentada por Meleto (por isso o *Eutífron* é o primeiro diálogo na tetralogia da qual também fazem parte a *Apologia*, o *Críton* e o *Fédon*, numa sequência que abarca o processo e a morte de Sócrates). Eutífron, por seu lado, veio para apresentar uma denúncia contra o próprio pai, culpado por ter deixado um servo morrer de fome na prisão, o qual, por sua vez, havia matado outro servo da família. Diante de uma ação suspeita de impiedade como a de um filho denunciando o pai, também réu de homicídio, contrariando o princípio tradicional de respeito aos progenitores, surge em Sócrates a preocupação de entender se Eutífron "sabe o que está fazendo". Para testar o conhecimento que se poderia esperar de Eutífron pelo que professa (note-se que *Euthyphron* é um nome "falante", que significa literalmente "dotado de pensamento reto [justo]"), Sócrates atiça a sua vaidade de conhecedor em matéria de religião e se põe num papel improvisado de aluno seu, ansioso em aprender "o que são o pio e o ímpio, em relação ao homicídio e a todo o resto". A tranquila resposta de Eutífron (pio é aquilo que ele está fazendo[!], para punir uma injustiça) não satisfaz Sócrates por ser parcial: é necessária uma definição mais geral do que é pio em si, e que permita dizer quais outras coisas são pias. Mas, quando Eutífron responde que "então, o que apraz aos deuses é pio, o que não apraz é ímpio", Sócrates argumenta que na narrativa mítica os deuses estão em frequente discordância entre eles e, assim, o que apraz a alguns não apraz a outros; obtida a especificação de que deve ser pio aquilo que apraz a todos os deuses, surgem outras questões... e assim segue ele refutando.

O caráter do *elenchos*, como técnica argumentativa baseada no desenvolvimento das contradições inerentes numa proposição, será retomado e aprofundado por Aristóteles (nas *Refutações sofistas* e nos *Analíticos primeiros*) e corresponde substancialmente àquilo que ainda hoje entendemos por refutação. Mas, para entender plenamente o sentido e a função do *elenchos* em Sócrates, é mais importante ver qual era *antes* o significado desse termo. E é interessante descobrir que, na linguagem não filosófica desde Homero (e, aliás, também após a época clássica), tanto o substantivo *elenchos* quanto o verbo *elenchein* indicam o ato de "pôr à prova" um indivíduo e "verificar" a correção da sua conduta moral, medindo a aderência das suas palavras à ação realizada, de modo que, se for "desmentido", ou seja, apanhado em erro, ele sinta vergonha. É interessante, porque esse sentido não técnico está bastante presente no discurso de Sócrates na *Apologia*; como vimos, não só ele parte do propósito de *elenchein*, ou "pôr à prova", a resposta délfica (21c), como também, uma vez compreendido que o deus o chamou realmente de sábio, pelo menos em comparação aos políticos, poetas e técnicos que falharam no exame das suas competências, ele depois interpreta aquela resposta como uma ordem para estender a atividade assim iniciada a todos os concidadãos, exortando-os implacavelmente a assumir o cuidado da alma, segundo as maneiras que sintetiza algumas páginas adiante:

E se algum de vocês rebater que, pelo contrário, cuida dela, não o despedirei imediatamente nem partirei eu, mas irei interrogá-lo, examiná-lo, pô-lo à prova (*elenxo*); e se o vir desprovido de virtude e, mesmo assim, ele se declarar dotado dela, irei censurá-lo por pouco levar em conta as coisas de maior valor, privilegiando, inversamente, as vis (Platão, *Apologia*, 29e-30a).

É evidente que aqui o *elenchein* não implica uma refutação em sentido estrito, nem se refere apenas ao caráter vinculante lógico de um discurso, mas remete à congruência entre a ostentação de virtude e a virtude real do interrogado. Da mesma forma, ao comentar mais tarde o veredito final, Sócrates enfatiza que os atenienses pretendem eliminar com a sua pessoa aquele que punha à prova e em discussão o estilo geral de vida deles, mas não alcançarão o objetivo, porque os seus discípulos (entre os quais, evidentemente, Platão se inclui) reunirão o seu testemunho:

> E afirmo, cidadãos que me mataram, que logo após a minha morte vocês serão atingidos por uma punição muito mais dura, por Zeus!, do que a infligida a mim com a condenação à morte. Vocês fizeram isso na esperança de não precisarem prestar contas da sua vida (*didonai elenchon tou biou*), mas acontecerá com vocês – eu lhes garanto – exatamente o contrário. Muitos haverão de pô-los à prova (*hoi elenchontes*), os quais eu detivera até agora sem que vocês percebessem; e serão tão mais impiedosos por serem mais jovens e vocês serão consideravelmente mais contraditados. Estão cometendo um grande erro, se creem que com o homicídio impedirão que alguém venha a censurá-los por não viverem corretamente (*Apologia*, 39c-d).

A conotação moral do *elenchos*, entendido como exame que envolve a vida inteira do indivíduo e que, em caso de resultado negativo, torna-se motivo de censura, ocupa decididamente o primeiro plano nessas passagens. Elas nos dizem, porém, que a refutação tem um lado moral mais ou menos implícito quando é conduzida de maneira técnica, justamente porque, em conjunto com o caráter vinculante do discurso, refere-se ao interlocutor nas suas competências profissionais, nas quais deveria revelar-se uma consciência dos princípios que orientam a sua ação em todos os momentos (o fato de que o exame seja *ad personam* e se refira ao mesmo tempo a algo que é "bem comum" é claramente ressaltado numa passagem do *Cármides*, 166c-e, já considerada no capítulo V). Assim como o adivinho Eutífron é interrogado sobre coisas relacionadas com a sua profissão, da mesma forma o rapsodo Íone é interrogado no diálogo homônimo sobre os conhecimentos que estão na base da sua arte, e em *Laques* dois famosos generais como Nícias e Laques respondem sobre a natureza da coragem: com Nícias que, como mostram as palavras citadas no início, bem entende que o *elenchos* chama, de fato, o interlocutor a prestar contas de *toda* a vida. Assim, a operação tem um nítido caráter pedagógico, na medida em que visa combater um estado de ignorância, e poderíamos dizer psicagógico, na medida em que busca o aprimoramento da alma do interlocutor. No *Sofista*, Platão entenderá o sentido do *elenchos* em termos novos e, ao mesmo tempo, coerentes com a acepção socrática, ao classificar a refutação como técnica de "purificação" da alma das falsas opiniões (análoga à medicina que erradica a doença do corpo com remédios purgativos) e caracterizá-la como uma "sofista de nobre família" pelo fato de combater a "vã aparência de sabedoria" (231b).

É verdade que o efeito da refutação é, tipicamente, o de lançar o interlocutor à maior perplexidade. Essa sensação de impasse é significativamente designada com o termo grego *aporia*, que indica literalmente uma "falta de saída" ou "de recurso", e na linguagem filosófica passa imediata e naturalmente a designar uma dificuldade de tipo teórico (daí o nosso uso corrente desse termo). Em aporia, isto é, sem alcançar nenhuma certeza na definição procurada, costumam terminar aqueles diálogos socráticos que, por essa razão, também são chamados de aporéticos. É o que acontece com Eutífron, um dos personagens menos reativos (para o bem e para o mal) à indagação socrática: declara-se incapaz de articular uma resposta sensata (no diálogo, ao final ele fugirá para se subtrair a um enésimo pedido de aprofundamento), sentindo-se abalado pelas próprias respostas girando em torno de si, minadas na base por um Sócrates que, filho de escultor, assemelha-se ao mítico Dédalo forjando estátuas que se movem:

Eutífron: Mas eu, Sócrates, não sei como lhe dizer o que tenho em mente; porque o que propomos como que gira sempre ao redor, recusando-se a parar ali onde o colocamos.

Sócrates: O que você diz, Eutífron, parece coisa de Dédalo, nosso antepassado; se eu tivesse dito e proposto as mesmas coisas, provavelmente você zombaria de mim, dizendo que, devido ao meu parentesco com ele, as minhas criações, obras nos discursos, também escapam e não querem ficar paradas onde as colocamos; mas agora, visto que as teses postas são suas, será preciso outra zombaria, pois não ficam paradas, como parece evidente também para você.

Eutífron: A mim parece, pelo contrário, que, pelo que foi dito, Sócrates, é necessária a mesma zombaria; o fato de que as teses propostas giram em torno e não ficam paradas no mesmo lugar não é obra minha; é você quem se parece com Dédalo, porque, se fosse por mim, permaneceriam paradas como estão (Platão, *Eutífron*, 11c-d).

Mas esse resultado não indica um xeque para a investigação de Sócrates, que nesse meio-tempo infligiu pelo menos um golpe à vaidade de Eutífron. E, embora esse último não extraia as devidas consequências, outro mais disposto a refletir sobre si mesmo, como Laques, que também fica sem palavras e, acima de tudo, sente-se irritado, encontra nessa irritação um incentivo para persistir na investigação (*Laques* 194a-b). E vemos ainda como funciona a aporia no *Mênon*. Aqui o personagem epônimo, inicialmente convencido de ser hábil conversador nas pegadas daquele Górgias que tanto admira, encontra-se a descrever o torpor na linguagem e na mente que lhe provocaram os raciocínios de Sócrates sobre a natureza da virtude, recorrendo a uma eficaz semelhança:

> Mênon: Sócrates, mesmo antes de encontrá-lo, eu ouvira dizer que você não faz nada além de duvidar de si mesmo (*aporéis*) e fazer os outros duvidarem (*aporéin*). Mesmo agora, pelo menos assim me parece, você faz mágica comigo, me enfeitiça – enfim, me encanta, e assim fico repleto de dúvidas. Você me parece realmente semelhante, se ao menos for lícito brincar um pouco, no aspecto e em todo o resto, à arraia chata: porque ela também entorpece quem se aproxima e a toca; você, parece-me, acaba de me fazer algo semelhante: realmente, estou entorpecido na alma e na boca e não sei o que lhe responder. E isso sendo que inúmeras vezes apresentei sobre a virtude incontáveis discursos perante muitas pessoas, e muito bem – pelo menos assim me parecia. Mas agora não sei mesmo dizer o que quer que seja (Platão, *Mênon*, 79e-80b).

Sócrates admite que se assemelha a uma arraia apenas se ela entorpecer a si mesma: saindo da metáfora, lança os outros na dúvida (*aporéin*) porque ele próprio se encontra na maior incerteza (*aporón*). Mas nega que a *pars destruens* do seu diálogo deva levar à paralisia cognoscitiva descrita por Mênon; a dúvida, pelo contrário, deve servir de impulso para "indagarmos e procurarmos juntos" (*Mênon*, 80c-d). O diálogo deve se resolver numa busca em comum, sobre pontos nos quais se chega gradualmente a um acordo, é o que prova o posterior "experimento" com o escravo, a quem acompanha na solução do problema da duplicação do quadrado: obtidos os primeiros resultados, poderá apontar o valor positivo da aporia:

> Sócrates: ...antes ele não sabia qual era o comprimento do lado de uma superfície de oito pés, nem o sabe agora; mas antes presumia saber e respondia peremptório como se soubesse, e não considerava estar na dúvida (*aporéin*); agora, porém, considera estar na dúvida, não sabendo sequer presumir saber [...]. Por-

tanto, insinuadas algumas dúvidas e entorpecendo-o como a arraia, nós o prejudicamos?

Mênon: Não o creio.

Sócrates: Pelo contrário, fizemos algo útil, ao que parece, para o objetivo de descobrir como são as coisas: agora, de fato, visto que não sabe, procuraria saber de bom grado, enquanto antes, com leviandade, pensaria responder bem por muitas e muitas vezes (*Mênon*, 84a-c).

Em conclusão, o efeito de aporia provocado no sujeito pelo ruir das suas ilusórias certezas pode e deve ser traduzido num reconhecimento de não saber, que é visto de modo positivo como estágio preliminar de toda busca; assim se deu, relembremos, para o próprio Sócrates, pois a sua investigação partiu precisamente da necessidade de superar a incerteza, que parecia sem saída, quanto ao significado da resposta délfica (*eporoun*: *Apologia*, 21b). Por outro lado, o sentido inicial de não saber ou não entender não é um impedimento; pelo contrário, é de certo modo necessário que continue a pairar sobre o diálogo até a palavra final (42a): ter certeza de um resultado alcançado significaria, de fato, trair aquele ideal de uma vida dedicada à busca, inesgotável porque humana, de um saber que, na sua incondicionalidade, é prerrogativa exclusiva do deus. Foi por isso que Sócrates não aceitou trocar a condenação à morte pela possibilidade de sair de Atenas, renunciando à missão que assumiu por encargo do deus, pois, como reafirma perante os juízes:

> ...o maior bem dado ao homem é essa possibilidade de raciocinar cotidianamente sobre a virtude e sobre os vários temas sobre os quais vocês me ouviram discutir (*dialegomenou*) e examinar (*exetazontos*) em mim mesmo e nos outros e [...] uma vida não examinada (*anexetastos*) não vale a pena ser vivida pelo homem (Platão, *Apologia*, 38a).

Por isso, fiel ao impulso original, Sócrates é quem sempre faz as perguntas e não fornece, por seu lado, nenhuma resposta definitiva. O movente do não saber e o módulo do interrogar se interligam sem que se possa (nem se deva) dizer se o sentido negativo da dúvida cede em algum ponto a um impulso plenamente confiante. Essa leitura do tema da aporia conduz a uma interpretação do *elenchos* mais positiva do que sugeriria o andamento dos diálogos aporéticos, e, ao mesmo tempo, permite-nos identificar um ponto de convergência com o testemunho de Xenofonte. Os estudiosos que escolheram Platão como principal testemunha da dialética de Sócrates (que são a maioria e contam com um nome ilustre como o de Gregory Vlastos), pelo contrário, sempre acusaram Xenofonte de não compreender esse tema geral e, em especial, o sentido de purificação moral presente no binômio refutação/aporia. Ora, é verdade que o papel do *elenchos* nos *Memoráveis* é reduzido, mas de forma alguma ausente, inserindo-se, pelo contrário, num quadro geral em que as suas arestas mais provocadoras são aparadas (sendo que em Platão, inversamente, aparecem mais acentuadas), destacando tanto quanto possível os seus efeitos positivos. Lê-se uma indicação explícita nesse sentido, não por acaso, no livro I, em que é mais clara a intenção de defender Sócrates contra as acusações (antigas e recentes) de ter sido mestre na arte dos discursos para indivíduos como Crítias e Alcibíades, com o argumento de que, depois de se afastarem de Sócrates, deram-lhe péssimo uso por conta própria (I, 2.14-16). Crítias, inclusive, ao se tornar tirano, teria passado a odiar Sócrates após uma crítica pública que fizera aos seus costumes sexuais, e teria decretado, junto com outro integrante do Governo dos Trinta, Cáricles, a proibição de ensinar a "arte dos discursos" (I, 2.29-38). Os dois teriam convocado Sócrates para notificá-lo da proibição, advertindo-o para não discorrer mais com os jovens; mesmo nessa ocasião, Sócrates teria contraposto uma série de perguntas especiosas (por exemplo, o que se entendia por "jovem"), recebendo de Cáricles uma resposta extremamente irritada que tolhia qualquer discussão: "A verdade é que você, Sócrates, está acostumado a fazer incontáveis perguntas, embora saiba como são as coisas: não as deve fazer" (*Memoráveis*, I, 2.36). Mas a reação irritada de Cáricles é a de um político que sente o seu poder questionado pela dialética socrática. E Xenofonte bem percebe, mais adiante, que os alvos preferidos do *elenchos* são aqueles que "presumem saber tudo".

Se há quem acredite que Sócrates, como alguns escrevem e dizem sobre ele com base em simples conjecturas, foi habilíssimo em dirigir a atenção dos homens para a virtude, mas não foi capaz de conduzi-los a ela, considere não só os discursos com que, para corrigi-los, refutava (*elenchen*) por meio de perguntas aqueles que presumiam saber tudo, como também quais os raciocínios que expunha ao longo do dia aos que conversavam com ele, e verifique assim se era capaz de tornar melhor quem o frequentava (*Memoráveis*, I, 4.1).

A impermeabilidade de Cáricles, de todo modo, constitui uma exceção na obra xenofontiana, provavelmente porque se trata de um político e perseguidor de Sócrates. Quanto ao mais, de fato, as refutações de Sócrates ao longo dos *Memoráveis* têm resultado positivo, seja com indivíduos que se apresentam como sábios (Aristipo: III, 8.1-7; Hípias, o único que, além de Cáricles, reage inicialmente com irritação: IV, 4.9), seja com um jovem como Eutidemo, que precisa ser "desmamado" de uma superficial educação anterior para se tornar receptivo a um novo saber (IV, 2.11-40). É interessante que, no caso de Eutidemo, a solução surja passando por uma situação de aflitiva desorientação, descrita em claros termos de *aporia*:

Mas pelos deuses, ó Sócrates, eu acreditava realmente procurar o saber numa busca (*philosophéin philosophian*) da qual esperava ser educado da melhor maneira possível em todas as doutrinas que convêm ao homem que aspira à virtude! E agora pense como me sinto consternado ao ver que, com todo o esforço que fiz, não sou capaz de dar uma resposta nem mesmo a perguntas sobre o que é mais necessário conhecer e, por outro lado, não disponho de nenhum outro caminho a percorrer (*poreuomenos*) para me tornar virtuoso (IV, 2.23).

Na passagem citada no livro I, Xenofonte acrescenta que Sócrates se entretinha o dia inteiro com os que gostavam de ficar com ele, entregando-se a raciocínios mais amplos, com efeitos visíveis sobre a virtude dos interlocutores. Os discursos narrados nos *Memoráveis* seguem, com efeito, um esquema bastante comum: após o convite inicial para se deterem numa determinada questão, Sócrates alterna e combina variadamente a refutação de proposições adotadas provisoriamente pelos interlocutores (não faltam exemplos de trocas "braquilógicas" de pergunta e resposta, à diferença do que se costuma crer) e argumentações mais elaboradas; além disso, quando o interlocutor se mostra positivamente reativo, passa-se para um modo mais amigável de exortação à virtude.

O valor formador da dialética socrática, que se mantém mais à sombra no livro I, manifesta-se na sua complexidade ao longo de um tecido de conversações que culmina no último livro, ocupado em grande parte pelo longo relato da relação educacional com Eutidemo, nas suas diversas etapas no processo de aproximação do jovem com o mestre (a única interrupção se dá no capítulo 4, na discussão com Hípias sobre a justiça). Vejamos, por exemplo, qual é a reação do jovem ao constatar, pela enésima vez, a sua incapacidade de dar uma resposta satisfatória à bateria de perguntas de Sócrates (na tentativa de distinguir, nas circunstâncias, entre os bens verdadeiros e os bens aparentes para o homem):

> E cheio de desconforto se foi, desprezando-se e pensando realmente não ser mais do que um servo. Muitos dos que Sócrates reduzia a esse ponto deixavam de frequentá-lo e ele os considerava até estúpidos. Mas Eutidemo percebeu que não se tornaria um homem digno de respeito a não ser frequentando Sócrates

ao máximo possível e não o abandonava mais, a não ser que fosse obrigado, e até imitava alguns hábitos seus. E Sócrates, quando entendeu essa sua disposição de ânimo, não o atormentava mais e lhe explicava do modo mais simples e claro as coisas que considerava que devia saber e as que era melhor fazer (*Memoráveis*, IV, 2.39-40).

Várias vezes nesse livro IV, Xenofonte intercala no relato a apresentação das linhas de algo que se configura como autêntico programa pedagógico, patenteando que a prática dialógica não é um fim em si mesma, mas, precedida e fortalecida pelo exemplo da conduta pessoal, tem uma função muito definida de protrética moral. As duas virtudes principais do domínio de si (*enkrateia*) e da sabedoria (*sophrosyne*), depois de adquiridas, nortearão por sua vez a discussão sobre a correção das ações:

> Não se preocupava com o fato de que os seus frequentadores se tornassem hábeis nas palavras e na ação, mas acreditava que, antes dessas qualidades, eles deveriam possuir a sabedoria. Com efeito, pensava que os que são hábeis em tais coisas são, sem a sabedoria, mais inclinados à injustiça e mais capazes de fazer o mal (*Memoráveis*, IV, 3.1).
> Direi agora como fazia com que os seus frequentadores se tornassem também mais disciplinados. Com efeito, pensava que o domínio de si era um bem para quem pretende realizar algum bom empreendimento; assim, antes de tudo, mostrava aos que o frequentavam que o exercitassem mais do que qualquer outro homem, e depois os orientava mais que qualquer outro à virtude com os seus discursos (5.1).
> (Sócrates) Somente a quem tem domínio de si é possível indagar sobre as coisas mais importantes e, selecionando-as segundo o gênero para a discussão, escolher, nas palavras e nos atos, as boas e manter-se longe das más (5.11).

Em conclusão, não se pode dizer que Xenofonte não compreenda ou até deturpe o sentido da dialética socrática; simplesmente privilegia a sua dimensão educacional, enquanto Platão prefere desenvolver as suas implicações mais teóricas, e *ambos* são guiados por preocupações próprias, mas não a ponto de impedir que se encontre um ponto em comum (como veremos, sobre a ética de Sócrates surgirão um problema e uma solução similares). Continua a ser verdade que Xenofonte trata a dialética de Sócrates sobretudo (mas não só) como uma modalidade dialógica por meio da qual ele se tornou "útil" e chegou a ser um "benfeitor" para os concidadãos que aceitaram segui-lo, e não só no pensamento como também na conduta exemplar (*Memoráveis*, I, 3.1; III, 8.1; IV, 1.1; Crítias e Alcibíades, porém, perderam o rumo pela incapacidade de seguir até o fim a sua lição de moderação: I, 2.14-16). E permanece o fato de que a atenção dos filósofos se concentrou mais, por força das circunstâncias, sobre a versão de Platão.

Escolhendo agora uma linha suficientemente significativa dessa atenção, retornemos por um instante àquela indistinguibilidade das duas dimensões, o não saber e o interrogar, que constatamos acima na representação platônica da investigação socrática. Na reflexão posterior sobre os modos e as finalidades da investigação socrática, muitas vezes se considerou natural ressaltar ora o aspecto mais negativo, ora o mais positivo, e a primeira opção, com a correspondente valorização de um "ceticismo" de Sócrates, foi adotada precisamente dentro da escola platônica, na fase da Nova Academia, que a partir do período de Arcesilau como escolarca (desde 268 a.C.) volta-se, precisamente, para uma direção cética.

Pelo que podemos reconstruir da tradição indireta, o método dialético de Arcesilau (que, como Sócrates, não produziu obras escritas) deriva diretamente do *elenchos* de Sócrates, o qual é admirado, antes de mais nada, pela adesão coerente ao princípio de ignorância e pelo corajoso empenho na verificação impiedosa das opiniões dos outros e na denúncia das falsidades difundidas. Arcesilau propugna o ideal de uma vida vivida segundo a razão, entendendo a razão, aliás, em sentido eminentemente crítico, que implica a impossibilidade do conhecimento e a suspensão do juízo; o alvo são os filósofos das escolas concorrentes, os epicuristas e os estoicos, que se apoiam em epistemologias de tipo dogmático. Um fato interessante a notar aqui, de passagem, é que os estoicos, seguindo os passos de Zenão, não deixavam de reconhecer em Sócrates um precedente da sua *própria* concepção da relação entre razão e virtude.

O ceticismo acadêmico, que tem como o seu expoente mais famoso Carnéades, por fim, encontra em Fílon de Larissa (provavelmente o último escolarca da Nova Academia, cerca de 110-79 a.C.) uma forma "probabilística", em que o *pithanón* (aquilo que resulta racionalmente "confiável") se torna critério aceitável tanto do juízo filosófico quanto da ação. E um ilustre discípulo de Fílon, Cícero, acolhe e introduz na filosofia romana não só essa versão "bastante comedida" do ceticismo acadêmico como também tem um bom – e para nós precioso – conhecimento dos desenvolvimentos conceituais que atravessaram a tradição acadêmica e do papel que nela desempenhou a figura de Sócrates:

> ...na filosofia, esse método de discutir contra toda opinião e não julgar explicitamente nenhuma teve início com Sócrates, foi retomado por Arcesilau e confirmado por Carnéades, e floresceu até a nossa época, embora agora esteja quase abandonado, mesmo na própria Grécia (Cícero, *A natureza dos deuses*, I, 5.11). Parece-me ter vivido com eles [Sócrates e Platão], tantos são os escritos a partir dos quais não se pode duvidar que para Sócrates nada se pode conhecer, exceto uma coisa só, o saber que não se sabe nada, e nada mais (Cícero, *Primeiros acadêmicos*, II, 23.74).

Cícero, entre outras coisas, atesta que remonta a Arcesilau a tendência (que comentamos no capítulo V) a identificar "toda a realidade", e não só o plano dos valores morais, como ponto de referência da ignorância de Sócrates. Arcesilau teria chegado a sustentar que, embora Sócrates admitisse saber ao menos uma coisa (isto é, o não saber), nem isso se pode de fato saber; movimento este também registrado claramente por Cícero (*Segundos acadêmicos*, I, 12.45). Ele, aliás, demonstra conhecer e saber apreciar o otimismo cognoscitivo que devia estar presente na posição original de Sócrates:

> O resultado, portanto, era que, tendo o ouvinte expressado a sua opinião, eu expunha as minhas objeções. Este é, como bem se sabe, aquele antigo método de Sócrates de discutir contra as opiniões dos outros; com efeito, Sócrates considerava que dessa maneira seria possível encontrar com a maior facilidade possível aquilo que mais se aproxima da verdade (Cícero, *Tusculanas*, I, 4.8).

O conhecimento do lado positivo do método socrático pode ter chegado a Cícero pela relação direta com Fílon, mas a sua sensibilidade a esse tema é, de todo modo, fruto da escolha pessoal de um método "eclético", consistindo em examinar o maior número de doutrinas sob todos os pontos de vista, a fim de encontrar a mais defensável racionalmente, em coerência com a ideia de que se ater ao "provável" (*provável* como correspondente latino de *pithanón*) é preferível a não ter qualquer opinião. Por isso, e por ter traduzido o tema do não saber (e da aporia) nos termos do *dubitari* (noção ausente do quadro do ceticismo grego), a reflexão de Cícero se põe como questão fundamental na transição entre o ceticismo antigo e o moderno. É sobretudo a leitura dos *Academica* que exerce de modo geral um papel considerável no pensamento quinhentista e, em especial, influi em Montaigne, contribuindo para o seu afastamento (depois de 1570) da posição negativa derivada da leitura de Sexto Empírico e para uma crescente valorização da natureza dialógica do pensamento. Assim, não surpreende encontrar na *Apologia de Raymond Sebond* (1580) uma percepção em geral positiva do procedimento de Sócrates nos diálogos platônicos. Se mesmo Sócrates nunca chega a uma conclusão definitiva, nem por isso deixa de fazer perguntas; e nisso pode ser modelo para Montaigne, para quem a impossibilidade de alcançar um plano de verdade absoluta não determina que se abandone a busca (o que seria, por sua vez, uma escolha dogmática), pois permanece a possibilidade de confrontar as opiniões, procurando um equilíbrio razoável entre elas.

Nota bibliográfica

Uma guinada nos estudos sobre o método de discussão de Sócrates foi assinalada por G. VLASTOS, "The Socratic Elenchus", in *Oxford Studies in Ancient Philosophy*, v. I, 1983, 27-58. Úteis as remodelações mais recentes de H. BENSON, "Socratic Method", in MORRISON (org.), *The Cambridge Companion to Socrates* cit., 179-201; C. ROWE, "Self-Examination", ibid., 201-214. Em especial, para alguns aspectos negligenciados na perspectiva de Vlastos, ver C. C. W. TAYLOR, "Socrates the Sophist", in L. JUDSON e V. KARASMANIS (orgs.), *Remembering Socrates. Philosophical Essays*, Oxford University Press, Oxford, 2006, 157-168; C. NATALI, "Socrates' Dialetic in Xenophon's 'Memorabilia'", ibid., 3-19; J.-B. GOURINAT, "La dialectique de Socrate selon les 'Mémorables'", in M. NARCY e A. TORDESILLAS (orgs.), *Xénophon et Socrate*, Actes du Colloque d'Aix-en-Provence, novembro de 2003, seguido por *Les écrits socratiques de Xénophon. Supplément bibliographique (1984-2008)*, ed. L.-A. DORION, Vrin, Paris, 2008, 129-160.

Uma lúcida análise da aporia está em V. POLITIS, "'Aporia' and Searching in the Early Plato", in JUDSON e KARASMANIS (orgs.), *Remembering Socrates* cit., 88-109. Para um enquadramento da gnoseologia de Cícero, cf. S. MASO, *Filosofia a Roma. Dalla riflessione sui principi all'arte della vita*, Carocci, Roma, 2012. Sobre as vicissitudes do Sócrates cético, ver R. BETT, "Socrates and the Sceptics", in AHBEL-RAPPE e KAMTEKAR (orgs.), *A Companion to Socrates* cit., 298-311.

Capítulo VII
Ironia do dizer, ironia do viver

> Os irônicos (*eirones*), que caracterizam os seus discursos por *understatement*, mostram maior refinamento [do que os que se vangloriam das próprias qualidades], pois parecem fazê-lo para evitar a ostentação e não em vista de algum ganho. Essas pessoas, ademais, zombam acima de tudo daquelas coisas pelas quais são famosas, como fazia, por exemplo, Sócrates, ao passo que os que dissimulam qualidades pequenas e óbvias são chamados de impostores e se tornam mais facilmente desprezados [...]. Os que fazem uso comedido da ironia e ironizam (*eironeuomenoi*) coisas não muito comuns nem óbvias, parecem refinados.
> Aristóteles, *Ética a Nicômaco*, IV, 13.1127b 22-31.

> Não nos peça a palavra que mire por todo lado
> o nosso ânimo informe e que, em letras de fogo,
> o declare e resplandeça como açafrão
> perdido em meio a um poeirento prado.
> Ah, o homem que parte seguro,
> dos outros e de si mesmo amigo,
> e não lhe importa que a sua sombra o sol
> imprima sobre um descascado muro!
> Não peças a fórmula que os mundos te possa revelar,
> mas alguma disforme sílaba e seca feito um ramo.
> Somente isso podemos hoje te anunciar,
> o que não somos, o que não queremos.
> Eugenio Montale, *Não nos peça a palavra* (1956)

Sócrates, não só em muitos diálogos platônicos como também na lembrança de Xenofonte, tem um modo especial e intrigante de instaurar a discussão, que lança uma luz peculiar (ou melhor, talvez muitas sombras) sobre o seu desenvolvimento subsequente. Ele, com efeito, costuma se acercar dos interlocutores elogiando as suas competências em determinada área, na qual declara, inversamente, a sua ignorância. Chegando a dizer que gostaria de ser discípulo deles, instiga-lhes a vaidade e os induz a responderem às suas perguntas; mas, tão logo se coloca na posição de indagador, passa a desmontar habilmente as suas respostas, exercendo de fato uma posição de superioridade. É o que se dá com prestigiosos sofistas como Protágoras (indagado no homônimo diálogo de Platão sobre a possibilidade de ensinar as virtudes), Górgias e os seus seguidores Polo e Cálicles (indagados sobre a retórica e a justiça, no *Górgias*), o enciclopédico porém tolo Hípias (no *Hípias maior* e no *Hípias menor*, mas também nos *Memoráveis*, IV, 4.6), e, analogamente, com uma série de personagens que são incentivados a expor a sua opinião sobre assuntos que supostamente deveriam conhecer bem, devido à sua profissão. Assim dois generais, Nícias e Laques, são interrogados sobre a coragem no *Laques* platônico, o rapsodo Ione o é sobre a sua arte no diálogo homônimo, enquanto Péricles, o Jovem (filho do mais célebre Péricles e de Aspásia), é adulado sobre os conhecimentos sobre a estratégia militar, que certamente deve ter obtido a partir do pai ou de outros (nos *Memoráveis*, III, 5.22-24).

Mesmo indivíduos mais jovens, no relato de Xenofonte, são apanhados e detidos no limiar das suas ambições adultas. Um Glauco com menos de vinte anos, depois de uma tentativa fracassada de falar em público, literalmente se detém na rua, refletindo sobre o melhor modo de governar uma cidade, orgulhoso com os elogios de Sócrates sobre o seu talento promissor, que futuramente trará lustro à sua aristocrática família (Glauco, vale lembrar, é filho de Aríston e irmão de Platão; *Memoráveis* III, 6.1-3). Sócrates tampouco se peja de zombar impiedosamente de um jovem que ele mesmo mandou aprender estratégia militar com o sofista Dionisodoro e que agora, depois de acompanhar as suas lições, pensa já ser "digno de honra" (III, 1.3-4); enquanto o pudico Eutidemo é ferido na sua convicção de ser capaz de aprender sozinho ou pela leitura de algum tratado, sem experimentar uma discussão ao vivo, atribuindo-lhe discursos presunçosos que despertam o riso do auditório (IV, 2.3-5).

Os estudiosos tendem a ignorar os trechos dos *Memoráveis* que mostram a notória ironia (como a chamaremos daqui por diante) de Sócrates, a tal ponto que, segundo uma opinião bastante difundida, ela teria sido totalmente ignorada por Xenofonte (por que era fruto, então, da invenção platônica?) ou, ao menos, negligenciada nas suas importantes implicações. Pelo contrário, é evidente o mútuo reforço dos testemunhos de Xenofonte e de Platão, apontando um dado que, além de real, é característico do confronto entre Sócrates e os seus interlocutores. Mas também é verdade que, na versão de Xenofonte, à diferença da de Platão, o jogo de Sócrates geralmente é explícito (às vezes, como vimos, até impiedosamente) e, de todo modo, não dá margem à suspeita de que ele esteja operando por fraude. Já Platão apresenta uma história mais ambígua, a qual, porém, e precisamente por causa da sua ambiguidade, reforçada pela inigualável complexidade da escrita platônica, desde o início atraiu as luzes da atenção sobre si. Mesmo aqui, não nos subtrairemos ao fascínio praticamente infinito dessa história.

Há, por exemplo, um diálogo em que Sócrates se comporta de maneira inegavelmente antipática e o interlocutor, ademais, é tão obtuso que nem percebe (o que leva a supor que não se está reproduzindo uma situação real, e sim se refazendo um tecido discursivo cujos movimentos irônicos querem ser entendidos pelos leitores do texto, e também, portanto, por nós que agora o lemos). Trata-se do *Eutífron*, ao qual já recorremos no capítulo VI para ilustrar a modalidade refutatória do *elenchos* socrático e ao qual novamente nos referimos agora para evidenciar como funciona o mecanismo da ironia na mesma discussão. Antes de mais nada, insinuando que acusar o próprio pai é coisa de homem com firmeza nas suas convicções morais, Sócrates monta para Eutífron uma armadilha em que ele cai imediatamente, afirmando que conhece as coisas dos deuses (na sua qualidade de adivinho) o suficiente para distinguir entre uma ação pia, ou seja, respeitosa das leis divinas, e uma ação ímpia. Oferece assim a Sócrates a oportunidade de cobri-lo de elogios e declarar-se impaciente para ser discípulo seu; bem instruído por Eutífron, poderá até mesmo se defender melhor de Meleto no tribunal, que o acusa precisamente de impiedade (é evidente, entre outras coisas, a intenção apologética dessas referências e, ademais, de toda a discussão subsequente sobre piedade e justiça, que une esse diálogo à *Apologia* e ao *Críton*). A partir daí, tem início uma conversa sobre o que é e o que não é pio, durante a qual Sócrates refutará sistematicamente as respostas de Eutífron sem deixar de se declarar confiante na sua competência e capacidade para instruí-lo a tal respeito (observou-se que o diálogo traz nada menos que 24 ocorrências dos termos "discípulo", *mathetés*, "sabedoria", *sophia*, "ensinar", *didaskein*, e derivados). Por outro lado, Eutífron, com uma incurável confiança em si mesmo, continuará impermeável a qualquer ironia até o fim, quando então vai embora, mais farto de tanto discutir do que mortificado, com a desculpa de um compromisso urgente.

Podemos nos perguntar se Sócrates se comporta corretamente ou não, quando estabelece o diálogo nos termos e modos que Platão lhe atribui aqui e em outras passagens. O problemático não é tanto a afirmação em si de não saber isso ou aquilo, cuja sinceridade nem entraria em discussão (como argumentamos num capítulo anterior, ao tratar da profissão de ignorância apresentada na *Apologia*), e sim o fato de expor o seu não saber como algo que o coloca numa posição de inferioridade diante do interlocutor do momento, apostrofado como sábio e até mesmo mestre no assunto. São melífluas *captatio benevolentiae*, com a finalidade de envolver o outro na discussão, como se depreende claramente do fato de que todos os indagados, à exceção de Eutífron, mais cedo ou mais tarde se apercebem da discrepância entre os extremados elogios do início e a superioridade dialética de Sócrates, e então manifestam o seu desengano de maneiras variadas.

Gregory Vlastos, autor talvez do livro mais importante sobre Sócrates (certamente o mais discutido) na segunda metade do século passado, construiu no rastro platônico a figura idealizada de um filósofo cristalino e avesso a simulações. Não admira que o livro dedique um capítulo decisivo, que se concentra em absolver Sócrates de qualquer suspeita de um uso impróprio da ironia. Para isso, o grande estudioso formula a noção de "ironia complexa", típica do uso socrático, de forma que "o que é dito num momento é e não é aquilo que se entende; o seu conteúdo superficial é entendido como verdadeiro num sentido e falso em outro". Assim, Sócrates estaria dizendo a verdade quando se declara ignorante sobre algo, na medida em que não possui de fato nem por mérito nenhum conhecimento certo, muito menos transmissível; ao mesmo tempo, *não* estaria dizendo a verdade, porque algum conhecimento ele possui, mas são conhecimentos provisórios que serão explicitados, para ser postos à prova, ao longo do diálogo.

Já fizemos algumas ressalvas a essa interpretação, defendendo a tese de que Sócrates, na *Apologia*, declara-se *sinceramente* ignorante de determinados conhecimentos: aqueles que comporiam no seu conjunto, se isso fosse possível para um ser humano, uma *sophia* capaz de transcender a "humana"; esta última, aliás, ele jamais nega que a possua. Mas aqui se trata, como já dissemos, de entender se Sócrates utiliza de maneira correta o tema da ignorância na estratégia específica da discussão face a face; sem pretender contradizer Vlastos, é inegável que o enaltecimento do saber do interlocutor ante seu próprio saber funciona como isca, ali posta para atraí-lo à armadilha dialética. Além disso, o próprio Platão, muito mais do que Xenofonte, parece admitir em Sócrates um certo grau de dissimulação, como indica implicitamente a recorrência, em contextos muito significativos, de um léxico irônico que, no uso corrente da época, era de conotação negativa (ao passo que em Xenofonte, e não por acaso, não constam os termos da família de *eiron*).

No *Górgias*, por exemplo, quando Sócrates louva Cálicles como "homem divino", pedindo para "lhe ensinar" o que significa *kreitton* ("superior"), dito de um homem em relação a outro, Cálicles exclama: "Você está fazendo uma ironia!" (*eironeuei*), entendendo que Sócrates tenta enganá-lo com elogios melífluos, e Sócrates, por sua vez, devolve a acusação ao adversário, que havia zombado dele numa fase anterior da discussão (489d-e, ver 485e-486a). Mas é um uso pouco problemático do termo em comparação ao que faz outro sofista, Trasímaco, no livro I da *República*. Irritadíssimo com a maneira como Sócrates interroga Polemarco sobre a justiça e com o fato de ter sido impedido pelos presentes de intervir na discussão entre os dois, o sofista, aproveitando uma pausa, encurva-se "como um animal selvagem" e se lança sobre eles como se quisesse dilacerá-los, gritando:

> Que besteiras são essas, Sócrates, que você anda fazendo há um bom tempo? E em que tolices vem se perdendo com essa sucessão de elogios recíprocos? Se, em vez disso, você quer mesmo saber o que é justo, não se limite a interrogar e não se vanglorie da sua capacidade de refutar quem lhe dá uma resposta (você bem sabe que é mais fácil perguntar do que responder), mas seja você mesmo a responder e dê a sua definição do que é justo (Platão, *República*, I.336c).

Sócrates, a voz narradora do diálogo, relembra que esteve quase a ponto de se calar por medo (difícil acreditar, a bem da verdade) e que depois tentou mostrar a Trasímaco que as indecisões naquela discussão, que lhe parecem tão enfadonhas, refletem a real dificuldade que se apresenta a quem examina um bem precioso como a justiça. Mas, ao confessar a sua incapacidade de esclarecer inteiramente o problema e ao pedir para aquele seu empenho, com inegável afetação, a clemência dos que são "hábeis" como Trasímaco, apenas atiça ainda mais a sua agressividade:

> E ele, ao me ouvir, desatou numa grande gargalhada e disse:
> – Por Héracles, eis aí a famosa e habitual ironia (*eironeia*) de Sócrates! Ah, eu sabia! Aliás, dizia agora há pouco a esses aqui que você não só não ia querer responder como iria fazer ironia (*eironeusoio*) e tentaria todos os meios em vez de responder às perguntas que lhe fossem feitas (*República*, I.337a).

Trasímaco depois cederá ao grande desejo de se sair bem na disputa e proporá aquela famosa definição da justiça como "o útil ao mais forte" (338a-c), que a dialética de Sócrates, nesse livro I da *República*, não parece capaz de refutar, de modo que a discussão será retomada nos capítulos posteriores, dentro do quadro mais amplo do projeto de refundação da justiça na cidade. Mas, por ora, o riso sardônico e o ríspido comentário de Trasímaco nos mostram a aversão que a abordagem dialética de Sócrates era capaz de despertar, sobretudo entre aqueles que se apoiavam na autoestima intelectual, como os sofistas, acostumados a tecer, com facilidade e aplausos gerais, longos discursos persuasivos. A que ponto lhes parecia irritante a indagação de Sócrates sem oferecer um vislumbre de resposta, junto com uma afetação de inferioridade já imediatamente desmentida pela sua evidente capacidade de comandar uma discussão, mostra-nos bem o livro IV dos *Memoráveis* de Xenofonte. Aqui o relato da formação de Eutidemo é interrompido, durante todo um capítulo, por uma longa conversa com Hípias de Élida, concentrada em definir o que seria "justo" (IV, 4). Como Hípias afirma com grande segurança que sabe discorrer a esse respeito, Sócrates se diz todo ouvidos para o que ele terá a expor sobre o extraordinário bem que "descobriu". É uma alusão maliciosa aos achados técnicos de que o sofista gostava de se vangloriar (um tema que está no centro do *Hípias maior* de Platão) e não surpreende que Hípias exploda:

> Mas, por Zeus, você não me ouvirá, pelo menos não antes que você mesmo explique o que considera ser o justo. É hora de deixar de zombar dos outros (*kataghelás*) interrogando e refutando a todos, sem querer reconhecer razão a ninguém e sem revelar o que pensa sobre problema algum (Xenofonte, *Memoráveis*, IV, 4.9).

Xenofonte também mostra que a reação dos políticos, postos em dificuldade pela dialética socrática, era igualmente virulenta, ao relatar a raivosa reação de Cáricles diante do irritante esquivar-se de Sócrates perante a proibição de ensinar a arte dos discursos (como vimos no capítulo VI, *Memoráveis*, I, 2.36). E lembremos que Sócrates, na *Apologia*, admite ter atraído a hostilidade de "bastante gente" precisamente porque, assistindo às suas discussões, "a cada vez os ouvintes concluem que sou eu o sábio no campo em que refuto os outros (22e-2a); além disso, ele sabe que mesmo agora, se pretender prosseguir na sua atividade de busca remetendo-a a um comando divino, os concidadãos não acreditarão nele, pensando tratar-se de um blefe (*ou peisesthe moi hos eironeuomenoi*: *Apologia*, 37e-38a).

Na percepção de Trasímaco, em suma, e sabe-se lá de quantos outros contemporâneos, a *eironeia* de Sócrates devia parecer, antes de mais nada, uma "dissimulação", ditada pela vontade deliberada de *enganar*. Ademais, no grego do século V a.C., o termo *eiron* qualifica um verdadeiro "trapaceiro" (por exemplo, em *As Nuvens*, v. 449, é o que Estrepsíades espera se tornar aprendendo a arte do discurso), e essa conotação negativa ainda está viva no século seguinte: o primeiro tipo que comparece nos *Caracteres* de Teofrasto é justamente o do *eiron*, aplicado a uma simulação e diminuição de si mesmo, em atos e discursos, que hoje chamaríamos, de preferência, de "hipocrisia"; e, num fragmento de um autor da Comédia Nova, Filêmon (fr. 89 k.), o modelo de ironia é a raposa. Hoje, porém, por ironia, entende-se algo muito diferente, pois pressupomos que, para funcionar, ela deve ser claramente reconhecível como tal; por exemplo, pelo tom de voz ou por piscadelas e gestos do falante, ou por um contexto que leva *imediatamente* quem ouve (ou quem lê) a não dar sentido literal à expressão verbal de um pensamento. Essa acepção decorre, em última instância, da reflexão de Quintiliano sobre a ironia: uma figura de linguagem tal que se entenda claramente "o contrário daquilo que foi dito", ou seja, que o orador evidencie, com o tom da voz e toda a sua atitude, a discrepância entre a intenção comunicativa e as palavras proferidas (*Instituição oratória*, IX, 2.44; ver também VI, 2.15 e VIII, 6.54). A formulação inclui uma dimensão de transparência que seria impróprio projetar sobre o Sócrates dos diálogos, o qual faz da ironia um uso, se não enganador, pelo menos ambivalente, e se entende por que é capaz de irritar os interlocutores ou, pelo menos, alguns deles, ao passo que as pilhérias do Sócrates de Xenofonte são, sem dúvida, mais transparentes.

Por outro lado, há a possibilidade de que tenham sido precisamente a figura do Sócrates platônico e a reflexão sobre ela a produzirem um deslocamento da noção de *eironeia* para um significado mais positivo, em que o aspecto da dissimulação se distancia cada vez mais do objetivo de enganar. A passagem de Aristóteles citada na abertura atesta bem uma etapa importante desse processo. No livro IV da *Ética a Nicômaco* (ocupado, tal como o terceiro, por uma vívida galeria de virtudes e vícios), a *eironeis* é tratada como vício efetivamente relacionado com a dissimulação das qualidades próprias e, portanto, oposto à ostentação, mas é muito mais aceitável em termos sociais se praticado por indivíduos que a utilizam de maneira comedida, minimizando qualidades de que são notoriamente dotados; e o protótipo desse comportamento é visto justamente em Sócrates. Outra etapa importante, além de ter influência direta na reflexão de Quintiliano, é constituída por Cícero, que no texto *Sobre o orador* fala em *urbana dissimulatio* (dissimulação arguta) a propósito de uma situação em que "se diz uma coisa diferente da que se pensa" (II, 67.269), e acrescenta:

> ...com base no relato daqueles que conhecem melhor essas coisas, acredito que, nessa forma de ironia e dissimulação (*in hac ironia dissimulantiaque*), Sócrates superou amplamente a todos na fineza e humanidade. É um gênero muito refinado, espirituoso e sério ao mesmo tempo, e apropriado tanto à dicção oratória quanto a conversações cultas (*urbanis sermonibus accommodatum*; 67.270).

Esses juízos são preciosos para reconstruir uma evolução do conceito de ironia que, significativamente, de início organiza-se em torno da persona de Sócrates, mas eles remontam a autores não emocionalmente envolvidos porque "não presentes ao fato" e, portanto, mais dispostos a uma interpretação positiva do testemunho platônico, e num quadro de referência sem ligação filosófica direta: um exemplo de comportamento moral no caso de Aristóteles, uma discussão das qualidades do orador no caso de Cícero. No entanto, para captar o sentido mais autêntico da ironia socrática (com certeza mais autêntico do que uma certa argúcia oratória), devemos regressar ao texto de Platão; vemos então que as reações de outros personagens que não Trasímaco, em outros contextos dialógicos, permitem uma possibilidade de leitura bem mais intrigante. Basta pensar (já tratamos disso no nexo entre refutação e aporia) no embaraço paralisante expresso por Mênon, uma espécie de trampolim a partir do qual se reinicia (passando pelo experimento com um escravo mais humilde) a discussão sobre a possibilidade de ensinar um pouco de virtude no diálogo homônimo; ou na disposição de espírito a que é induzido Laques, irritado mais consigo mesmo do que com Sócrates (o qual, cabe dizer, é mais amável com ele) e, exatamente por causa disso, sente-se disposto a prosseguir na investigação sobre a coragem. De todo modo, a ironia parece funcionar como um meio justificado pela finalidade de envolver emocionalmente o interlocutor, a fim de lhe despertar um desencorajamento que se converta em estímulo para prosseguir na busca. E esse programa certamente é "sincero", no sentido de que Sócrates jamais dissimula a sua intenção de chegar a opiniões verdadeiras sob as escórias do saber corrente, ilusório e superficial. Se alcançará isso ou não depende do caráter do interlocutor, ou seja, da sua disponibilidade de rever a si mesmo e se arrepender, bem como do contexto do diálogo; no caso de Trasímaco, por exemplo, é evidente que Sócrates podia prever a reação dele e as suas palavras soam claramente provocadoras tanto para o sofista naquela situação específica quanto para os observadores internos a ela, mas também aos externos, os leitores de então e de sempre. Cabe notar, ademais (é uma aguda observação de Alexander Nehamas), que um Trasímaco, a despeito de toda a sua agressividade, revela-se, porém, mais reflexivo e por isso menos censurável do que um "inocente arrogante" como Eutífron, que concede a Sócrates uma anuência passiva e exterior e depois prossegue com a sua vida como se nada tivesse acontecido.

Como mostrou Nehamas num belo livro seu, o que Sócrates fazia era convidar os ouvintes e, graças às sutilezas da representação platônica, continua a convidar ainda hoje os leitores a elaborar uma "arte do viver", orientada pela profunda reflexão pessoal sobre os próprios comportamentos. Nessa perspectiva, entende-se também como a ironia, confiada a uma certa articulação do discurso, está ligada a uma determinada atitude existencial, que se torna marca da personalidade de Sócrates, em conjunto com a sua *atopia*. Aquele ar de suficiência que emana do seu discurso encoberto pretende, de fato, indicar um olhar distanciado da normalidade das coisas, remetendo a outras perspectivas distintas das correntes.

A descrição mais famosa da ironia existencial de Sócrates é, sem dúvida, a que cabe a Alcibíades, evocando em *O Banquete* a sua atormentada relação com Sócrates. Já antecipamos que, segundo o relato do amante desiludido, Sócrates rechaçara as suas propostas, não querendo trocar a beleza de formas do jovem pela sua beleza própria, pois, "supondo que ela existisse", era de outro gênero. Alcibíades depois fugiu, mortificado por uma resposta cuja ironia, naquela situação palpavelmente constrangedora, deve ter ficado mais do que evidente: ao louvar a beleza do jovem, Sócrates deixou transparecer o senso de ter dentro de si uma beleza mais profunda e superior. Mas é evidente que Alcibíades, até esse *show down*, não se havia apercebido da "peculiar e habitual" ironia de Sócrates, como agora a denomina (*O Banquete*, 218d). Pelo contrário, chegara a interpretar o interesse que aquele estranho tipo lhe demonstrara a princípio como um arroubo erótico e se comportara em conformidade com isso. É por isso que agora, ao iniciar o relato dos seus infortúnios amorosos, alerta os participantes do banquete:

> Vocês veem que Sócrates se comporta de maneira erótica com os belos, está sempre ao redor deles e fica transtornado, e então ignora tudo e não sabe nada. Esse seu modo de proceder não é o de um sileno? Sem dúvida. E assim o seu exterior é revestido, como um sileno esculpido; mas por dentro, abrindo-se, vocês sabem quanta sabedoria ele tem, vocês que bebem aqui comigo? Saibam que, mesmo que o indivíduo seja belo, isso pouco lhe importa, mas despreza-o a um ponto que ninguém conseguiria acreditar, e mesmo que seja rico e mesmo que tenha alguma outra honra pela qual muitos o consideram afortunado. Não, ele pensa que todas essas possessões não têm valor algum e que não somos nada – digo-lhes eu –; e passa a vida fazendo-se irônico (*eironeuomenos*) e brincando com todos. Mas, quando leva

as coisas a sério e se abre, não sei se alguém chegou a ver as imagens sagradas que tem dentro de si. Mas uma vez eu as vi e me pareceram tão divinas, áureas, totalmente belas e dignas de admiração que tive de fazer no mesmo instante tudo o que Sócrates ordenava. E como acreditava que ele levava a sério o esplendor da minha juventude, pensei que era um dom de Hermes e uma fortuna maravilhosa que me cabia, ser-me concedido ouvir tudo o que Sócrates sabia (Platão, *O Banquete*, 216d-217a).

Descobrimos aqui uma *complexidade*, na acepção que deu Nehamas a essa categoria interpretativa de Vlastos, a ser vista não tanto como uma inversão entre o que Sócrates entende e o que diz, mesmo que com a mais honesta dissimulação, e sim no fato de que *alude* e indica: para além do horizonte do modo de vida corrente, com o seu centro ocupado pelos valores do prazer físico, das riquezas, ou das honras.

Já Quintiliano mostra compreender essa dimensão, ao mencionar Sócrates como exemplo de *ironia*, a qual caracteriza não só um determinado uso da linguagem como também "a vida toda" (*vita universa: Instituição oratória*, IX, 2.46). A história do tema da ironia é, a partir daí, a história de uma trama variável entre poder dialético e atitude existencial, em constante associação com a figura original de Sócrates. Não surpreende que o significado existencial reapareça no limiar da época romântica, por exemplo, na reflexão de Friedrich von Schlegel, que identifica a ironia como característica intrínseca à criação poética, subjazendo à consciência de estar no limite entre finito e infinito. A influência de Sócrates é exposta justamente num fragmento, isto é, na forma literária que por si mesma, para Schlegel, levanta a questão da relação entre finito e infinito.

A ironia socrática é a única simulação absolutamente involuntária e, no entanto, absolutamente refletida [...]. Ela não precisa enganar ninguém a não ser aqueles que a consideram um engano [...]. Nela, tudo deve ser brincadeira e seriedade; tudo honesto e aberto, e tudo simulado. Ela nasce da união entre o senso artístico da vida e o espírito científico. Ela contém e desperta o sentimento [...] da impossibilidade e necessidade de uma comunicação completa (Schlegel, *Fragmentos críticos*, ditos também *do Liceu*, n. 108).

À luz da leitura proposta acima, o comentário de Schlegel parece de máxima agudeza, e admira, mas não muito, que Hegel polemize com essa ironia "moderna", como a chama ele, e tenha o cuidado de ressaltar nas *Lições sobre a história da filosofia* que, "para Sócrates, assim como para Platão, a ironia possui um significado mais limitado; é uma maneira de discutir, é apenas uma atitude negativa em relação ao saber". É verdade que a confusão em que incorrem tantos interlocutores de Sócrates sob os golpes da sua ironia "tem a finalidade de levar a refletir" e, apesar de se manter como uma situação negativa, "é a confusão de onde deve partir a filosofia". Mas, em suma, a valorização da potencialidade dialética da ironia segue aqui em rumo oposto ao de qualquer possível adesão ao seu sentido existencial.

Será Kierkegaard, porém, a retomar o tema da ironia de Sócrates, aprofundando o seu significado existencial e o adotando para si, antes da magnífica leitura das fontes que constitui a primeira parte da dissertação de 1841 sobre o *Conceito de ironia*. Aqui ele trata de oferecer, antes de mais nada, uma "interpretação fundada e autêntica da existência fenomenológica" do Sócrates histórico e, para esse fim, examina com atenção e agudeza todas as três fontes principais (Platão, Xenofonte e Aristófanes). A sua preferência filosófica recai irresistivelmente sobre Platão, e assim Kierkegaard passa a descrever a distância entre ele e Xenofonte em termos similares aos já empregados por Schleiermacher:

> Se por um instante quisermos reduzir a realidade de Sócrates a uma grandeza incógnita, pode-se dizer, quanto a essas duas

interpretações, que Xenofonte, como bom atacadista, açambarcou Sócrates elevando o preço e Platão, como bom artista, plasmou o seu Sócrates em tamanho sobrenatural (Kierkegaard, *O conceito de ironia*, cit., 106).

Mas, à pergunta sobre quem era realmente Sócrates, Kierkegaard oferece na mesma página uma resposta inédita: "A resposta diz: a existência de Sócrates é ironia". É isso o que permite compatibilizar os perfis delineados por Platão e Xenofonte com traços aparentemente discrepantes:

> De bom grado, portanto, pode-se supor com Xenofonte que Sócrates gostava de perambular à toa e se entreter com a mais variada humanidade, pois qualquer coisa ou ocorrência externa oferece uma boa ocasião para o ironista de tiradas prontas; e de bom grado pode-se com Platão fazer com que Sócrates aflore a ideia, desde que a ideia não se abra diante dele, mas seja fronteira. Ambos naturalmente procuraram completar Sócrates: Xenofonte baixando-o para a planície do útil, Platão elevando-o às regiões celestes da ideia. *Mas o ponto médio, invisível e dificílimo de fixar é a ironia*[1]. De um lado, é justamente a multiplicidade do real do ironista; do outro lado, porém, os seus passos deslizam etéreos sobre a realidade, sempre roçando levemente o solo; mas, como o verdadeiro reino da idealidade lhe continua estranho, ainda não emigrou para lá, mesmo estando a cada instante prestes a partir (Kierkegaard, *O conceito de ironia* cit., 106-107).

Kierkegaard assim descobre que Sócrates é o maior representante de uma concepção da filosofia como ele mesmo a entende, isto é, não especulação abstrata, mas viva e contínua reflexão e tomada de consciência sobre a finitude do indivíduo em contraposição às possibilidades da existência. Na segunda parte da obra, de fato, o conceito da ironia é tratado e definido em termos gerais como abertura à pluralidade das escolhas existen-

---
[1] Grifo nosso.

ciais e ao afastamento de todas, porque "o que se considera *sub specie ironiae* não é este ou aquele fenômeno, mas a totalidade da existência". É evidente o afastamento de Hegel nesse ponto, o qual, aliás, retoma a noção fundamental de que Sócrates marca o aparecimento da subjetividade na cena da história universal, bem como a definição da ironia (contra Schlegel) como negatividade infinita e absoluta. Mas a característica própria da concepção kierkegaardiana da ironia, que surge com extrema clareza na segunda e última parte do escrito, é que ela deve valer como ato de *resistência* ao sentido do nada:

> Agora, porém, é impossível levar a sério o nada sem chegar a alguma coisa (o que ocorre se o levarmos especulativamente a sério) ou sem se desesperar (se o levarmos pessoalmente a sério). O ironista, contudo, não faz um nem outro, e nesse sentido pode-se também dizer que não leva a sério nem mesmo o nada. A ironia é o jogo infinitamente leve com o nada, do qual não sai horrorizada, mas sempre com a cabeça erguida (Kierkegaard, *O conceito de ironia* cit., 209).

Sócrates depois "esteve por toda a vida" (retomando o belo título do livro que Antonio Cassese dedicou a Kafka)[2] com Kierkegaard, com uma adesão que, com o tempo, tornou-se ainda mais próxima. Paralelamente, dissolvia-se a ênfase na "liberdade negativa" do ironista, que declina da sua responsabilidade pelas posições que expressa, aprofundando-se mais a noção de "legitimidade" da ironia, a qual (na reflexão confiada ao *alter ego* Giovanni Climaco no *Pós-escrito conclusivo não científico*, 1846) consiste em que o ironista a expressa *existindo*; assim, a própria vida de Sócrates foi uma trama inextricável entre brincadeira e seriedade, entre trágico e cômico, que se espelha nos seus discursos e no riso em alternância com o pranto dos seus discípulos. A experiência de Sócrates também lhe fornece bases

---

[2] Cf. CASSESE, A., *Kafka è stato com me tutta la vita*, Bologna, Il Mulino, 2014. (N. do E.)

para uma teorização da "comunicação indireta", praticada, por exemplo, nos pseudônimos que o filósofo dinamarquês gosta de usar como uma sucessão de máscaras, à semelhança do grego que ocultava a profundidade dos seus pensamentos por trás das feições do Sileno.

Algumas palavras, por fim, sobre a escolha de Eugenio Montale que colocamos como epígrafe emblemática deste capítulo; a escolha pode surpreender, pois já não se aninha qualquer leveza jocosa na dita ironia de Montale, expressão de um afastamento angustiado de uma realidade percebida como negatividade absoluta, que deixa uma fresta, no máximo, apenas para o acaso. O "mal de viver" do grande poeta foi, ademais, um sentimento amplamente pessoal, alimentado por leituras filosóficas não sistemáticas, entre as quais se destacam em especial Schopenhauer e o contingencialismo de Boutroux. Mas, mais do que a impossibilidade de expressar verdades plenamente consoladoras, o que impressiona no indivíduo Montale é que ela venha acompanhada e se apoie na consciência daquilo que *não* é e *não* quer: como num ímpeto de resistência intelectual e moral que repete, não importa quão consciente ou inconscientemente, uma lição existencial muito conhecida.

Nota bibliográfica

Os dois estudos fundamentais sobre a ironia socrática são G. Vlastos, *Socrates. Ironist and Moral Philosopher*, Cambridge University Press, Cambridge, 1991; trad. ital. *Socrate. Il filosofo dell'ironia complessa*, La Nuova Italia, Florença, 1998; A. Nehamas, *The Art of Living. Socratic Reflections from Plato to Foucault*, University of California Press, Berkeley/ Los Angeles/Londres, 1998 (fundamental, entre outras coisas, o convite de Nehamas a uma leitura que, libertada da dicotomia honestidade/ fraude, seja capaz de resgatar o inegável componente de dissimulação utilizado por Sócrates). Numa bibliografia naturalmente ilimitada e, ademais, bastante repetitiva, assinala-se ultimamente L. Mori, "Il 'ridere' come rottura nelle cornici di senso: esplorazione filosofica a partire da un chiasma platonico", in *Itinera*, v. 6, 2013, 156-174, para as interessantes reflexões sobre o nexo (quiástico) entre ironia, da qual Sócrates é sujeito, e derrisão, da qual é objeto (assim como o filósofo que retorna à caverna).

J. LEAR, "The Socratic Method and Psychoanalysis", in AHBEL-RAPPE e KAMTEKAR (orgs.), *A Companion to Socrates* cit., 442-462, discute com equilíbrio e sua habitual agudeza as afinidades e diferenças entre conversação socrática e prática psicanalítica, que ambas visam "mudar a vida", declarando, entre outras coisas, a sua dívida em relação a Kierkegaard; mas a sua argumentação pressupõe que a refutação e a ironia "de Sócrates" se exercem sobre uma alma que ele "divide em partes". Lear, então, diz "Sócrates", mas na verdade está falando (com ironia) de Platão.

O interesse de Kierkegaard por Sócrates ganha destaque num capítulo central de HADOT, *Esercizi spiritual e filosofia antica* cit. (dedicado à figura de Sócrates vista através de Kierkegaard e Nietzsche), bem como em NEHAMAS, *The Art of Living* cit., cuja reflexão gira em torno da concepção da filosofia como "arte da vida", na qual Sócrates é modelo para – além de Kierkegaard – Montaigne, Nietzsche, Foucault. Uma ótima análise das diversas fases do longo convívio de Kierkegaard com Sócrates se encontra, por fim, in A. J. BURGESS, "Kierkegaard's Socrates, the 'Corsair' Affair, and the Martyrdom of Laughter", in *Filozofia*, v. 68, 2013, 38-49. Por outro lado, L. AMOROSO, "L'arte della comunicazione di Kierkegaard e il Platone di Schleiermacher", in *Rivista di Filosofia Neoclassica*, n. 3-4, 2013, 463-476, assinala nas introduções de Schleiermacher aos diálogos de Platão, onde a prioridade platônica dada à oralidade é lida à luz da maiêutica socrática, uma importante fonte de inspiração para a prática kierkegaardiana da comunicação indireta.

Capítulo VIII
Repulsas do eros e dores da alma

> (ALCIBÍADES): As melodias de Mársias, ainda hoje, quer sejam tocadas por um bom flautista ou por uma flautista ordinária, por si sós se apoderam de nós e mostram quem precisa dos deuses e da iniciação, por serem divinas. Mas você [Sócrates] é diferente dele apenas nisso: faz o mesmo sem instrumentos, mas com nuas palavras.
> PLATÃO, *O Banquete*, 215c-d.

> Percebe-se um fundo de frigidez na alma do grande erótico: se tivesse amado mais os seus semelhantes, dificilmente teria imposto a eles o peso da sua "lógica despótica", francamente intolerável.
> GREGORY VLASTOS, *The Paradox of Socrates* (1971)

Entre sabedoria dialética e posturas irônicas, os discursos de Sócrates deviam exercer um fascínio que se destaca em muitos testemunhos, não só de derivação platônica. Mas é Platão quem transmite, como sempre, a descrição mais célebre dos efeitos gerados pela conversação socrática sobre a disposição mental de quem o ouve. Trata-se, uma vez mais, de uma variação sobre o tema do Sócrates-Sileno que se lê em *O Banquete* (215c-d), em que, entre outras coisas, Alcibíades compara Sócrates ao sileno Mársias pelo poder dos seus discursos em aturdir (como a música insinuante de uma flauta) quem os ouve, sentindo-se no final arrastado e como que possuído. Alcibíades, de fato, acrescenta:

Eu, homens, se não parecesse depois completamente embriagado, lhes contaria sob juramento os efeitos que eu mesmo senti sob os seus discursos e ainda sinto agora. De fato, quando o ouço, meu coração para e jorram-me lágrimas, muito mais do que aos possuídos pelo delírio coribântico, sob os seus discursos, e vejo também que muitos outros sentem as mesmas coisas [...] sob esse Mársias aqui muitas vezes me encontrei numa disposição de espírito desse gênero, a ponto de me parecer que não poderia viver assim como sou (Platão, *O Banquete*, 215d-e).

A referência ao estado de possessão induzido pela música dos Coribantes, sacerdotes de Cibele e oficiantes dos ritos catárticos, recorda-nos que, na interpretação de Platão quanto às intenções de Sócrates, o *elenchos* pretendia obter uma *purificação* do indivíduo das falsas opiniões (ver a passagem do *Sofista*, 231b, já comentada) e, de todo modo, ao mesmo tempo agia de fato sobre os raciocínios e as emoções do indivíduo (recorde-se novamente o vínculo entre *elenchos* e vergonha, um sentimento que Alcibíades aqui declara sentir quando, sob o olhar de Sócrates, sente-se obrigado a considerar o seu modo de vida).

Mênon, num ponto do diálogo homônimo que já vimos, passa para outro âmbito metafórico, mas também ressalta a incidência de um componente emocional, ao atribuir a alguma ação mágica o estado de dúvida paralisante em que se viu sob o rigoroso *elenchos* de Sócrates: "Mesmo agora, pelo menos assim me parece, você faz mágica comigo, me enfeitiça – enfim, me encanta, e assim fico repleto de dúvidas" (*Mênon*, 80a). Elisabeth Belfiore argutamente captou nessa passagem a alusão a uma verdadeira "amarração" mágica (a grega *katadesis*), numa sábia remissão ao fato de que, enquanto a *katadesis* se destinava a incapacitar a vítima de falar, muitas vezes porque estava a par de alguma verdade que prejudicaria o autor da magia, a incapacidade de Mênon decorre do fato de ter percebido que não conhece nenhuma verdade.

A referência a uma prática mágica volta no *Cármides* (155b-157c), com a importante função de introduzir a discussão sobre a "sabedoria" (*sophrosyne*) que se articulará no restante do diálogo. No início, de fato, Sócrates, atraído pelo encanto do jovem Cármides e querendo descobrir se era igualmente belo na alma, faz com que ele se aproxime, com intermediação de Crítias, a pretexto de possuir um remédio (*pharmakon*, palavra de ressonâncias mágicas) para a dor de cabeça que acomete o jovem e lhe sugere proceder como se faz durante a aplicação de uma certa folha curativa, acompanhando-a com a recitação de um canto mágico (o termo usado a esse propósito é *epodé*, propriamente uma "melodia de acompanhamento"). A ideia é que, sendo a alma e o corpo intimamente ligados, para curar os males deste é preciso pôr aquela em boas condições, e para tal é necessária uma espécie de "encantamento" (outro sentido possível do termo grego *epodé*). Ele consistirá em "belos discursos" (*kalói logoi*), que não serão acompanhados por instrumentos musicais, mas, como as "nuas palavras" do Sócrates-Mársias, na percepção de Alcibíades, visam a um efeito persuasivo não menor do que o que pode ser gerado por uma melodia; a peculiar beleza dos discursos de Sócrates reside, de fato, numa articulação que pretende levar a um caminho rumo à verdade, gerando *sabedoria* (o tema específico do *Cármides*) na alma do jovem.

É evidente que Platão discorre sobre o aspecto de fascinação dos discursos de Sócrates com o fito de criar uma contraposição polêmica ao discurso enganador dos poetas e à retórica dos sofistas, associados sob o signo de uma "magia" que, no entanto, é puramente ilusionista (ver, respectivamente, *República*, 598a-604a, e *Sofista*, 234e-235b). A prática socrática, nesse sentido, funciona como uma "contramagia" e sem dúvida Platão encontrou nela um precedente e um modelo para a própria reflexão sobre a qualidade do discurso filosófico, em especial sobre a necessidade de que assuma as características de um *epodé*, apelando à razão e às emoções com todos os meios persuasivos lícitos (por exemplo, a utilização de mitos para veicular eficazmente determinadas verdades). Todavia, para aquém dos desenvolvimentos platônicos desse tema, Sócrates realmente devia emanar uma aura "mágica". O tema do encantamento que a palavra nua pode exercer, à semelhança de um canto mágico (*epodé*), está presente nos *Memoráveis* (II, 6.10-14 e 31), e no final jocoso da conversa com Teodota é o próprio Sócrates a dizer que mantém os discípulos perto de si e também faz alguns virem de outras cidades, como Símias e Cebes de Tebas, graças a uma quantidade de "filtros, encantamentos (*epodé*) e rodas mágicas" (III, 11.17-18).

Também sobre esse ponto é significativo o testemunho do *Teages*, diálogo integrante do *corpus* platônico, mas em geral considerado espúrio, cuja composição se situa provavelmente no ambiente da Academia. Eis como Aristides, o Jovem, descreve o encantamento que sentira com a mera presença de Sócrates:

> ...eu progredia quando estava junto a você, embora estivesse na mesma casa, mas não na mesma sala; mais ainda, porém, quando estava na mesma sala e muito mais, parecia-me, quando, estando na mesma sala, olhava-o enquanto você falava, mais do que quando olhava para outro lado; mas acima de tudo e em sumo grau eu progredia quando me sentava perto de você, ficando ao seu lado e tocando em você (Platão, *Teages*, 130d-e).

Esta passagem remete a outro efeito da personalidade de Sócrates, que parece tanto mais estranho se considerarmos a sua fealdade física, ou seja, ela não o impedia, como agora veremos melhor, de atrair os jovens fisicamente e quase hipnoticamente. Com efeito, Aristides, o Jovem, tem a sensação de "progredir" graças à proximidade física de Sócrates, mas, quando precisou se afastar para uma expedição (como ficamos sabendo pelo contexto), longe dele perdeu toda a capacidade de discutir que pensava ter adquirido;

portanto, o efeito físico do contato com Sócrates se deteve na superfície, se é que não chegou a inibir uma sólida recepção do seu ensinamento, ao qual, aliás, Aristides recorrera na intenção, enganosa e ilusória, de adquirir uma habilidade dialética e não um verdadeiro progresso moral. Em outras palavras, era como se da figura e dos discursos de Sócrates emanasse uma espécie de fluido "mágico" que ligara o jovem a ele numa relação de dependência física. Mas, no caso de Aristides, a magia funcionou enquanto ele esteve na área de ação das palavras ditas (que, ao contrário das escritas, não contam com um suporte capaz de relembrá-las à alma de quem não goza de boa memória...).

Longe dos olhos, longe do coração, poderíamos dizer, visto que o quadro desenhado por Aristides mostra (embora aqui não seja explicitado) um divino companheiro da personalidade de Sócrates que se beneficia da sua capacidade de fabulação; estamos falando de Eros, que Sócrates em *O Banquete* (203d) diz ser, precisamente, um "amante da sabedoria". Mas é nessa definição que surge uma ambivalência do eros, como o encarna Sócrates segundo Platão, pois o poder dos discursos que "encantam", e para isso não desprezam os meios da magia sofista, pode ser efêmero se não chegar a transformar a alma de quem os ouve. Assim, a partir daqui trataremos do tema do Sócrates "erótico", aprofundando aquele que nos parece ser o seu aspecto mais interessante, que se evidencia mais na representação de Platão do que na de Xenofonte (à qual, porém, faremos algumas alusões oportunas), qual seja, o seu aspecto mais *ambíguo*.

Notemos, entretanto, que Ágaton, em *O Banquete*, comete um erro análogo ao de Aristides no *Teages*, quando convida Sócrates a se estender no seu leito a fim de que – somente o tocando! – possa chegar à sua sabedoria (175c-d). A isso Sócrates replica:

> Seria bom, Ágaton, se a sabedoria fosse tal que vertesse do mais cheio para o mais vazio de nós, quando tocamos um no outro,

como faz a água nas taças, que da mais cheia escorre para a mais vazia por um fio de lã. Se, de fato, as coisas também são assim para a sabedoria, é uma grande honra para mim ficar deitado ao seu lado; creio, de fato, que você poderá me preencher de muita e bela sabedoria. A minha provavelmente é algo de pouco valor, ou é controversa e dúbia como se fosse um sonho, enquanto a sua é cintilante e possui um grande futuro, aquele futuro que de você ainda jovem tão intensamente brilhou e tão luminoso pareceu anteontem, tendo como testemunhas mais de trinta mil helenos (Platão, *O Banquete*, 175d-e).

Sócrates se refere à brilhante vitória que Ágaton, famoso tanto pela beleza quanto pela sua arte, conquistara dois dias antes, apresentando a sua primeira tragédia nas Festas Leneias (temos notícia de tal vitória em 416 a.C., e é, portanto, esta a data dramática do diálogo, que estaria descrevendo o banquete realizado na residência do tragediógrafo para comemorar o seu sucesso). É claro que Sócrates está menosprezando ironicamente a própria sabedoria perante a do poeta trágico e pretende dizer que não poderá transmiti-la a Ágaton, se ele não estiver disposto a uma autêntica compreensão. A ressalva, evidentemente, visa impedir que Ágaton se envolva numa relação erótica com intenções que não sejam as de crescimento intelectual e moral, mas o jovem, que percebe o leve desprezo da ironia de Sócrates, chama-o então de "arrogante" (*hybristés*, 175e). Está claro que aqui se antecipa habilmente um tema que será desenvolvido mais adiante no diálogo: pois Alcibíades, ao encetar a comparação entre Sócrates e Mársias e antes de evocar o poder encantador dos seus discursos, também diz que Sócrates é "arrogante" (*hybristés*, 215b) como um sátiro (figura exemplar tanto do despudor sexual quanto da insolência). Mas em que consiste a insolência de Sócrates e como se liga à sua posição no jogo do eros? Procurando responder a esta pergunta, abordaremos mais detidamente a questão problemática que nos propusemos aprofundar.

Detenhamo-nos, pois, ainda, no discurso de Alcibíades para compreender e acompanhar, entre tantos fios de que é urdido (alguns dos quais já enfatizamos), o tema do eros. E lembremos que Alcibíades cedeu certa vez ao fascínio de Sócrates, a ponto de querer se deitar com ele, mas teve de provar na própria pele (e é bem o caso de dizê-lo) que Sócrates era homem de grande temperança sob os traços sensuais do Sileno: Sócrates acabou por se subtrair a uma consumação da relação, que significaria uma troca entre a sua beleza (beleza da alma, portanto, mais verdadeira) e a beleza física (portanto, aparente) do jovem. Por isso, Alcibíades em *O Banquete* conclui o seu atribulado elogio ao Amor "na forma de Sócrates" com uma advertência para Ágaton, a fim de que, instruído pelo relato das suas penas, ficasse atento e não fosse ele também enganado e desiludido; é hábito de Sócrates, de fato, apresentar-se "como amante [...] acabando por ser ele próprio o amado em vez do amante", e assim "enganou" também Cármides, Eutidemo e inúmeros outros (222a-b).

Vale notar também que o diálogo se encerra um pouco mais adiante, após uma longa escaramuça sobre quem vai se deitar perto de quem no triclínio (222c-223a), o que, de um lado, está relacionado com as regras de sucessão nos discursos conviviais e, de outro lado, deixa transparecer a corrente erótica que passa entre Ágaton, Alcibíades e Sócrates; ademais, na manhã seguinte estão todos adormecidos, exceto Sócrates que, mais do que os outros, soube combinar habilmente os discursos e o vinho e se prepara para mais um dia que passará, como sempre, em conversas pelas ruas de Atenas (223d).

Para compreender todos os aspectos da situação evocada por Alcibíades (e vivida, ao que parece, por muitos condiscípulos), é preciso abrir uma fresta no pano de fundo dos costumes sexuais vigentes na sociedade ateniense dos séculos V e IV a.C., sobre os quais se funda a prática do eros socrático, como também a concepção desenvolvida por Platão num jogo sutil de adesão e

143

afastamento do mestre que nem sempre é compreendido pelos estudiosos modernos (e nunca o fora anteriormente). Cabe notar, antes de mais nada, que no mundo da Grécia clássica, seja no nível da moral corrente, seja no da ética filosófica, o desejo sexual não era objeto da sanção negativa que viria a incidir sobre ele mais tarde, segundo um processo ocorrido dentro do quadro cultural marcado pelo advento do cristianismo. Isto é, o sexo em si não era considerado deplorável situava-se tendencialmente no mesmo plano dos demais prazeres físicos, como os associados à comida e à bebida, e nesse plano o que se problematizava era o *uso* que se fazia dele. Além disso, as diferenças de gênero tinham no mundo antigo uma relevância muito menor do que nos dias atuais. Deixando de lado o famoso caso de Safo, o fenômeno mais conspícuo é a difusão das relações masculinas, atestada por riquíssima documentação literária e iconográfica de origem sobretudo, mas não apenas, ateniense. Em especial, o desejo sexual que a visão de um belo adolescente despertava num homem mais velho era tido como totalmente natural e não só aceito como também codificado socialmente. Nesses termos, de fato, a relação homoerótica guardava uma conexão privilegiada com um processo de crescimento intelectual que não se verificava no campo das relações heterossexuais, mesmo conjugais, o que se explica, como se sabe, pela posição de inferioridade geralmente atribuída às mulheres na esfera social e cultural; regra essa que é apenas confirmada por exceções como Aspásia, companheira de Péricles, e a sacerdotisa Diotima no *Banquete* platônico, personalidade provavelmente fictícia.

Lembremos também que a adolescência masculina se estendia aproximadamente entre a idade em que se atingia a altura de um adulto e o despontar da primeira barba, o que na época se dava, em média, entre os dezesseis e os dezenove anos; já aos vinte anos, portanto, o indivíduo era considerado adulto com plenos direitos de participação na vida política e pronto para retribuir

– por assim dizer – a outros mais jovens o interesse erótico de que ele mesmo havia sido objeto anteriormente. Nesse tipo de relação, o que importava mais não era tanto a diferença de idade (e que, de todo modo, como vimos, não era necessariamente grande), e sim a assimetria de *status* entre o amante (*erastés*) e o amado (*eromenos*). Com base num código social rigoroso (reconstruído por Kenneth J. Dover no seu clássico estudo sobre a homossexualidade grega), somente o amante tinha a iniciativa de fazer a corte, ao passo que o amado devia se deixar cortejar, alternando habilmente condescendência e resistência. Com efeito, o jovem devia mostrar que estava interessado não tanto no prazer do ato sexual, e sim nos benefícios que poderia receber do mais velho, em termos de educação, amizade, aliança política. O jovem, aliás, nem deveria manifestar prazer ao sofrer a penetração, pois nesse caso estaria assumindo um papel "passivo demais" e feminino, prejudicial para a sua capacidade de desempenhar mais adiante, como homem adulto, um papel político ativo.

Deve ficar clara a compatibilidade de base entre a concepção corrente da relação homoerótica e a qualidade da ligação que Sócrates estabelecia com os discípulos. Fazia parte de um costume socialmente consolidado que um adulto, mesmo entrado em anos, mesmo não bonito, fosse tomado por um arroubo erótico diante de um jovem na flor da juventude, em quem via uma alma a ser plasmada com a sua experiência e sabedoria. De fato, Sócrates não nega em absoluto que "se apaixonou" em certo momento por Alcibíades, assim dando início à atormentada história em que agora se vê vítima do rancor ciumento do jovem (*Banquete*, 213c-d). Com efeito, ele é continuamente levado a se apaixonar pelos belos jovens: aproxima-se deles (como já dissemos) com a curiosidade de ver se as suas feições exteriores encontram correspondência numa interioridade virtuosa (ver *Cármides*, 154d-e, 158a-b; *Lísis* 204b), e utiliza com os jovens, com maiores esperanças pedagógicas, aquela mesma alternância de perguntas e respostas que impõe em outras ocasiões aos sofistas ou outros profissionais conhecidos na cidade, não "se descobrindo" a não ser em raros casos e se limitando a interrogar para levar o interlocutor a tomar consciência do estado da sua alma.

Mas, com os jovens que aspiram ao saber, como se dá essa abordagem que vimos ter resultados descontínuos com os pretensos sábios adultos? Com Alcibíades, certamente não funcionou. E não basta notar que o próprio Alcibíades cometeu pelo menos dois erros quanto à codificação social da relação homoerótica: o primeiro, ao interpretar o interesse de Sócrates por ele como interesse físico; o segundo, ao inverter a direção da corte amorosa, conduzindo-se ele, mais jovem e que, portanto, deveria ter um comportamento pudico, como amante e não como amado. O conjunto do relato de *O Banquete* examina, de fato, as lamentáveis consequências do tratamento sofrido por Alcibíades: não podendo suportar mais a humilhação sofrida, afastou-se de Sócrates e, fora da sua influência magnética, seguiu decididamente o caminho não da virtude, mas o da ambição política, cujo impulso o levou a praticar, durante a Guerra do Peloponeso, uma série de atos bombásticos que contribuíram para a ruína de Atenas. Em outras palavras, tem-se a sensação de que Platão insinua nas entrelinhas a suspeita de que o método de Sócrates, com a sua finalidade de regeneração moral dos concidadãos ou, pelo menos, de uma parte deles (mas os potencialmente mais perigosos) fracassou, e teria fracassado devido àquilo que Gregory Vlastos diagnosticou como *failure of love* (insuficiência de amor). Por causa dela, Sócrates, com um afastamento emocional beirando o desprezo, teria abandonado ao próprio destino Alcibíades e todos os outros que aproximaram dele sem os dotes que julgava necessários para compartilhar a sua sabedoria. Como o estudioso bem observou certa vez:

> ...é verdade que ele cuida dos seus semelhantes, mas é um cuidado limitado e condicionado. Se as almas dos homens devem

ser salvas, devem-no ser à sua maneira. E quando vê que não conseguem, olha-os descendo pelo declive da perdição com pesar, mas sem se angustiar. Jesus chorou por Jerusalém. Sócrates adverte, exorta, condena Atenas, mas não verte lágrimas por ela. Podemos nos perguntar se Platão, que estava irado com Atenas, não a amava na sua ira e ódio mais do que a amara Sócrates, com as suas reprimendas amargas ou benévolas. Percebe-se um fundo de frigidez na alma do grande erótico; e, se tivesse amado mais os seus semelhantes, dificilmente teria imposto sobre eles o peso da sua "lógica despótica", francamente intolerável (Vlastos, *The Paradox of Socrates*, 1971, 16-17).

Aqui Vlastos aplicava a Sócrates (sem com isso diminuir o seu apreço pelo filósofo) uma categoria de juízo que encontrava, em cores bastante negativas, em Nietzsche. Em *A origem da tragédia* (1872), Nietzsche, com efeito, aponta em Sócrates um "lógico despótico", um embaixador daquela "dialética otimista' que "com o chicote dos seus silogismos expulsa a *música* da tragédia", e com ela mata os instintos vitais que até então haviam animado, de modo único e irrepetível, o mundo dos gregos; com isso, lembremos, Sócrates se colocou para Nietzsche como o protótipo de um modo de existência jamais visto antes, o do "homem teórico". Nesse ponto, sentimo-nos à vontade para subscrever essa nota crítica ao excesso de racionalismo de Sócrates, pelo menos no que se refere àquela certa *anafetividade* que vimos se manifestar na interação com Alcibíades, segundo o relato de *O Banquete*. Mas há mais.

A "frigidez" de Sócrates encontra, de fato, confirmação na obra xenofontiana, em que é registrada num tom de obsessivo temor. A posição pessoal de Xenofonte diante da homossexualidade masculina, totalmente alinhada com a prática comum entre a elite intelectual e social a que pertence, é nitidamente favorável ao contato genital; aos seus olhos, a intimidade física não é um obstáculo, e sim um incremento ao processo de elevação intelectual implicado na relação pederástica, fonte de crescimento para o corpo em simultâneo com o da mente, caso a busca do prazer físico seja vivida como ocasião de autodisciplina. Contudo, é grande a sua admiração pelo mestre, capaz de levar o domínio de si (*enkrateia*, uma palavra-chave da moral socrática que encontraremos novamente) até a rejeição da relação física. E é a Xenofonte que se dirige Sócrates, numa conversa dos *Memoráveis*, com uma severa admoestação: beijar um belo jovem coloca o indivíduo numa condição de servilismo a prazeres nocivos, e mesmo a mera visão de um rosto bonito se volta contra quem olha como a picada da tarântula, injetando "algo que faz sair do juízo" (I, 3.11). De teor semelhante é uma longa conversação com Critóbulo (II, 6), dedicada aos critérios que devem ser usados para "examinar que amigos vale a pena adquirir" e, ao mesmo tempo, atraí-los a si. Aqui o critério para avaliar o potencial amigo é imediatamente identificado na temperança em relação aos prazeres do alimento e do sexo, e, por outro lado, quem quiser a amizade de um indivíduo com tal virtude não deverá usar encantamentos de palavras como os das Sereias (*epodái*: II, 6.10-13, 31), mas terá de se mostrar igualmente virtuoso. Para ressaltar que presta ajuda de bom grado a Critóbulo, Sócrates se autodefine *erotikós*, porque, quando é movido por amor a alguém, envida todos os esforços para ser correspondido, mas, ao mesmo tempo, especifica que a sua ciência (*episteme*) não visa convencer os belos a ceder a um amante que "estende as mãos", mostrando estar mais interessado no corpo do que na alma e, por essa razão, convida Critóbulo a evitar o beijo na boca (II, 6.28-32). Uma análoga refratariedade à dimensão física do eros, percebida como um declive pelo qual facilmente desce o autocontrole moral, surge no *Banquete* de Xenofonte. Aqui também Sócrates se arroga o papel de provedor de amizades, ou "rufião", como diz com jocoso orgulho (3.10, 4.57, 60-64); mas evidencia-se claramente que a sua noção de amizade exclui o contato físico ao descrever o efeito do contato ocasional do seu ombro nu com o do jovem Critóbulo: mesmo depois de cinco dias, ainda sente o ardor, como se tivesse sido mordido por um animal feroz e, por isso, proíbe que o jovem o toque, pelo menos enquanto não lhe despontarem no rosto tantos fios de barba quantos fios de cabelo tem na cabeça (4.27-28).

Essa conversa se desenrola num clima de convívio "entre o sério e o jocoso", como comenta Xenofonte, e em geral o seu Sócrates tece sobre o desejo erótico uma série de reflexões entre o engraçado e o indiferente, de tom não muito diverso das narradas em Platão ou mesmo no *Alcibíades* de Ésquines de Esfeto (um *lógos sokratikós* que se detém de modo interessante, como a *Aspásia* do mesmo autor, no vértice eros-conhecimento). Xenofonte, porém, acrescenta, por sua vez, uma especificação importante sobre os critérios usados por Sócrates, para além da sua propensão a se apaixonar, para escolher os seus discípulos:

> Confessava ter-se apaixonado várias vezes, mas estava claro que desejava aqueles dotados por natureza não de um corpo gracioso, mas de uma alma voltada à virtude. Considerava indício de boa índole se aprendiam rapidamente as coisas a que se aplicavam, se memorizavam o que haviam aprendido e se tinham desejo de receber todos os ensinamentos graças aos quais é possível governar bem a casa e a cidade, e, em geral, saber bem tratar com os homens e bem enfrentar os acontecimentos humanos (Xenofonte, *Memoráveis*, IV, 1.2).

Aqui Xenofonte se afasta de Platão, que circunscreve o interesse de Sócrates aos *belos* jovens (com a exceção de Teeteto, como veremos), atribuindo-lhe uma operação seletiva atenta, acima de tudo, à boa disposição intelectual e moral. Note-se que estamos no início do livro IV, depois dedicado quase integralmente à formação de Eutidemo (já falamos a respeito, ao abordar a dialética socrática), que é narrada sem que transpareça qualquer implicação erótica; uma ausência que seria até mais significativa se pudéssemos identificar esse Eutidemo com aquele que Alcibíades, no *Banquete* platônico, cita entre os apaixonados desiludidos de Sócrates. Em termos mais gerais, Xenofonte se atém, ao longo de toda a obra, a narrar uma história diferente da de Platão sobre as relações entre Sócrates e os seus discípulos; uma história em que a atração erótica passa nitidamente para o segundo plano ante a exigência, exposta nessa passagem, de que o jovem mostre um genuíno desejo de ter ensinamentos virtuosos e – note-se bem – uma boa capacidade de interiorizá-los e, assim, mantê-los em mente.

Na passagem de Xenofonte, ademais, podemos ver a alusão àqueles outros alunos que, uma vez longe dos olhos e da carismática personalidade do mestre, degradaram-se. A descrição das estratégias pedagógicas complexas e diversificadas utilizadas por Sócrates, que ocupa grande parte do livro IV dos *Memoráveis*, vem em geral sustentada pela intenção apologética de exonerar o filósofo da acusação (à antiga maneira aristofânica e revigorada após 399 pelo libelo de Policrates) de "corromper os jovens", por um lado, transmitindo-lhes uma atitude destrutiva em relação aos valores da moral tradicional e, por outro lado, entregando-lhes nas mãos, com a arte dialética, uma arma poderosa para se imporem na arena política. Xenofonte, aliás, não podia negar que, mesmo que por período limitado, Sócrates acompanhara por algum tempo pelo menos dois discípulos "equivocados", os famigerados Crítias e Alcibíades, e quanto a esse ponto a sua linha de defesa devia se apoiar precisamente no argumento (já explicitado no livro I) de que a carreira política deles se desenvolvera depois de terem se afastado do mestre, seguindo o impulso das suas desastrosas paixões:

> Certamente, tanto Crítias quanto Alcibíades, enquanto ficaram com Sócrates, foram capazes, servindo-se da sua ajuda, de dominar os maus desejos; mas, assim que se afastaram dele, Crí-

tias, exilado na Tessália, lá frequentou homens que viviam mais na ilegalidade do que segundo a justiça, enquanto Alcibíades, por seu lado, perseguido como presa por muitas mulheres nobres devido à sua beleza, mimado por muitos homens poderosos devido à sua autoridade na cidade e entre os aliados, coberto de honras pelo povo e facilmente se destacando como o primeiro entre todos, tal como os atletas das competições gímnicas que, se vencem com facilidade, negligenciam o exercício, da mesma forma também *negligenciou a si mesmo* (*emelesen hautoú*). Foi o que aconteceu, portanto, àqueles dois e, orgulhosos do seu nascimento, inebriados pela sua riqueza, inflados de presunção pelo seu poder, corrompidos por muitos homens, arruinados por todas essas coisas e distantes de Sócrates por muito tempo, o que há de estranho se se tornaram arrogantes? (Xenofonte, *Memoráveis*, I, 2.24-25).

Se voltarmos agora a considerar o relato do *Banquete* platônico sobre as relações entre Sócrates e Alcibíades, podemos reconhecer um ponto de correspondência substancial com esse comentário. Também para Platão, de fato, Alcibíades é o único culpado pelas próprias ignomínias: mesmo tendo vislumbrado o tesouro de moderação e sabedoria (*sophrosyne*) encerrado no interior de Sócrates-Sileno (ou justamente por isso?), o jovem ficou prisioneiro na rede de valores e desejos exteriores que Sócrates tanto despreza, ou melhor, para escapar à vergonha, fugiu para onde não pudesse ouvir os seus discursos encantadores e "negligenciou a si próprio" (o termo *ameleo* usado a esse propósito no *Banquete*, 216a, é o mesmo empregado por Xenofonte na passagem citada logo acima). Ao atribuir ao próprio Alcibíades a responsabilidade moral por seus comportamentos após o convívio com Sócrates, Platão mostra que compartilha a intenção apologética que move Xenofonte (certamente de forma mais simples e monótona). Por outro lado, como argumentamos anteriormente, o relato de Platão é permeado por uma ambivalência da qual não há qualquer traço em Xenofonte (mesmo porque o próprio Sócrates é, em Xenofonte, imune a ambivalências). Cabe também pensar que, num momento inicial do *Banquete* platônico, Sócrates acolhe com entusiasmo a proposta de Erixímaco de dedicar uma série de elogios ao deus do amor, declarando "não conhecer nada senão as questões eróticas" (177d); ostensiva exceção à sua habitual profissão de ignorância, que não pode ser lida senão à luz da ironia que se patenteará melhor na continuação do diálogo. Mais sério, sem dúvida, é o tom com que Sócrates agradece a Eros, como nota final da palinódia do *Fedro*, por ter-lhe concedido a "arte do amor" e, com isso, a possibilidade de ser honrado pelos belos jovens (257a). Mas o Sócrates de Platão, principalmente, prefere ironizar tanto com palavras quanto com o jogo dos sentimentos, e por alusões (e ilusões) ora se revela, ora se nega e rechaça quem não soube intuir que os dons que tem a oferecer são os de uma sabedoria *sobre-humana*. Por fim, é verdade que Alcibíades não estava predisposto a cultivar o conhecimento e a virtude, mas também é verdade que Sócrates lhe apresentou o seu lado mais ambíguo, e o esclarecimento chegou, diga-se de passagem, acompanhado de desprezo. No final das contas, parece dizer Platão, o método de Sócrates não é feito para funcionar com todos.

Esse tema crítico deve ter influído, com outras razões filosóficas além das atitudes pessoais, no desenvolvimento de uma concepção do eros que se diferencia da socrática em pontos fundamentais. Para Platão, o eros ainda é essencialmente um impulso vital ao conhecimento, despertado pela visão de um belo jovem. Mas, na teoria do *Fedro*, essa força desemboca na conjunção carnal e apaixonada dos amantes e, além do mais, é tão mais irresistível na medida em que transparecem na beleza sensível alguns reflexos daquele belo ideal que a alma vislumbrara no hiperurânio, quando ainda não se encarnara (*Fedro*, 255e). E, na teoria de *O Banquete*, o eros é um fluxo energético que se desloca como por uma escada acima, rumo ao alto, rumo a lugares a que Sócrates, interessado somente no mundo dos homens, não pretendia ir; rumo ao belo em si, cuja visão – já separada de todos os estímulos sensoriais – propicia aquela "procriação" de discursos sobre a virtude e outros temas elevados que, para Platão, é a meta do percurso filosófico. Essa concepção do eros, que encontra os seus locais mais ilustres num discurso proferido pelo personagem de Sócrates (no *Fedro*) e no discurso de Diotima narrado também por Sócrates (em *O Banquete*), não só deve ser atribuída a Sócrates como também pretende ser uma superação daquilo que, aos olhos de Platão, podia constituir os seus limites: de um lado, por não ter fundado a universalidade dos conceitos numa esfera transcendente, mas, de outro lado, por não ter considerado o homem *inteiro*, na sua carga de emotividade e desejo que deve ser reconvertido e sublimado em desejo de conhecimento, ao invés de ser reprimido e totalmente rejeitado.

A distinção é sutil sobretudo no segundo ponto, mas, em tempos recentes, foi compreendida pelos intérpretes mais avisados e é importante levá-la em conta para a reconstrução da personalidade real de Sócrates. Isso não exclui que tenha sido Sócrates quem apontou, *in corpore vili*, por assim dizer, aquele vínculo entre eros e conhecimento que se perpetuou como núcleo vivo e vital na filosofia platônica. Por isso Platão, em *O Banquete*, elabora um sofisticado tecido de semelhanças entre Sócrates e o deus do amor (repetidamente definido como um demônio, *daimon*, mais do que como um deus, *theós*, para denotar a natureza intermediária entre humano e divino). Lembremos que, segundo o mito narrado por Diotima, Eros fora gerado por Penia (Pobreza), que se unira a Poros (Recurso), aproveitando-se da sua embriaguez durante os festejos pelo nascimento de Afrodite. Por isso Eros acompanha Afrodite, amando a sua beleza, mas, devido ao seu nascimento, ele nada tem de bonito e, além do mais, é desmazelado e anda sempre descalço (remissão não casual à notória fealdade e desmazelo de Sócrates). Ciente das suas carências, porém, Eros usa todos os recursos para supri-las (cabe lembrar que não se abstém de encantar e enganar), ou seja, para conquistar aquela beleza absoluta, própria apenas do divino, que ele não possui; e como a sabedoria está entre as coisas mais belas, Eros está perpetuamente no meio, como que entre o humano e o divino, e também entre a ignorância e a sabedoria, e é essencialmente amante da sabedoria, ou seja, filósofo (*O Banquete*, 203b-206b).

É fácil reconhecer nessa descrição, claramente moldada sobre aquele que dedicou a vida à procura do saber, um retrato cabal do mestre como amante-e-filósofo por excelência, e não surpreende que tenha permanecido como uma das mais memoráveis construções da figura de Sócrates apresentadas por Platão. Como testemunho da sua extraordinária fortuna, lembremos pelo menos como Marsilio Ficino, na esteira de *O Banquete*, veio a delinear um ideal de amor intelectual para ser utilizado pelo seu grupo de amigos humanistas, um ideal que ele vê materializado na vida em imitação de Sócrates, que fora vivida pelo antepassado de um deles, Guido Cavalcanti. Entre inúmeras outras passagens do seu texto sobre o amor, esta é muito significativa:

> Digam-me, *optimi viri*, vieram a pensar sobre aquilo que eu muito considerei, que, quando Platão pintou Cupido, retratou-o justamente a partir da imagem natural e da vida de Sócrates? Quase como se quisesse dizer que o verdadeiro Amor e Sócrates, no seu interior, são muito semelhantes e, por isso, Sócrates acima dos outros é o verdadeiro e legítimo amante (Marsilio Ficino, *Che Socrate fu lo amante vero e fu simile a Cupidine*, in *Sopra lo Amore, ovvero Convito di Platone*, cap. II, 1.469).

Constatemos, enfim, que, no pano de fundo do discurso de Diotima, destaca-se um refulgente retrato de Sócrates à maneira de Eros: desprovido, diga-se, daquelas sombras que, no final desse mesmo diálogo, obscurecerão o retrato de Alcibíades, embora emoldurado pela mesma intenção de louvar Eros na persona de Sócrates. Esse contraste marca a diferença que Platão pretende estabelecer entre si mesmo e Alcibíades como discípulos de Sócrates, que extraíram consequências tão distintas do seu projeto pedagógico, um abraçando a vida filosófica, o outro a vida pública. Em outras palavras, o eros de Sócrates veio a funcionar para alguém como Platão, e o distanciamento crítico que se pode perceber (em segundo plano) ante alguns aspectos seus não compromete a gratidão do discípulo que mais colheu frutos.

Significativamente, essa gratidão volta a se exprimir intacta no *Teeteto*, que se situa entre os diálogos mais tardios da fase intermediária da obra de Platão, em que habitualmente Sócrates, mesmo continuando como protagonista e condutor da discussão, é porta-voz de temas platônicos. E também no *Teeteto* todos os fios de raciocínio que se entrelaçam em torno do tema central referente à natureza e à modalidade da ciência (*episteme*) certamente são de matriz platônica. Mas, curiosamente, a discussão, que aqui se dá entre Sócrates e um jovem, mesmo feio, mas promissor como Teeteto (coetâneo de Platão, tornou-se depois um valoroso matemático), é configurada como uma busca definidora (a respeito d' "o que é" a *episteme*, justamente). Ela se desenvolve, além disso, numa sequência de refutações das respostas que Teeteto tenta empenhadamente apresentar uma após a outra; sequência essa cuja finalidade é fazer aflorar uma opinião válida vinda "de dentro" do interlocutor, em contraposição, típica da investigação socrática, à transmissão mecânica de moldes sofistas, aliás, aqui sem nenhuma referência àquela doutrina da reminiscência em que Platão, no *Mênon*, vira uma base de apoio para a investigação dos conceitos. O resultado da discussão, ao cabo, é aporético. Em suma, a estruturação do texto (à diferença dos conteúdos, que aqui deixaremos de lado) segue, do começo ao fim, os moldes dos diálogos juvenis, caracterizados por uma representação relativamente mais fiel do método de Sócrates. E será interessante determo-nos agora sobre essa peculiaridade do *Teeteto*.

Vale notar que, no *Teeteto*, ressurge o tema da ignorância de Sócrates, característico dos diálogos socráticos, o qual, ademais, liga-se com eficácia, numa conexão que a partir daí se torna celebrada e indissolúvel, ao tema da maiêutica: a arte obstétrica (*maia* era, em grego, um dos nomes da parteira) que Sócrates declara ter aprendido com a sua mãe Fenareta, a quem imita ajudando quem se encontra em dificuldades na busca do conhecimento e tem desejo genuíno de se libertar dessa condição. De fato, era assim que estava Teeteto em certo momento, após várias tentativas falhas de definir o que seria *episteme*:

> Teeteto: Tenha certeza, ó Sócrates, que várias vezes tentei esclarecer esse problema, quando me referiam certas perguntas que você fazia; mas, na verdade, nem consigo me persuadir que sou capaz de dar uma resposta, nem creio poder dar a outros a resposta que você gostaria; por outro lado, tampouco consigo renunciar ao desejo de encontrar uma solução (Platão, *Teeteto*, 148e).

Reencontramos aqui a conhecida situação da aporia criada pelo *elenchos* socrático no sujeito, cujos (presumidos) conhecimentos sucumbiram aos golpes da refutação. Teeteto, porém, de acordo com a índole que de fato devia ter, manifesta uma tensão cognoscitiva maior do que qualquer outra manifestada pelos vários personagens que Sócrates envolvera nas suas discussões. E Sócrates premia tão grande e autêntico desejo de saber com uma metáfora extraordinariamente eficaz, comparando o estado de Teeteto ao de uma mulher prestes a dar à luz:

> Sócrates: Você está em trabalho de parto, caro Teeteto, sinal de que não estás vazio e sim cheio (148e).

A imagem é adequada para ressaltar que a inquietação de Teeteto é o sintoma não de um vazio, mas de uma repletude de conhecimento, isto é, ele já traz dentro de si frutos maduros do pensamento, que esperam apenas ser extraídos para o exterior com práticas adequadas. E Sócrates, precisamente, intervém ajudando os jovens "grávidos" a darem à luz conhecimentos, tal como as parteiras assistem as mulheres que dão à luz filhos de carne e osso, "ministrando fármacos e fazendo encantamentos" (é evidente que a referência ao canto mágico, metáfora frequente para a fala de Sócrates, não é fortuita), e fazendo abortar quando se apresentam problemas graves (149c-d). Repropomos uma parte dessa famosa passagem:

> Se, quanto ao mais, a minha arte da maiêutica é semelhante à praticada pelas parteiras, num ponto ela se diferencia, qual seja, pelo fato de que ajuda no parto de homens e não de mulheres, e se ocupa das suas almas e não dos corpos. Mas o aspecto mais importante da nossa arte consiste em que ela permite estabelecer cabalmente se a mente do jovem gera uma imagem falsa ou algo de útil e de verdadeiro, pois nisso sou semelhante às parteiras: sou estéril de sabedoria e, por isso, muitos já me censuraram que interrogo os outros enquanto, pelo meu lado, não afirmo diretamente nada sobre qualquer tema, porque não possuo nada de sábio e me censuram com razão. E a causa é que o deus me obriga a fazer nascer como uma parteira, mas me impediu de gerar. E, da minha parte, não sou completamente sábio em nada, nem em mim se produziu uma descoberta propriamente dita, que seja realmente prole da minha alma. Inversamente, aqueles que me frequentam, apesar de parecerem de início, pelo menos alguns deles, ignorantes, quando o convívio se aprofunda, pelo menos aqueles a quem o deus permite, realizam extraordinários progressos, como veem tanto eles mesmos quanto os outros. Está claro que comigo não aprendem nada, mas são eles próprios, com as suas capacidades, que descobrem e geram numerosos e importantes conhecimentos. É, portanto, pela maiêutica que o deus e eu somos responsáveis (Platão, *Teeteto*, 150b-e).

Sócrates observara antes que Ártemis, a deusa que, embora virgem, preside aos partos, não concedeu que o ofício fosse exercido pelas mulheres estéreis, pois é necessário que quem exerce uma arte seja dotado de certa experiência naquele campo, mas para ele designou, para honrar a semelhança com ela, mulheres que não poderiam mais gerar devido à idade, ou porque haviam passado da idade fértil (149b-c). Agora Sócrates especifica que, da mesma forma, ele também é estéril, mas de sabedoria, e a proibição de gerar também lhe veio de um deus. Evidentemente, trata-se de uma alusão ao episódio do oráculo de Apolo, narrado na *Apologia*: declarando Sócrates o mais sábio dos homens, o deus pretendera dizer que o seu saber consistia na consciência de não possuir conhecimento próprio e devia procurá-lo interrogando outros. Na forma como é retomado no *Teeteto*, porém, o tema do interrogar socrático encontra uma nova inflexão em comparação a outros locais platônicos. Sócrates afirma, com efeito (mesmo atribuindo o mérito ao deus), que ajudou muitos a gerar; é claro que outros, como o jovem com quem está falando, antes mostraram genuína vontade de conhecer e, superada a prova do *elenchos*, continuaram a segui-lo (150d).

Ademais, também é explícita a referência subsequente a insucessos igualmente numerosos. Alguns, de fato – admite Sócrates –, afastaram-se dele cedo demais (cita o nome de Aristides) e, filiando-se a outros mestres, nunca fizeram nada além de abortar ou, de todo modo, estragaram os frutos que eventualmente tivessem gerado com Sócrates; outros ainda, depois de terem se afastado, voltam para lhe rogar ajuda, mas a alguns desses ele se vê impedido de "se unir", graças ao demônio que amiúde o retém evitando que pratique ações erradas (numa guinada bastante inesperada, aqui o papel do amante se sobrepõe ao do obstetra, e o pensamento se volta para Alcibíades); com outros, porém, o demônio permite que se una e passam às dores do parto, como as que acometem Teeteto; e ainda, aqueles que não lhe parecem "grávidos" (e provavelmente nem férteis), prefere encaminhá-los a outros que se dizem sábios, como o sofista Pródico (150e-151b).

Essa longa série de distinções entre jovens mais ou menos predispostos à busca do conhecimento se inspira também nos objetivos apologéticos que constatamos em observações análogas de Xenofonte, no início do Livro IV dos *Memoráveis*; com efeito, a implicação é que, afinal, deve-se buscar a causa dos inegáveis fracassos pedagógicos de Sócrates não no seu método e sim na própria natureza dos aspirantes discípulos, e tal implicação bastaria, por si só, para justificar o título recentemente dado a um livro sobre *Teeteto*, como "segunda *Apologia* de Sócrates" (lembremos que o diálogo, escrito cerca de trinta anos mais tarde, é ambientado no fatídico ano de 399). Mas a apologia se mostra eficaz na medida em que a parte defensiva da argumentação consiste basicamente numa valorização irrestrita da obra maiêutica de Sócrates. Ou seja, Platão pretende acima de tudo render uma homenagem àquele que lhe propiciou gerar a sua *própria* filosofia, e a imagem do Sócrates obstetra é provavelmente invenção sua, no fito de dar maior eficácia à homenagem.

A hipótese de que uma imagem que, desde *Teeteto* em diante, foi considerada a mais impressionante *auto*descrição do método pedagógico de Sócrates remontaria, na verdade, a Platão pode parecer desconcertante. Mas alguns estudiosos têm apresentado em data recente elementos que não se resumem a algumas dúvidas razoáveis quanto a essa opinião da vulgata. Em primeiro lugar, cabe observar que o tema maiêutico não aparece em outros diálogos; Sócrates, no momento em que o apresenta a Teeteto, ressalta a sua novidade e peculiaridade, observando-lhe que ninguém sabe (como se ele, portanto, nunca o tivesse mencionado antes do último ano da sua vida) que ele exerce esse seu ofício e, aliás, exorta-o a não sair comentando por aí (149a). Além disso, o tema não aparece sequer nos autores de textos sobre Sócrates, que certamente o teriam mencionado se o próprio Sócrates o tivesse evocado. Houve quem indicasse uma possível alusão em *As Nuvens*, quando um discípulo de Sócrates reclama com Estrepsíades porque, ao bater ruidosamente à porta do Pensatório, ele "fez abortar um pensamento" (v. 137); todavia, no contexto da peça, é improvável uma conexão entre esse verso e um hipotético papel obstétrico de Sócrates. O mesmo se pode dizer da única passagem dos *Memoráveis* em que se viu uma alusão à maiêutica de Sócrates: quando Sócrates, ao término de uma conversa com Querécrates, observa que ele escondia dentro de si o conhecimento da melhor maneira (usando a metáfora de um filtro mágico) para estar de acordo com o seu irmão (II, 3.14). Mas é definitivo o argumento, disponível num livro recente sobre a metáfora do "macho grávido" na literatura grega clássica, de que a metáfora da criatividade intelectual como ato de reprodução masculina se origina por volta de meados do século V e está significativamente presente numa série de textos que vão dos pré-socráticos a Heródoto, aos trágicos e aos sofistas; no campo sofista, ademais, já se configura uma comparação entre a ação pedagógica e o engravidamento.

Quanto a essa operação dos sofistas, provavelmente cabe ler o motejo de Aristófanes, mas não só. É precisamente Platão quem se dedica a formular eficientíssimas variações sobre o tema, num confronto pessoal com o modelo do ensinamento sofista. Assim, as metáforas reprodutivas esparsas no discurso de Diotima em *O Banquete* destinam-se a transmitir a ideia de que o percurso filosófico consiste não num aprendizado passivo, produzido por um simples ato "de penetração" (à maneira sofista), mas sim no esforço pessoal de uma alma perenemente impregnada pela forma do Belo. E, prosseguindo nas variações, Platão no *Teeteto* constrói uma imagem de Sócrates como parteira masculina, que assiste à produção de pensamentos filosóficos e determina a validade deles, mesmo sem ser pessoalmente capaz de gestá-los. Mas não só, segundo a sugestiva hipótese interpretativa de David Sedley, Platão constrói o seu diálogo, uma espécie de *imitatio Socratis*, como um convite ao leitor para "parir" por si mesmo, para além do movimento aparentemente aporético, conhecimentos verdadeiros sobre a natureza de *episteme*, objeto específico da busca empreendida no diálogo.

Quanto à veracidade da imagem da maiêutica, nada impede em definitivo a possibilidade (para nós, a quase certeza) de que o seu autor tenha sido Platão; em todo caso, continua a ser a melhor caracterização do método e da abordagem pedagógica de Sócrates (assim como é um relato fiel dos seus sucessos e insucessos), feita pelo discípulo que mostrou os melhores frutos dessa abordagem. Com tal imagem, em conclusão, Platão quis afirmar uma genealogia intelectual e, ao mesmo tempo, reivindicar a originalidade da sua filosofia; por isso, apresentou Sócrates como "a parteira do platonismo" (*The Midwife of Platonism*, segundo o belo título do livro que Sedley dedicou ao *Teeteto*).

Nota bibliográfica

A leitura sobre o Sócrates "mago" e encantador é rica e interessante, mas é melhor sempre partir de E. BELFIORE, "'Elenchus', 'Epode', and Magic: Socrates as Silenus", in *Phoenix*, v. 34, 1980, 128-137. Ver também M. L. MCPHERRAN, "Socrates and Zalmoxis on Drugs, Charms and Purification", in *Apeiron*, v. 37, 2004, 11-31; C. A. FARAONE, "A Socratic Leaf Charm for Headache ('Charmides' 155b-157C), Orphic Gold Leaves, and the Ancient Greek Tradition of Leaf Amulets", in J. DIJKSTRA, J. KROESEN e Y. KUIPER (orgs.), *Myths, Martyrs and Modernity: Studies in the History of Religion in Honor of Jan N. Bremmer*, Brill, Leiden, 2010, 145-166.

Sobre o valor da "palavra terapêutica" de Homero a Aristóteles, passando por Sócrates e Platão, ver P. LAÍN ENTRALGO, *The Therapy of the Word in Classical Antiquity*, Yale University Press, New Haven/Londres, 1970. Em especial sobre a concepção platônica da *epodé* (à qual é complementar uma reflexão sobre o valor terapêutico da música para a alma), remeto ao trabalho atualizado de F. PELOSI, *Plato on Music, Soul and Body*, Cambridge University Press, Cambridge/Nova York, 2010.

K. J. DOVER, *L'omosessualià nella Grecia antica* (1978), Einaudi, Turim, 1985, iluminou num importante trabalho as características peculiares da homossexualidade grega nos seus aspectos culturais e sociais. Entre a bibliografia sobre o eros platônico, obviamente imensa, indico apenas D. M. HALPERIN, "Plato and Erotic Reciprocity", in *Classical Antiquity*, v. 5, 1986, 60-80: um ensaio que enquadra o problema sobre o pano de fundo da relação homoerótica na sociedade ateniense. Permito-me, além disso, remeter a M. M. SASSI, "Eros come energia psichica. Platone e i flussi dell'anima", in M. MIGLIORI, L. M. NAPOLITANO VALDITARA e A. FERMANI (orgs.), *Interiorità ed anima. La 'psychè' in Platone*, Vita&Pensiero, Milão, 2007, 275-292, para a noção de eros como fluxo energético à qual me referi rapidamente. Mas ver também e principalmente VLASTOS, *Socrates, Ironist and Moral Philosopher* cit., 38-42, para uma rara observação sobre as diferenças entre eros socrático e platônico; por razões semelhantes, D. BLYTH, "Socrates and Platonic Models of Love", in M. JOHNSON e H. TARRANT (orgs.), *Alcibiades and the Socratic Lover-Educator*, Bristol Classical Press, Londres, 2012, 30-44, cuja análise de *Lísis*, *O Banquete* e *Fedro* permite concluir que aqui Sócrates é apresentado essencialmente como especialista do eros dos outros, e apenas enquanto voltado à verdade.

Sobre a posição de Xenofonte em relação ao homoerotismo e a sua correspondente representação de Sócrates educador, ver D. R. MORRISON, "Xenophon's Socrates as Teacher", in VANDER WAERDT (org.), *The Socratic Movement* cit., 181-208; C. HINDLEY, "Xenophon on male love", in *Classical Quarterly*, v. 49, 74-99, ambos depois in V. J. GRAY (org.), *Xenophon*, Oxford University Press, Oxford/Nova York, 2010. Ver também C. H. KAHN, "Aischines on Socratic Eros", in VANDER WAERDT (org.), *The Socratic Movement* cit., 87-106, para uma límpida leitura do *Alcibíades* e da *Aspásia* de Ésquine, que, segundo o estudioso, poderia até ter sido o primeiro autor a tematizar o Sócrates erótico.

A possibilidade de que o método cognoscitivo esteja ausente precisamente do plano erótico e afetivo é ressaltada com a habitual agudeza por G. VLASTOS, *Introduction: The paradox of Socrates*, in ID. (org.), *The Philosophy of Socrates. A Collection of Critical Essays* (1971), University of Notre Dame Press, Notre Dame, 1980, 1-21, em esp. 15-17.

Em esp. sobre a relação entre Sócrates e Alcibíades, ver M. GAGARIN, "Socrates' 'Hybris' and Alcibiades' Failure", in *Phoenix*, v. 31, 1977, 22-37; M. NARCY, "Socrate nel discorso di Alcibiade (Platone, 'Simposio', 215a-222b)", in L. ROSSETTI e A. STAVRU (orgs.), *Socratica 2005*, Levante editori, Bari, 2008, 287-304.

G. CORNELLI, "Seducendo Socrate: retorica di genere e politica della memoria nell''Alcibiade' platonico", in L. BRISSON e O. RENAUT (orgs.), *Genre, sexe et sexualité chez Platon*, no prelo, dedica uma valiosa atenção aos controversos acontecimentos históricos de Alcibíades, colocando-os à contraluz da representação platônica.

Sobre a problemática da maiêutica, ver M. F. BURNYEAT, "Socratic Midwifery, Platonic Inspiration", in *Bulletin of the Institute of Classical Studies*, v. 24, 1977, 7-15; H. TARRANT, "Midwifery and the 'Clouds'", in *Classical Quarterly*, v. 38, 1988, 116-122; D. LEITAO, *The Pregnant Male as Myth and Metaphor in Classical Greek Literature*, Cambridge University Press, Cambridge/Nova York, 2012. Sobre o *Teeteto* como "homenagem" a Sócrates por ter ajudado a gerar a teoria das ideias, ver D. SEDLEY, *The Midwife of Platonism. Text and Subtext in Plato's 'Theaetetus'*, Oxford University Press, Oxford, 2004; Z. GIANNOPOULOU, *Plato's 'Theaetetus' as a Second 'Apology'"*, Oxford University Press, Oxford, 2013; D. G. XAVIER, *Con Socrate oltre Socrate. Il 'Teeteto' come esempio di teatro filosofico*, Loffredo, Nápoles, 2011.

Capítulo IX
Consciência e cuidado de si

> Quando lhe perguntaram quais eram os homens
> que viviam sem preocupações, Sócrates respondeu:
> "Os que não têm nenhum peso na consciência"
> (*medèn heautóis atopon syneidotes*).
> Giovanni Stobeo, *Florilegio* III, 24.13.

> A questão posta por Sócrates [no *Alcibíades primeiro*]
> [...] foi formulada assim: você deve se ocupar de si;
> mas em que consiste este si mesmo (*autò to autò*),
> já que é de si mesmo que você deve se ocupar?
> Estamos, portanto, diante de uma questão que não se
> refere tanto à natureza do homem, e sim sobre aquela que,
> em nossos dias – visto que a expressão não aparece no
> texto grego –, chamaremos de a questão do sujeito.
> A primeira questão, em suma, é aquela que indaga o que
> é o sujeito, em que consiste aquele ponto ao qual se deve
> dirigir a atividade reflexiva e reflexa, isto é, aquela que,
> partindo do indivíduo, a ele retorna. A primeira questão
> é aquela que indaga o que é o si.
> Michel Foucault, *A hermenêutica do sujeito*,
> aula de 6 de janeiro de 1982.

Até aqui, temos seguido vários caminhos por onde Sócrates deixou rastros, e cada caminho percorrido permitiu que levantássemos algum véu sobre aspectos constitutivos da sua pessoa humana, o que corresponde a dizer sua *persona* filosófica: atitude anticonvencional deliberadamente construída também no plano do aspecto exterior, frisando sua distância em relação ao modo de vida da maioria; a teatralidade dos discursos, com vistas a provocar e envolver os interlocutores dispostos ou indispostos; o incansável espírito de contradição, fermento de um trabalho de desconstrução de um patrimônio coletivo de conhecimentos adquiridos passivamente, do qual se desentranha uma insidiosa crise moral; a ironia vazada não só em palavras como também na própria tessitura de relações humanas, cujo objetivo não é a transmissão/apreensão mecânica de noções, mas sim o convite ao outro para uma *vontade* até dolorosa de conhecimento, a ponto de mudar a vida. No entanto, ainda não chegamos a circunscrever, para além das camadas das atitudes existenciais e das *tournures* da dialética, um núcleo de pensamento "positivo". Ou seja, ainda resta muito a entender sobre o que é, para além da constatação do "não saber" pessoal e alheio, o saber procurado por Sócrates, isto é, que "verdade" lhe interessa fazer aflorar no discurso, substituindo os conteúdos de um estudo da natureza considerado irrelevante para a condição humana, ou das opiniões que o hábil retórico/sofista consegue impor (com palavras enganosas) com vistas a seu benefício próprio. Para avançar nessa direção, ademais, podemos retomar uma boa quantidade de sinais com que já nos deparamos no percurso que nos trouxe até aqui. Em primeiro lugar, voltemos, por exemplo, ao tema da missão de que Sócrates se sente investido pelo deus de Delfos e que reivindica em vários pontos da sua autodefesa perante os juízes, na versão da *Apologia* de Platão. Às passagens significativas desse texto que já consideramos, acrescentemos agora aquela em que Sócrates, ao reafirmar a vontade de prosseguir a todo custo na sua atividade filosófica, resume o sentido dos discursos com que costuma enfrentar os concidadãos sob a forma de uma vibrante apóstrofe:

> Ó tu, excelentíssimo entre os homens e cidadão de Atenas, que é a cidade maior e mais gloriosa em sabedoria e poder, não te envergonhas (*aischynesthai*) de dedicar teus cuidados às riquezas,

para acumulá-las ao máximo possível, e à fama e ao prestígio, em vez de te cuidares (*epimeleisthai*) e de te entregares a pensamentos de sabedoria e verdade e da perfeição da alma? (*Apologia* 29d-e).

É evidente – como já observamos – que Sócrates pede ao interlocutor uma verdadeira *conversão* do seu modo de vida, abandonando a busca de bens exteriores, como a riqueza e o sucesso, para se dedicar ao cuidado daquele mais autêntico bem de todos os homens, que é a virtude da alma. E note-se que, no quadro da moral vigente na Atenas do século V (aliás, depois também, sem maiores protestos na crítica dos filósofos), o desejo de riqueza, fama e honras estava longe de ser julgado ignóbil; pelo contrário, esses bens eram considerados ingredientes totalmente legítimos, desde que legitimamente obtidos, de uma vida "feliz" (termo que, até certo ponto, verte o grego *eudaimon*, que remete não tanto a uma emoção intensa, e sim a um sentimento de satisfação estável, de realização e "florescimento" das melhores potencialidades do indivíduo). Nesse quadro, o convite de Sócrates para "se envergonhar" da adesão a tal modo de vida devia soar revolucionário, para dizer o mínimo. De fato, a vergonha a que aqui se apela não tem nada a ver com aquela vergonha sentida pelo herói homérico quando é atingido na sua honra (*time*) e nas prerrogativas que lhe cabem por nascimento e por valor guerreiro, devido à partilha do butim conquistado na guerra (nesse sentido, é exemplar a reação de Aquiles na *Ilíada*, ao se sentir desonrado no círculo dos comandantes que são seus pares, quando Agamêmnon – aliás, ele também para ressarcir uma diminuição do seu prestígio – lhe toma a escrava Briseida). O que Sócrates reivindica aos concidadãos é uma vergonha "interiorizada", por assim dizer, convidando-os a reconhecer o desequilíbrio entre o cuidado que apresentam na fachada social e a inconsistência efetiva das qualidades da alma. Ainda é um sentimento provocado (como sempre) pelo olhar e pelo juízo alheios, mas quem julga o caso não é mais um "colega" representante inercial de parâmetros de excelência social, agora vazios de sentido: é alguém que, como Sócrates, traz as novíssimas razões da alma.

O pensamento sobre a alma já percorrera longo caminho antes de Sócrates, separando-se da visão homérica que a reduzia a sopro que anima o corpo, a cuja morte sobrevive como tênue duplo do indivíduo, lamentando nas sombras do Hades a plenitude da vida terrena. Na vertente mais frequentada pelos estudiosos da natureza (que aqui, porém, não abordaremos), sondara-se seu papel de princípio da vida biológica, com a consequente identificação num ou mais elementos materiais constitutivos do cosmos (por exemplo, o ar para Anaxímenes de Mileto, na primeira metade do século VI a.C.). Por outro lado, seguindo uma vertente cultivada na área de especulação filosófico-religiosa do Pitagorismo ou do Orfismo, desenvolvera-se um discurso sobre a alma como entidade de origem divina, que caíra numa cadeia de vidas corpóreas como punição por uma culpa originária (não bem identificada), a ser expiada com oportunos ritos catárticos, mas também com práticas ascéticas e exercícios de meditação e rememoração (das vidas passadas e daquela originária, divina, que agora aguarda a alma purificada, após a morte do corpo). É nesse segundo campo que adquire forma uma noção da alma como sujeito intelectual e moral, parte mais nobre daquele composto psicofísico que é o homem, que constitui um precedente necessário da reflexão de Sócrates, o qual, porém, cabe notar, extrapola decididamente o discurso da alma, tirando-o do contexto religioso original para fundá-lo num plano que poderíamos dizer "laico", onde o valor da alma, entendida essencialmente como razão, é medido no interior da prática moral, prescindindo de qualquer promessa de salvação e imortalidade. Analogamente, relembremos aqui, a teoria do conhecimento de Sócrates se baseia no valor da busca como processo, independentemente da exigência de um fundamento metafísico, o qual, por outro lado, levará Platão a elaborar a ideia de que o conhecimento se dá quando a alma recupera, por meio de um processo de anamnese, a memória de conhecimentos já aprendidos numa existência anterior à atual.

Ademais, veremos no último capítulo qual poderia ser a concepção de imortalidade de Sócrates, mas cabe assinalar desde já uma diferença importante em relação a Platão nesse aspecto. Platão, como sabemos, gosta de recorrer ao rico repertório órfico e pitagórico de imagens de metempsicoses e viagens salvíficas da alma no além-túmulo, para elaborar vívidas representações de um além em que a alma, após a morte, se encaminha a prêmios ou castigos determinados por juízes divinos subterrâneos quanto à justiça das ações realizadas em vida. Por isso Platão, em alguns diálogos da maturidade (no *Górgias*, no *Fédon*, na *República*), faz o personagem de Sócrates expor aqueles célebres *mitos* (*mythoi*) escatológicos, cuja articulação narrativa e visionária tem como objetivo incidir no componente emotivo individual (em primeiro lugar, o medo da morte), completando e aperfeiçoando a obra de persuasão (à justiça) da argumentação racional (o *logos*). Pode-se sustentar com alguma segurança que, pelo contrário, o Sócrates histórico estava muito longe de buscar os eixos de um discurso persuasivo no campo da narração mítica. Em primeiro lugar, como veremos melhor mais adiante, não parece possível lhe atribuir uma sólida crença na imortalidade da alma. Mas, em segundo lugar (e aqui mais importante), é evidente que a eficácia do seu discurso se dá inteiramente no plano da interação dialética e, dentro dessa argumentação mais sofisticada, mescla-se sem solução de continuidade (isto é, sem a abertura de espaços narrativos) à protrética das emoções; emoções, ademais, de natureza eminentemente social, como o eros (amplamente tratado no capítulo VIII) e como a vergonha, à qual voltamos agora por alguns momentos.

Cabe retomar o que já observáramos antes sobre os efeitos (não propriamente colaterais) do *elenchos* socrático, cuja finalidade precípua é obrigar o interlocutor a constatar suas carências cognoscitivas, lançando-o numa situação de mortificado constrangimento. Aqui também (como na passagem da *Apologia* de onde parte esse discurso) o sentimento de vergonha é tomado como a mola emocional necessária para que o indivíduo repense e mude todo o seu modo de vida; necessária, mas não suficiente. Com efeito, é preciso levar em consideração uma clamorosa contraprova da eficácia da vergonha para uma mudança de vida; e mais uma vez, como vimos há pouco sobre a emoção erótica despertada por Sócrates, o desmentido vem do Alcibíades do *Banquete* platônico. Portanto, retomemos mais demoradamente a passagem em que este relembra como ficou transtornado com os envolventes discursos de Sócrates quando, depois de lhe ser revelada a distância incomensurável entre seus dotes exteriores e as qualidades interiores do filosófico, sentiu-se chamado por ele a refletir sobre a pequenez da sua natureza, escrava das paixões:

> Quando ouvia Péricles e outros ótimos retóricos, eu acreditava que falavam bem, mas não sentia nada semelhante, a minha alma não se sentia avassalada e não se entregava ao pensamento de que sou como um escravo. Mas com este Mársia aqui muitas vezes me encontrei numa disposição de ânimo desse gênero, a ponto de me parecer que não podia viver assim como sou. [...] Mesmo agora estou consciente dentro de mim mesmo (*synoida emautói*) de que, se lhe desse ouvidos, não lhe resistiria e sentiria tudo isso. De fato, sou forçado a convir que sou muito falho e, apesar disso, continuo a descuidar de mim mesmo, e, no entanto, cuido dos assuntos dos atenienses [...] somente diante desse homem senti o que ninguém acreditaria estar presente em mim: a vergonha (*aischynesthai*). Somente com ele envergonho-me (*aischynomai*). Estou consciente dentro de mim mesmo (*synoida emautói*) de que não serei capaz de contradizê-lo afirmando que não é preciso fazer aquilo que ele ordena, porém, tão logo me afas-

to, sou subjugado pelas honras das multidões. E assim fujo dele como um servo e me esgueiro, e quando o vejo envergonho-me (*aischynomai*) pelas coisas sobre as quais estávamos de acordo, e muitas vezes veria com prazer que ele não está mais entre os vivos, e no entanto, se isso acontecesse, sei muito bem que serei tomado por uma dor muito maior, ao ponto de não saber mesmo o que fazer com esse homem (Platão, *O Banquete* 215e-216c).

Aqui é notável a ligação explícita da vergonha com a reflexão sobre os comportamentos morais pessoais à qual Alcibíades se sente chamado pelos discursos envolventes de Sócrates; uma reflexão que é apresentada como um "saber consigo mesmo", expresso em grego pelo verbo *syneidenai* (*heautói*). É um termo bastante significativo: composto pelo prefixo *syn* (indicando "com"-comitância) e pela raiz *eid-oid* (que caracteriza a noção de saber/ver), indica primariamente ter um conhecimento de que se é potencial testemunha junto a outro ou outros, mas vem a se difundir na literatura não só filosófica dos séculos V e IV, numa associação crescente com um pronome reflexivo; assim chega a indicar a "consciência" (o latino *con-scientia* é um decalque perfeito), entendida como conhecimento que o sujeito tem das próprias ações, mesmo que apenas diante de um *si mesmo*, posto como juiz de uma espécie de tribunal interior. Não admira que o "tema semântico da consciência", como o denominou Aldo Brancacci, encontre expressão particularmente eficaz na situação judiciária protagonizada por Sócrates. Já sabemos que aqui, segundo o relato de Platão, ele teria invocado como testemunha de defesa o deus de Delfos, que, ao elegê-lo sábio, causou-lhe aquele desconcerto de onde nasceu sua vontade de busca. Frisemos agora que a reflexão de Sócrates sobre o sentido do oráculo foi estimulada por sua clara e precisa *consciência* de não ser sábio:

> Quando soube dessa resposta, naturalmente passei a refletir: "O que quer dizer o deus, a que se refere ele? Eu, por mim, estou consciente (*synoida emautói*) de não ser sábio de maneira algu-

ma, e por isso me pergunto o que quer dizer quando declara que sou o mais sábio de todos, pois sem dúvida não está mentindo, não lhe é lícito". E depois de estar por muito tempo incerto sobre o significado da resposta, por fim, mesmo a contragosto, decidi-me a investigar o que agora lhes direi... (Platão, *Apologia* 21b).

Como bem observou Brancacci, Sócrates formula a sua defesa arrogando-se o direito:

> ...de julgar e conhecer pessoalmente o que lhe diz respeito [...] Sócrates *é* consciente consigo mesmo de *não ser* sábio, e é precisamente a posse desse saber privado e exclusivo que permite invocar o testemunho da sua "consciência" como elemento capaz de pôr em dúvida o significado aparente do oráculo.

Acrescentemos que o testemunho, ademais, quer pôr em dúvida a validade das acusações lançadas contra Sócrates por homens que, inversamente, não parecem ter consciência do que fazem; uma caracterização em negativo que vemos explicitada numa passagem apresentada na *Apologia* de Xenofonte, que cabe citar por espelhar perfeitamente a passagem platônica:

> Cidadãos, os que sugeriram nos testemunhos que era preciso afirmar falsidades contra mim a preço de cometer perjúrio e os que se deixaram persuadir, devem ter necessariamente consciência (*heautóis syneidenai*) da sua grande impiedade e injustiça (Xenofonte, *Apologia de Sócrates* 24).

Voltando a Alcibíades, devemos mais uma vez constatar, ademais, que, com base no relato do *Banquete* platônico, toda a consciência e vergonha que lhe foram instiladas pelos discursos (e pelo olhar) de Sócrates não o impediram de perseverar na vida de sempre e, pelo contrário, até o induziram a fugir para seguir com veemência ainda maior suas paixões, a primeira entre elas a ambição pela vida política e suas honrarias. Como dissemos no capítulo VIII, é possível que um dos objetivos desse relato fosse o de insinuar a suspeita de que o afastamento de Alcibíades se devera, pelo menos em parte, a alguma insuficiência do método pedagógico de Sócrates no plano afetivo, isto é, Sócrates não teria sido capaz de criar uma ligação definitiva deste e de outros discípulos problemáticos a si mesmo. Mas, como também dissemos, não há dúvida de que Platão atribua a Alcibíades a máxima responsabilidade por seus comportamentos, até para defender o mestre da acusação de corrupção dos jovens com o argumento de que as ruinosas escolhas de vida do jovem haviam se dado *apesar*, e não por causa, do ensinamento de Sócrates. Tal exigência certamente explica também a grande quantidade de *logoi* atribuídos a Alcibíades que a tradição atribui a Ésquino de Esfeto, bem como a Antístenes, Euclides e Fédon (ainda que possamos reconstruir seu conteúdo, pelo menos parcialmente, apenas no caso de Ésquino). No círculo dos socráticos tem-se a curiosa exceção de Xenofonte, o qual, nas *Memoráveis*, não traz nenhuma conversação entre Sócrates e Alcibíades, preferindo deter-se em outros casos de insignes atenienses imbuídos de aspirações políticas (Glauco, o irmão de Platão que encontramos também nos primeiros livros da *República*, em III, 6.1-10 e 16-18; Cármides, tio de Platão, apresentado quando jovem como protagonista do homônimo diálogo platônico, historicamente participante do governo dos Trinta, em III, 7.1-9). Pode-se aventar que o historiador viu em Alcibíades um tema delicado, cujo tratamento envolveria algum conflito de interesses, devido aos paralelos entre as carreiras dos dois (ambos pertenciam à ordem dos cavaleiros e ambos passaram, em um ou outro momento, para o lado dos persas e dos espartanos). Em todo caso, a figura de Alcibíades devia despertar o vivo interesse dos socráticos, mesmo prescindindo de finalidades apologéticas, por ter sido um político de primeiro plano durante muitos anos, graças a uma notória e exclusiva combinação de talentos, ambições e excessos. Inclusive (e eu diria principalmente) por essa razão, a relação pessoal entre dois indivíduos como Alcibíades e Sócrates, cada qual extraordinário à sua maneira, deve ter sido imediatamente vista pelas testemunhas contemporâneas, com toda a sua carga simbólica, como a contraposição entre duas visões de mundo e, como tal, prestou-se a seguir à lente do aprofundamento filosófico.

Já comentamos o suficiente sobre o *logos* de Alcibíades no *Banquete*, excepcional tesouro de reflexões sobre a tensão exterioridade/interioridade, sobre a ironia e, por fim, sobre uma noção de consciência que aflora para ser removida (por quem a descobre em si mesmo). Resta agora examinar outro texto memorável em que o encontro/desencontro entre os dois oferece a ocasião para o surgimento de questões cruciais sobre a alma e a consciência. Trata-se de *Alcibíades primeiro*, que podemos considerar (com Karel Thein) como o primeiro texto *filosófico* a colocar explicitamente a questão geral sobre "o que é o homem", enquanto pertencente a uma espécie particular entre os seres vivos mortais, junto com a questão sobre o que um indivíduo entende quando fala de "si mesmo" entre os outros homens, observando que o primeiro texto em termos absolutos no qual surge a tensão entre a definição geral do ser humano e a referência ao conhecimento de si é, provavelmente, *Édipo rei* de Sófocles, segundo a indicação de Hegel em *Lições de filosofia da história*.

Utiliza-se o nome *Alcibíades primeiro* ou *maior* para diferenciá-lo de um *Alcibíades segundo*, de importância menor para nós e geralmente considerado apócrifo; tal como ele, chegou-nos no *corpus* dos escritos platônicos. Na Antiguidade, nunca se pôs em dúvida a paternidade platônica de *Alcibíades primeiro* (doravante, simplesmente *Alcibíades*), e inclusive o diálogo era colocado no começo do *cursus* de estudos das escolas filosóficas da Antiguidade tardia; com efeito, era considerado como a melhor via de acesso não só à filosofia de Platão como também à filosofia em geral, justamente por se concentrar no tema do conhecimento de si, entendido como preliminar ao conhecimento de qualquer outra coisa. A motivação, apresentada reiteradamente nos comentários platônicos conservados (Proclo e Olimpiodoro), encontra clara expressão num texto escolar anônimo, datável da segunda metade do século VI d.C.:

> É preciso abordar em primeiro lugar *Alcibíades*, porque nele aprendemos a conhecer a nós mesmos, e é conveniente conhecer a si mesmo antes de conhecer os objetos externos. Com efeito, como podemos conhecê-los se ignoramos a nós mesmos? (*Prolegômenos à filosofia de Platão* 26.18-20).

Embora a ideia não se faça imediatamente reconhecida no diálogo, essas palavras nos parecem expressar bem aquele que é seu elemento determinante (elemento que aqui, evidentemente, consideramos de origem socrática); como veremos logo mais, Sócrates aponta a necessidade de que Alcibíades conheça a si mesmo e à sua alma, na dimensão da racionalidade e sabedoria, para poder participar com conhecimento de causa em qualquer debate que aborde questões importantes para a vida da cidade. A despeito do papel claramente central desse tema na filosofia socrático-platônica, a autenticidade do texto, porém, foi contestada de várias maneiras até o século XIX (com Schleiermacher), sobretudo pela dificuldade de enquadrá-lo num grupo determinado de diálogos, devido à mistura de elementos formais e conteudísticos tanto socráticos (uma primeira parte essencialmente refutatória, 106c-116e; o tema central do conhecimento de si) quanto platônicos ou pseudoplatônicos (discurso longo típico dos diálogos da maturidade, 121a-124b; referências metafísicas a partir de 128a). Aqui deixaremos de lado todas as questões relativas à autenticidade, bem como todos os problemas de datação, pois, para nossos fins, não faz muita diferença que se atribua o diálogo a Platão (como tendemos a crer) ou a outro expoente do círculo socrático. Com efeito, quem quer que o tenha escrito evidentemente conhecia de perto a lição de Sócrates e nos transmite alguns elementos importantes seus; concentraremos nossa atenção sobre tais elementos, prescindindo até onde for possível do filtro da reflexão, ainda que interessante em si, que o autor sobrepôs a eles.

No início do diálogo, Sócrates se apresenta a Alcibíades como seu *protos erastés*. É o primeiro a se enamorar por ele, e ainda lhe está próximo, à diferença de todos os outros que se afastaram vencidos por sua soberba, e então lhe fala pela primeira vez (seu sinal demônico o impedira até então) porque só agora esse contato se tornou oportuno; com efeito, o jovem está visivelmente planejando ingressar na arena política. A abordagem de Sócrates, portanto, é movida por um impulso erótico, mas, à diferença de *O Banquete*, aqui ele aponta imediatamente, sem deixar espaço a ambiguidades, para uma interação apenas no plano dos discursos, que se referem diretamente à paixão de Alcibíades pelo poder e pelas honras. O que importa a Sócrates, antes de mais nada, é notar que o jovem, se quiser influenciar a opinião pública e tomar decisões sobre os assuntos da cidade, deverá ser *competente* na área, assim como quem quer se sair melhor na música ou na ginástica deve conhecer bem o seu campo técnico.

É significativo que a incitação de Sócrates para adquirir competência sobre o objeto de um discurso na assembleia se baseie no motivo da vergonha que Alcibíades inevitavelmente sentiria se, pressionado na discussão pública, mostrasse não saber expor sua opinião com argumentos válidos sobre questões referentes à paz e à guerra:

> Sócrates: Mas é vergonhoso! Se alguém, enquanto estás falando e dando conselhos sustentando que isso é melhor do que aquilo, nesse preciso momento e, em certa medida, te perguntasse: "Alcibíades, o que entendes por melhor?", poderias responder que "melhor" é o que é mais salutar, mesmo que não tenhas a pre-

tensão de ser médico. Mas sobre aquilo que pretendes conhecer de maneira sistemática e sobre o que te pões a dar conselhos como pessoa competente, se te interrogam sobre isso e não sabes responder, não te envergonhas? Ou não te parece algo de que se deva ter vergonha?

[...]

Talvez te esqueças que não tens conhecimentos efetivos sobre isso, ou fui eu que não percebi que aprendeste essas coisas porque frequentaste um mestre que te ensinou a discernir o que é justo e o que é mais injusto? De que se trata? Dize-o também a mim: assim posso apresentar-me a ele como discípulo.

Alcibíades: Troças de mim, Sócrates (Platão, *Alcibíades primeiro* 108e-109d).

Assim, aqui também o sentimento de vergonha se origina da constatação de uma carência cognoscitiva, dessa vez do orador e político exposto ao juízo da cidade; a observação assinala um imediato aprofundamento do discurso, em que agora aponta como centro temático a obrigação de todo aquele que pretenda dedicar-se à atividade política em conhecer o que é justo e o que é injusto. Mediante uma longa refutação (Alcibíades se mostra especialmente obstinado na sua presunção), Sócrates por fim consegue abalar as certezas do interlocutor (116e), e ainda precisa insistir um pouco mais para fazer com que ele admita se envergonhar um pouco por sua incapacidade de fornecer respostas satisfatórias (127d). É nesse momento que a conversa passa decididamente do âmbito da cidade para o âmbito individual, introduzindo o tema do *cuidado de si*, indispensável para superar esse sentimento de inadequação. Sócrates pergunta:

> Então o que quer dizer "cuidar de si mesmo" (*heautoú epimeleisthai*)? Pois há o risco de que às vezes, sem percebermos, não cuidemos de nós mesmos, mesmo crendo fazê-lo. E quando é que o homem o faz? Quando se preocupa com suas coisas, é então que cuida de si mesmo? (*Alcibíades primeiro* 127e-128a).

177

Mas o "si" do homem é diferente das coisas que lhe dizem respeito, assim como o pé é diferente do calçado, e diferentes são as artes que cuidam de um e do outro (respectivamente, a ginástica e a arte do sapateiro). A referência à estrutura das *technai* introduz a necessidade de definir com precisão o si, objetivo daquela arte curativa específica voltada à melhoria do indivíduo. A introdução do novo tema parte de uma referência à célebre máxima délfica: "Conhece a ti mesmo!".

> Sócrates: E então? Sem saber o que nós mesmos somos, poderemos conhecer a arte que nos torna melhores?
> Alcibíades: Impossível.
> Sócrates: E é fácil conhecer a si mesmo e, portanto, era tolo quem inscreveu essa máxima no templo de Delfos, ou é difícil e não para todos?
> Alcibíades: Muitas vezes, Sócrates, parece-me algo para todos, muitas outras vezes algo tremendamente difícil.
> Sócrates: Alcibíades, seja fácil ou difícil, a questão está nos seguintes termos: se conhecemos a nós mesmos, poderemos também conhecer o cuidado para conosco; mas, se não nos conhecemos, tampouco o conheceremos.
> Alcibíades: De acordo.
> Sócrates: Assim temos: como se poderia chegar a descobrir este si mesmo? Pois assim poderemos também descobrir o que somos nós; inversamente, se ainda somos ignorantes sobre aquilo, essa segunda descoberta também nos seria impossível (*Alcibíades primeiro* 129a-b).

Enquanto a elaborada analogia técnica precedente se deve provavelmente ao autor do texto, a reinterpretação do lema délfico, originalmente concebido como exortação a reconhecer os limites da condição humana ante o deus, nos termos de um convite ao conhecimento de si e da própria sabedoria pessoal, é, sem dúvida, de matriz socrática. E a confirmação disso não se resume ao fato de encontrarmos uma retomada semelhante do tema (com um desenvolvimento mais atento a implicações epistêmicas do que a implicações morais) num diálogo platônico da fase socrática, como *Cármides* (164d-165c). Num fragmento tradicionalmente atribuído ao texto *Sobre a filosofia* de Aristóteles (I Rose), o mote é relembrado como ponto de partida (*archè*) da aporia e da busca (*aporias kai zeteseos*) de Sócrates. Nas *Memoráveis* de Xenofonte, depois, encontramos algumas referências especialmente densas. Deixando de lado uma passagem em que Sócrates declara "pertíssimo da loucura" (*mania*), o estado de quem não conhece a si mesmo e crê conhecer coisas que na verdade não conhece (III, 9.6), vale a pena determo-nos num momento da conversa com Eutidemo registrada no livro IV das *Memoráveis*. Note-se que o contexto se refere ao conhecimento do justo e do injusto, ante o qual Eutidemo se sente colocado num estado de aporia: declara-se perplexo com sua incapacidade de responder a temas cruciais e não vê nenhum caminho que possa percorrer (*poreuomenos*) para sair dessa situação. Eis como Sócrates vai ao seu socorro, apoiando, numa viva referência à máxima délfica:

> E Sócrates: "Dize-me – continuou – ó Eutidemo, já foste algumas vezes a Delfos?". "Duas vezes, por Zeus", respondeu ele. "E então viste que no templo está escrito, em algum lugar, 'conhece-te a ti mesmo'?" "Vi." "Talvez então não tenhas dado importância àquela inscrição ou te empenhaste em buscar quem és?" "Por Zeus, na verdade, não – confessou ele. – Acreditava, pelo menos isso, saber bem; não seria fácil conhecer qualquer outra coisa se não conhecesse sequer a mim mesmo." "Talvez te pareça que conhece a si mesmo quem conhece apenas o próprio nome ou quem se apercebe das suas capacidades (*ten heautoú dynamin*), indagando sobre si mesmo, em relação às possibilidades do agir humano, como fazem aqueles que, querendo comprar cavalos, não consideram conhecer o exemplar que querem conhecer enquanto não tiverem apurado se é obediente ou desobediente, forte ou fraco, veloz ou lento, e como se apresentam todas as ou-

tras características que favorecem ou prejudicam a utilização dos cavalos?" "Parece-me que as coisas são assim: quem não conhece as suas possibilidades (*ten heautoú dynamin*) tampouco conhece a si mesmo." "E não é evidente – continuou ele – que os homens recebem inúmeros bens do conhecimento de si mesmos, e inúmeros males por se enganarem sobre si mesmos? De fato, uns, conhecendo-se, conhecem o que lhes é adequado e distinguem as coisas de que são e não são capazes (*ha te dynantai kai ha me*). E, realizando aquilo que sabem fazer, ganham o necessário e têm sucesso. [...] Ao contrário, os que não têm conhecimento, e mesmo se enganam sobre as suas capacidades, estão na mesma condição perante os outros homens e as outras atividades humanas, isto é, não sabem o que lhes é necessário, nem o que fazem, nem com quem têm o que fazer... (Xenofonte, *Memoráveis* IV, 2.24-27).

Expusemos vários trechos da argumentação de Sócrates (que prossegue com o mesmo teor por diversos parágrafos) para destacar um dado de especial interesse: a apresentação do conhecimento de si como autoavaliação das próprias *capacidades*, apresentada como chave para o sucesso social. Essa visão certamente corresponde à ênfase utilitarista que Xenofonte costuma dar aos discursos de Sócrates, insistindo nos benefícios práticos obtidos dos seus conselhos de vida. Mesmo nas conversas com Cármides e Glauco, em significativo complemento das de *Alcibíades*, o conhecimento daquilo de que se fala é apresentado como o pré-requisito para agir em favor do bem-estar material e econômico da cidade. Com Cármides, aliás, Sócrates intervém por vê-lo recalcitrante diante da vida política e o incentiva a vencer qualquer hesitação ao falar na assembleia, confiante nas suas opiniões que conseguirá impor também à massa, se já o consegue falando com os líderes:

> Por isso me causa surpresa que os chefes, quando se comportam assim, saibas dominá-los com facilidade, enquanto pensas que não sabes de forma alguma tratar com a massa. Não sejas

tão ignorante de ti mesmo (*me agnoei seautón*), meu caro, e não cometas o erro que comete a maioria; com efeito, a maioria dos homens, atenta em examinar os assuntos dos outros, não se dedica a analisar a si mesma. Não descuides desse esforço, mas, pelo contrário, empenha-te em voltar a atenção sobre ti mesmo. E não te desinteresses dos assuntos da cidade, se há a possibilidade de que progridam graças a ti; se estes vão bem, não só os outros cidadãos como também os teus amigos e tu mesmo extraireis vantagem disso (*Memoráveis* III, 7.9).

Ao mesmo tempo, cabe admitir que Xenofonte, sobretudo no diálogo entre Sócrates e Eutidemo, capta bem um aspecto *relacional* do conhecimento de si (em que entender a si mesmo permite entender melhor os outros), análogo ao que logo veremos surgir, num quadro moralmente mais "elevado" no *Alcibíades*. A ele voltamos agora, para ler que a busca do que se entende por "si mesmo" se dá, na argumentação de Sócrates, com base numa nova comparação técnica: assim como a distinção que toda técnica pressupõe entre os instrumentos e aquele que os utiliza (por exemplo, o citarista é diferente da cítara), da mesma maneira, no homem, as partes do corpo são instrumentos que ele utiliza enquanto alma. Alcançada a identificação do homem com sua alma, finalmente se define o objeto do conhecimento.

> Sócrates: A partir do momento em que o homem não se identifica com o corpo nem com aquela unidade de alma e corpo, penso que restam duas possibilidades: ou o homem não é nada ou, se é alguma coisa, não é senão a alma.
> Alcibíades: Exatamente.
> Sócrates: Precisas que te seja demonstrado ainda mais, e de modo mais claro, que a alma é o homem?
> [...]
> A primeira busca a fazer é a do *si mesmo* (*autò to autó*). Por ora, em lugar desse *si mesmo*, examinamos o que cada indivíduo tem em si. E pode ser que baste; nunca poderemos dizer que haja dentro de nós algo mais determinante do que a alma.

[...]
Sócrates: Aquele que nos prescreve o "conhece-te a ti mesmo" nos ordena conhecermos a nossa alma (Platão, *Alcibíades primeiro* 130c-e).

Segue-se que o objeto do cuidado não são coisas que pertencem ao homem, como a beleza ou a riqueza, mas aquele si que é a essência do indivíduo; em outras palavras, "convimos com o fato de que é da alma que é preciso cuidar (*epimeleteon*), e a isso se deve dirigir o olhar" (132c). Mas como podemos conhecê-la da maneira mais clara (*enarghestata*), assim cumprindo a prescrição da inscrição de Delfos? Somente no confronto com outro que não o eu, que se dá no diálogo, argumenta Sócrates, introduzindo para esse fim uma ilustre metáfora visual (132c-133c). Com efeito, no diálogo, duas almas se põem uma em relação à outra como um olho que serve de espelho (na sua parte mais nobre, a pupila) para outro olho. Em particular:

> ...a alma, se quer chegar a conhecer a si mesma, deve olhar fixo para outra alma, em particular para aquela parte sua na qual reside a virtude da alma, isto é, a sapiência (*sophia*)...
>
> ...há uma parte da alma na qual ficam as funções do conhecimento e do pensamento...
>
> ...essa parte da alma tem semelhança com o divino; quem fixa o olhar sobre ela tem pleno conhecimento do divino, intelecto e pensamento, e assim poderá ter também completo conhecimento de si mesmo (*Alcibíades primeiro* 133b-c).

Limitar-nos-emos a comentar esta passagem platônica, tão fundamental quão controvertida, com base na leitura que nos parece mais plausível, passando por cima dos espinhosos problemas de tradução e também de tradição do texto por ela gerados. Entre outras coisas, as linhas que se seguem às anteriormente citadas, de tintas neoplatônicas ou cristãs e certamente interpoladas, acrescentando a necessidade de fixar o olhar em Deus, despertaram muitas discussões. Mesmo se eliminando, permanece no texto uma referência à parte mais divina da alma, que deu ocasião para uma interpretação que se costuma chamar de "teológica", segundo a qual teríamos aqui um deslocamento "vertical" da indagação, passando do plano individual para o plano de uma substância impessoal e divina. Mas a referência ao "divino" em que se deve fixar o olhar (também em 134d) pode ter a mera função de caracterizar aquele componente mais nobre da alma humana, que é a faculdade do pensamento; caracterização essa que pode não soar socrática, mas bem poderia ser platônica. E o mais importante é que o discurso como um todo se mostra fundado numa concepção "humanista" ou "dialética"; a ênfase, como vimos, recai sobre a interação dos indivíduos cujas capacidades cognitivas se espelham reciprocamente, despertando e alimentando pensamentos criativos (reciprocidade essa que volta a se carregar de conotações eróticas nas frases finais).

Esse "si", cujo conhecimento nasce do diálogo interpessoal, é, em suma, refratário ao processo de universalização aventado por intérpretes tanto antigos (neoplatônicos) quanto modernos (por exemplo, Julia Annas, que vê em 130d uma alusão à Forma inteligível de um Si Mesmo imutável). Mas tampouco se pode sobrepor-lhe a noção pós-cartesiana de um eu caracterizado por uma dedicação absoluta e totalmente privada à interioridade individual, e menos ainda a noção psicanalítica da estrutura profunda da psique. Seja o fato de se buscar uma definição (geralmente reforçada pelo modelo epistêmico das técnicas), seja o recurso ao método dialético demonstram que o fim da indagação é um conhecimento objetivo: a de um eu individual, sim, mas que se realiza no plano interpessoal, no reconhecimento de uma dimensão de saber e virtude comum à alma de outrem. E pelo diálogo dá-se também o cuidado da alma, ou o aperfeiçoamento moral do indivíduo; conceito cuja ascendência socrática, para além da elaboração complexa e peculiar própria do tecido de *Alcibíades*, é inegável.

A interpretação dialética do tema do conhecimento de si em *Alcibíades* se mostra, portanto, a mais plausível e implica que o eu se conhece no momento em que se exterioriza e se objetiva no diálogo. Todavia, essa perspectiva não é incompatível com a perspectiva aberta por Michel Foucault a partir de uma série de aulas dadas em 1982 no Collège de France, publicadas em 2001 com o título de *L'herméneutique du sujet* [A hermenêutica do sujeito[1]]. Eram os últimos anos de vida do filósofo francês, cuja reflexão derradeira se estabelece, por um lado, a partir da refletida recuperação das éticas helenísticas e tardo-antigas (em especial no segundo e terceiro volumes da *História da sexualidade*), nas quais o "exercício" (*askesis*) de controle dos prazeres configura uma salutar "arte da vida", para aquém da repressão de uma cultura moderna marcada pelo ideal cristão da ascese; e, por outro lado, a partir do interesse complementar pela noção clássica de *parrhesia* (literalmente, "o dizer qualquer coisa"), entendida como coragem da verdade, aquela verdade mesmo desagradável que o filósofo antigo, a começar por Sócrates, não hesita em afirmar perante a cidade ou perante um soberano, realizando também dessa maneira um ideal de autocontrole moral. Ora, é precisamente *Alcibíades* (supondo seu conteúdo como totalmente platônico) que é valorizado como o texto que inaugura filosoficamente a questão do *sujeito*; uma questão que, como sabemos, sempre foi central na reflexão foucaultiana, mas na última fase observada não mais do ponto de vista das dinâmicas do poder que se exerce sobre a formação dos indivíduos, mas sim do das práticas de subjetivação que os indivíduos realizam sobre si mesmos. Assim, um texto como *Alcibíades* é exemplar, por ter apontado a essência mesma da existência no cuidado de si.

---

[1] Trad. Marcio Alves da Fonseca e Salma Tannus Muchail. São Paulo, WMF Martins Fontes, ³2010. (N. da R.)

E aqui Foucault, na sua personalíssima análise, se inclina para uma interpretação que poderíamos chamar de "reflexiva", em que a pessoa é ao mesmo tempo sujeito e objeto; ou, em outras palavras, o sujeito dedica uma atenção reflexiva a si mesmo, entendido como objeto de conhecimento e campo de ação a ser transformado, enriquecido, moldado.

Repitamos: esta nos parece ser uma intuição importante, que não diminui o valor que *Alcibíades* atribui à interação dialética, a qual, de todo modo, continua a ser o momento de passagem obrigatória da reflexão que o indivíduo expressa e verifica com o interlocutor antes de retornar sobre si mesmo, com a consciência reencontrada do seu saber ou não saber; lembremos que foi do sentido relacional da *com*-ciência que partiu este capítulo. Por outro lado, tampouco subscrevo *in toto* a crítica que Pierre Hadot dirigiu a Foucault por ter definido "seu modelo ético como uma estética da existência", de fato propondo "uma cultura do si exclusivamente estética, isto é [...] uma nova forma de dandismo em versão final do século XX". Certamente importava a Hadot tomar distância do uso, a seu ver enganador, que Foucault dera à noção, criada por ele mesmo, de "exercícios espirituais". Mas não se pode negar que já no texto de *Alcibíades* a ética adquire tintas de "estética da existência", obviamente imune a qualquer suspeita de dandismo. Pensamos numa troca de frases entre Sócrates e Alcibíades, dentro do argumento de que o indivíduo se identifica com sua alma e nela abriga a beleza verdadeira; assim, "se se está enamorado pelo corpo de Alcibíades, não é que se ame Alcibíades, mas algo que pertence a ele", e o verdadeiro amante não é quem deseja o corpo, e sim quem, como Sócrates, ama a alma:

> Sócrates: Não é verdade que quem ama o teu corpo, quando este perde seu vigor, vai-se embora?
> Alcibíades: Sem dúvida.
> Sócrates: E quem não irá embora é quem ama a tua alma, enquanto esta procede da melhor maneira?

Alcibíades: Naturalmente.

Sócrates: Vê, aquele que não vai embora, mas permanece mesmo quando o teu corpo definha, depois que todos os outros se foram, sou eu.

Alcibíades: Bem fazes, Sócrates. Não te vás!

Sócrates: Então procura ser belo ao máximo possível!

Alcibíades: Sim, procurarei (Platão, *Alcibíades primeiro* 131c-d).

"Procura ser belo ao máximo possível!" Fácil ver refletido nesse imperativo o tema tipicamente socrático da busca de beleza interior, para além da forma física, e interessante observar sua retomada direta na obra do filósofo estoico que, mais do que todos, adotou Sócrates como emblema de vida moral:

> Mas vê o que diz Sócrates ao homem mais belo e florescente de todos, Alcibíades: "procura ser belo". O que pretende lhe dizer? "Penteia a cabeleira e depila as pernas"? De forma alguma, mas sim: "Mantém tua conduta moral em bela ordem (*kosmei sou ten proairesin*), extirpa as opiniões tolas" (Epiteto, *Discursos* III, 1.42).

Por fim, queremos reconhecer que há uma linha reta unindo Sócrates a Foucault, passando pelo pensamento helenístico e romano, sob a égide do cuidado de si e de uma concepção da *arte* de viver, de fato entendida, acima de tudo, como técnica (a grega *techne*) de autoconstrução do sujeito, que dá forma e consistência a si mesmo enquanto desenvolve suas capacidades de cognição e controle moral, mas também como estilização do indivíduo, que identifica a verdadeira beleza no viver bem.

Nota bibliográfica

Minha atenção para a particular abordagem socrática do tema da vergonha foi estimulada, por um lado, pela leitura de B. WILLIAMS, *Vergogna e necessità* (1993), Il Mulino, Bolonha, 2007, e, por outro lado, por conversas sobre o tema com minha colega e amiga Alessandra Fussi. Mas, mais especificamente, ver M. Vegetti, *L'etica degli antichi*, Laterza, Roma/ Bari, 1989, para um enquadramento do papel de Sócrates no pano de fundo de um amplo processo de "interiorização da moral" que se deu na cultura grega do século V a.c.

Sobre o tema da consciência, é esclarecedora a leitura de A. Brancacci, "Socrate e il tema semantico della coscienza", in Giannantoni e Narcy (orgs.), *Lezioni socratiche* cit., 281-301. Ver também Rowe, *Self-Examination* cit., 201-214; L. M. Napolitano Valditara, *Il sapere dell'anima*. *Platone e il problema dela consapevolezza di sé*, in Migliori, Napolitano Valditara e Fermani (orgs.), *Interiorità e anima* cit., 165-200.

A hipótese sobre as razões pelas quais Xenofonte teria evitado esboçar um retrato de Alcibíades foi extraída de Boys-Stone e Rowe (orgs.), *The Circle of Socrates*, cit., 192.

Como a bibliografia sobre o conhecimento de si em *Alcibíades primeiro* é imensa, registremos aqui apenas alguns dos estudos mais recentes que consideramos especialmente esclarecedores (bem como ricos em referências a interpretações diferentes da "dialética" aqui privilegiada): V. Tsouna, "Socrate et la connaissance de soi: quelques interprétations", in *Philosophie Antique*, v. 1, 2001, 37-64 (com algumas considerações preciosas que se estendem à *Apologia* e ao *Cármides*); C. Gill, "Self-Knowledge in Plato's 'Alcibiades'", in S. Stern-Gillet e K. Corrigan (orgs.), *Reading Ancient Texts: Essays in Honour of Denis O'Brien*, Brill, Leide/Boston, 2007, 97-112; F. Renaud, "La conoscenza di sé nell''Alcibiade I' e nel commento di Olimpiodoro", in Migliori, Napolitano Valditara e Fermani (orgs.), *Interiorità e anima*, cit., 225-244; K. Thein, "L'âme, l'homme et la connaissance de soi dans le 'Premier Alcibiade'", in *Chora*, v. 9-10, 2011-2012, 171-202; V. Wohl, "The Eye of the Beloved: 'Opsis' and 'Eros' in Socratic Pedagogy", in Johnson e Tarrant (orgs.), *Alcibiades and the Socratic Lover-Educator*, cit., 45-60; A. Joosse, "Dialectic and Who We Are in the 'Alcibiades'", in *Phhronesis*, v. 59, 2014, 1-21. Abra-se uma exceção para a sensível e arguta leitura de um partidário da leitura "teológica": J. Brunschwig, "La déconstruction du 'Connais-toi toi-même' dans l'Alcibiade Majeur'", in *Recherches sur la philosophie et le langage*, v. 18, 1966, 61-84, e para a mencionada leitura de J. Annas, "Self-Knowledge in Early Plato", in D. O'Meara (org.), *Platonic Investigations*, Catholic University of America Press, Washington, 1985, 111-138.

Os textos em que Michel Foucault faz mais amplas referências ao *Alcibíades primeiro* são *L'ermeneutica del soggetto. Corso al Collège de France (1981-1982)*, Feltrinelli, Milão (2003), 2011, em esp. 22-70; *Tecnologia del sé. Un seminario con Michel Foucault*, org. L. H. MARTIN, H. GUTMAN e P. H. HUTTON, Bollati Boringhieri, Turim, 1992, em esp. 11-47. A crítica de Pierre Hadot se encontra in HADOT, *Esercizi spiritual e filosofia antica*, cit., 169-176; compare-se com a leitura favorável de NEHAMAS, *The Art of Living*, cit., que lhe dedica um capítulo próprio, 157-188, bem como M. NAPOLI, "L'ultimo Foucault fra cura socrática e libertà", in LOJACONO (org.), *Socrate in Occidente*, cit., 258-280; A. PIATESI, "Ad Atene e ritorno: La filosofia antica di Michel Foucault al Collège de France", in *Dianoia*, v. 12, 2007, 197-237.

Capítulo X
Uma técnica para a alma

– Os escultores – disse Sócrates –, não os examinamos pelos argumentos que extraímos dos seus discursos, mas confiamos que aquele que vemos já ter realizado belas estátuas também fará bem as estátuas futuras.
– Pretendes dizer – perguntou Critóbulo – que, da mesma maneira, um homem que mostrou ter feito o bem aos velhos amigos também será seguramente benfeitor dos futuros?
– Isso mesmo! Também quanto aos cavalos – respondeu Sócrates –, se vejo que alguém se comportou bem com aqueles que tinha no passado, deduzo disso que tratará igualmente bem os outros.

Xenofonte, *Memoráveis* II, 6.6-7.

[Sócrates] esforçava-se, em virtude do seu instinto ético e lógico, em esclarecer e definir a família e os seus elementos, a relação do indivíduo com o Estado e a lei, as diversas funções da vida pública, o exercício das artes e dos ofícios. Numa época em que não havia noção do que poderia ser a economia privada e pública, a ciência do direito, do Estado ou da administração e a técnica das artes, era natural que a exigência de determinar os conceitos práticos fosse vista apenas pelo ponto de vista da utilidade e se apresentasse somente na sua natureza imediata e ocasional.

Antonio Labriola, *A doutrina de Sócrates segundo Xenofonte, Platão e Aristóteles* (1869).

Vimos em *Alcibíades primeiro* como o binômio conhecimento/cuidado de si encontra ilustração em analogias técnicas destinadas, em primeiro lugar, a lançar luz sobre o objeto em questão (a alma, a ser tratada como entidade autônoma e superior ao corpo a que está concretamente unida) e, a seguir, a procurar a maneira de melhorá-lo (com a adoção de comportamentos virtuosos). Mesmo que o desenvolvimento em detalhe dessas analogias se deva provavelmente ao autor do texto (que decerto não seria indigno de Platão), é a Sócrates que remonta, constituindo um núcleo da sua reflexão sobre o cuidado da alma, a noção de que tal atividade de prestar cuidados deve responder aos requisitos científicos (conhecimento global, aplicação coerente de determinados critérios operacionais) que caracterizam a arte enquanto tal (*techne*).

Embora menos provável, não é de se excluir que também a Sócrates remonte o paralelo específico entre a arte de cuidar da alma e a arte médica, que cuida do corpo, o qual encontramos duas vezes no grupo dos primeiros diálogos platônicos. Em *Laques*, a referência à *techne* médica serve à argumentação de que, tanto para o cuidado da alma quanto para outras atividades humanas (sendo a mais eminente delas a que se ocupa da alma), é preciso encontrar alguém que seja competente naquilo (*technikós*), o que lhe permitirá, entre outras coisas, ensiná-la também a terceiros (185c-e). E nas páginas iniciais de *Cármides*, como já apontamos, a exigência de que se cuide de um mal físico levando em conta a alma é apresentada como corolário do princípio médico de que a terapia não deve se concentrar exclusivamente na parte atingida pelo mal (por exemplo, a cabeça), mas deve considerar o conjunto do organismo ("inteireza", 156e). Essa perspectiva holística, que, no contexto dramático, Sócrates remete à figura do deus médico trácio Zalmóxis (ele está apresentando o jovem Cármides ao poder mágico da palavra), está de fato presente em vários tratados da coleção hipocrática, e até hoje pode ser considerada como uma das máximas contribuições do pensamento médico grego. Mas aqui, extrapolado do contexto de origem, o paradigma holístico vem associado a um objeto totalmente novo, a alma, declarada mais importante do que o corpo e todas as suas partes, a ponto de ser dela que se originam as próprias patologias corporais. Assim, ante um estilo de vida desregrado que repercute negativamente sobre as condições de saúde do corpo, um remédio eficaz será a *sophrosyne*, aquela sabedoria que determina e acompanha um comportamento temperante:

> Com efeito, disse [Zalmóxis] que tudo parte da alma, os males e os bens, seja do corpo, seja do homem na sua inteireza, e dali [da alma] fluem igualmente da cabeça para os olhos. Assim, é preciso cuidar daquele ponto [a alma] em primeiro lugar e acima de todas as outras coisas, para que a cabeça e o resto do corpo fiquem bem. E disse, meu caro, que se cuida da alma com certos encantamentos, e que esses encantamentos são os belos discursos. Desses discursos gera-se nas almas a temperança (*sophrosyne*) e, uma vez que ela seja gerada e esteja presente, torna-se fácil preparar a saúde seja da cabeça, seja do resto do corpo (Platão, *Cármides* 156e-157a).

Em todo caso, tal valorização do saber técnico, além de ser congruente com a ampliação sugerida em *Alcibíades* do cuidado com a alma para o cuidado com a cidade, é sustentada pelo Sócrates das *Memoráveis*, que evoca repetidamente a esfera das *technai* nas argumentações, com vistas a demonstrar que a condução do exército ou o governo dos homens estão no mesmo plano de outras atividades produtivas, como a construção de edifícios, a arte do ferreiro, a agricultura ou a criação de animais. Por isso, como essas ocupações, as atividades de comando e governo também devem se fundar num conhecimento preciso do seu campo de ação, mas para além do caráter e das virtudes dos homens (a ser orientados com a eloquência adequada), em vista do bem dos indivíduos subordinados ou governados (I, 1.7; III, 2, 3, 4, 5.21, 6.17-18). Aqui escolhemos uma passagem que apresenta de forma sintética e significativa a eficácia do paradigma técnico para fins da peroração do *saber* exigido em todas as atividades humanas:

Dizia que reis e comandantes não são os que têm o cetro, nem por serem eleitos por outros, nem por obterem o comando por sorteio, com a força ou com o engano, mas aqueles que *sabem* governar. Quando o interlocutor reconhecia que é próprio de quem comanda ordenar o que é preciso fazer e de quem é comandado é próprio obedecer, ele demonstrava que no navio quem sabe é o comandante, enquanto o dono do navio e todos os outros que estão a bordo obedecem a quem sabe, e na agricultura assim procedem os donos dos campos, e na doença os doentes, e no exercício físico quem os pratica, e todos os outros que possuem algo que necessita de cuidados; se pensam saber fazê-lo, ocupam-se daquilo; caso contrário, obedecem aos especialistas, se os há, mas, quando não os há, mandam procurá-los para poder fazer o que deve ser feito, obedecendo a eles. E mostrava que na arte da lã as mulheres comandam os homens, porque são elas que sabem como se deve fazer, enquanto eles não o sabem (Xenofonte, *Memoráveis* III, 9.10-11).

Esta passagem é interessante também porque apresenta, como inerente ao paradigma técnico, a exigência de recorrer a *especialistas* para atender a qualquer coisa que precise de cuidados (portanto, também a alma ou uma comunidade). Acabamos de ver que esse tema também aparece em *Laques* vinculado ao cuidado da alma, e sua presença em Xenofonte, nesse ponto, deveria assegurar que ele, na sua essência, remonta a Sócrates.

Creio que raramente se dá atenção, pelo menos no panorama dos estudos platônicos, ao fato de que se inicia com Sócrates aquela reflexão sobre a *techne* como modelo de conhecimento e ação, que se torna central em Platão. Mas acrescentemos: Sócrates, filho de um escultor e de uma parteira, deve ter sido levado também por razões de berço a uma apreciação positiva do valor social do trabalho manual, do qual o aristocrático Platão parece ter se distanciado muito na sua exploração da potencialidade do modelo técnico, que manteve num plano puramente teórico. O preconceito platônico em relação aos ofícios artesanais emerge claramente do fato de que, na hierarquia das profissões em *Fedro* (248e), os artesãos ocupam o sétimo lugar, junto com os camponeses, logo antes dos sofistas e tiranos, e ainda mais da crítica incisiva aos que pretendem abraçar uma vida filosófica só por terem ganhado algum dinheiro com trabalhos servis, os quais lhes terão deturpado não só o corpo como também a alma (*República* 495c-e). A ênfase negativa dessas passagens platônicas assegura que, inversamente, pertence ao Sócrates histórico aquela valorização positiva do lugar dos trabalhadores manuais na cidade, que aparece num trecho já visto no discurso da *Apologia*: ali onde Sócrates, ao relembrar o exame conduzido entre os vários *sophói* renomados na cidade, reconhece somente nos profissionais das técnicas (à diferença dos poetas e dos próprios políticos) aquela competência sobre as características da matéria tratada, sobre o melhor uso dos instrumentos adequados e sobre a qualidade do produto acabado, que lhes permite explicar suas operações e confirmar que são possuidores de um saber, ainda que, sem dúvida, limitado à sua área de atividades (22c-d). Vale lembrarmos também a perplexidade manifestada por Alcibíades (*O Banquete* 221e) ante todo aquele ridículo discurso sobre "burros de carga e ferreiros e sapateiros e curtidores", e poderemos então captar outra implicação dessas palavras que Platão, não por acaso, atribui a outro aristocrático doutor: Sócrates, na sua preferência pelo mundo dos ofícios artesanais, revelava sua origem plebeia, o que se afigurava tanto mais "estranho" no cortejo dos seus jovens seguidores de nascimento nobre, na medida em que vinha ligado a uma sofisticada técnica do discurso.

A bem da verdade, outro preconceito social análogo pode ter contribuído para a hostilidade de Crítias e Cáricles, os quais, segundo as *Memoráveis* de Xenofonte, teriam ficado não perplexos, mas sim furiosos com o fato de Sócrates ter criticado o regime dos Trinta com uma comparação entre os tiranos e os maus boiadeiros; por isso o teriam convocado para proibi-lo de ensinar a arte dos discursos, ordenando-lhe, entre outras coisas, que deixasse em paz "sapateiros, construtores e ferreiros [...] já [...] fartos de ser mencionados" (I, 2.32-33 e 36.38). As informações de Xenofonte sobre a preferência de Sócrates por exemplos técnicos também deveriam ser confiáveis, visto que sua ideologia aristocrática se funda numa desvalorização do trabalho "banáusico" (*banausos* é o artesão que produz bens utilitários na sua oficina, considerado nos mesmos termos de um escravo por estar subordinado aos fruidores-compradores das suas obras). Inversamente, Xenofonte idealiza o trabalho do senhor proprietário de terras, que não exclui a eventual aplicação de esforço físico, mas consiste essencialmente numa atividade de comando, que requer não só o conhecimento das operações técnicas como também uma capacidade de direção que só consegue amadurecer graças a um exercício pessoal de autocontrole. A esse tipo de trabalho, que não só não contradiz como também assegura uma condição de liberdade, reserva-se significativamente o termo *ponos*, que evoca o "esforço", enquanto o trabalho produtivo é assepticamente designado como *ergon*; mas o que o *ponos* aristocrático produz, na concepção xenofontiana do estilo de vida da elite, é a virtude.

Cabe aqui dizer que o *Econômico* de Xenofonte – estruturado como um *logos sokratikós* em que Sócrates conversa com dois interlocutores distintos sobre a "administração da casa" – não pode ser utilizado como fonte do pensamento de Sócrates a esse respeito. Assim foi notoriamente tratado por Leo Strauss, cuja arguta análise, aliás, se situa num plano de filosofia política em que os problemas de atribuição se tornam irrelevantes. Mas, dentro de nossas coordenadas, que pretendem ser as de uma reconstrução histórica, cabe registrar que, de fato, não se atribui a Sócrates a posse de uma *oikonomikè techne*, uma competência econômica, que não deveria ser improvável em vista da sua condição sabidamente não abastada. Em lugar disso, Xenofonte, após uma primeira conversa (com o presunçoso Critóbulo) em que toma Sócrates como porta-voz do seu ponto de vista sobre o trabalho agrícola (nos capítulos V e VI), apresenta-o narrando uma conversa anterior com o proprietário fundiário Iscômaco, protótipo de perfeito aristocrata e *alter ego* do autor, que se torna o efetivo protagonista do diálogo. Como argutamente notou Carlo Natali, aqui o verdadeiro "mestre" é Iscômaco, pois expõe suas ideias sobre a administração da propriedade sem que Sócrates exerça sobre elas sua habitual *vis* refutatória (capítulos VII-XXI). O máximo que resta de Sócrates nesse texto é, se tanto, o convite (ao qual, aliás, Iscômaco mal dá ouvidos, capítulo XI) a proporcionar um fundamento ético à vida do proprietário aristocrático, cultivando a virtude da moderação e o bom uso da riqueza.

Voltando agora às *Memoráveis*, podemos especificar que, em algumas conversas que enfocam a arte do comando (como as anteriormente citadas), Sócrates é escolhido como protagonista porque sua atenção ao mundo das *technai* pode ter inspirado genericamente a de Xenofonte, e não porque as duas linhas de reflexão coincidam. De todo modo, vê-se uma adesão bem maior à realidade histórica no Sócrates que, sempre segundo as *Memoráveis*, detém-se em amigáveis conversas com "técnicos", às vezes nos seus próprios locais de trabalho; por exemplo, com o pintor Parrásio (III, 10.1-5), com o escultor Clínton (III, 10.6-8), com o artesão de couraças Pístia (III, 10.9-15), bem como – numa significativa continuidade, no capítulo imediatamente posterior – com a hetera Teodota (III, 11). Em conversas ulteriores citadas no livro III (em que a narração adquire um ritmo anedótico que leva a pensar na retomada de uma tradição que floresceu após a morte do filósofo, mas nem por isso desprovida de significado), Sócrates chega a tomar os escravos como exemplo de exercício físico e resistência para o senhor (III, 13.3-4, 13.6). Em outra passagem, chega a sugerir a um certo Aristarco que os numerosos membros da família que estão a seu cargo se dediquem a atividades manuais (normalmente consideradas indignas dos homens livres) para superar a condição de indigência em que se encontram, por causa do fato de que "artesãos são aqueles que sabem (*epistamenoi*) fazer algo de útil" (II, 7.5). Tampouco desdenha ir a uma oficina de couro (provavelmente fabricante de arreios e selas), às margens da ágora, para encontrar o jovem Eutidemo, sobre o qual sente curiosidade e sabe que muitas vezes está por ali, por ser ainda jovem demais para entrar na ágora (à qual se tinha acesso por volta dos dezoito anos de idade: IV, 2.1).

A esse respeito, vale lembrar que, segundo Diógenes Laércio (II, 13), Sócrates gostava de se entreter nas oficinas dos artesãos, em especial na do sapateiro Simão (possivelmente identificável com o artesão em couro acima citado); segundo os estudiosos mais céticos, o dado poderia ter sido elaborado a partir do relato de Xenofonte (bem como a tradição antiga que atribui a um Simão sapateiro – que dá nome a um diálogo de Fédon de Élida – a redação de 33 *logoi sokratikói*), mas é no mínimo intrigante que, nas escavações arqueológicas da ágora de Atenas, tenha sido descoberta uma oficina de sapateiro com restos de pregos de couro e, nas proximidades, uma base de cálice com a inscrição do nome Simão.

Consolidada a posição central da referência ao mundo das *technai* na reflexão de Sócrates sobre a natureza do saber, passemos agora ao problema da *definição* de conceitos morais (a que dedicamos uma parte do capítulo VI), para captar melhor seu papel. De fato, aqui vemos melhor como aquela exigência de definição que dita a agenda de Sócrates subentende a aspiração de conceder à conduta moral um fundamento epistêmico sólido, similar, precisamente, ao de uma atividade técnica: nos dois campos (a alma e seu cuidado, assim como a madeira na carpintaria), é necessário um conhecimento preciso da matéria e das condições de possibilidade de operar sobre ela; nos dois casos, essa operação visa a um determinado fim, e esse fim é eminentemente *prático*. A própria noção de virtude moral vem tingida por essa acepção: dentro das coordenadas traçadas por Sócrates, o sentido do grego *aretè*, que define a virtude a partir do significado primário de "excelência" com marcada acepção de um trabalho prático, já não se molda (como grande parte da moral tradicional e corrente) pelo antigo valor do guerreiro homérico, mas sim pela capacidade e qualidade de um profissional da arte. Essas considerações permitem resgatar as linhas principais do quadro delineado nas *Memoráveis*, no qual o "bom" procurado por Sócrates tende a se identificar com aquilo que é mais "útil" num determinado contexto prático, aí incluída aquela busca e escolha dos amigos melhores que, na conversa com Critóbulo (II, 4-6), é tratada com tons utilitaristas muito contrastantes com o tratamento da amizade no *Lísides* platônico. O componente utilitarista caracteriza toda a apresentação xenofontiana da ética socrática e é certamente acentuado, de um lado, pela congruência com o código moral do autor e, de outro lado, por seu propósito geral de reivindicar os benefícios obtidos com o filósofo tanto pelo exemplo quanto pelos discursos (I, 3.1; III, 8.1; IV, 1.1-2). Essa formulação, que garantiu a fortuna das *Memoráveis* numa fase, entre o Iluminismo e o Positivismo, em que o utilitarismo moral gozava de grande apreço (pense-se, entre outras coisas, na simpatia de John Stuart Mill por Sócrates), depois foi incluída na desvalorização geral do testemunho de Xenofonte, que percorreu os estudos no século passado, mas agora vem novamente adquirindo crédito na onda historiográfica mais recente em que nos encontramos.

E agora nos detenhamos sobre a ideia, de forma alguma desprovida de profundidade, que Sócrates expressa com grande clareza numa conversa com Aristipo: que só se pode dizer que uma coisa é boa se for boa "para algum fim" (III, 8.3); ademais, aquilo que é bom para um certo fim também pode ser considerado, pelas mesmas razões, belo, de forma que, por exemplo, um homem belo na corrida (por ser bom nela) é diferente de outro homem belo no pugilato, ao passo que não se pode dizer que um escudo de ouro é belo, precisamente porque não é capaz de cumprir a função protetora própria desse objeto (III, 8.5-7). A dupla equivalência entre útil, bom e belo (sinteticamente reforçada na conversa com Eutidemo, IV, 6.8-9) não deve nos surpreender muito à luz do que já observamos sobre o papel central da relação entre aparência e realidade interior do *kalón* (o "belo") na experiência de Sócrates e do seu círculo. Mesmo assim, repitamos: o campo de significados do termo grego *kalón* é bem mais rico do que o do seu correspondente mais direto nas línguas modernas, na medida em que evoca a capacidade de um sujeito de inspirar reações de amor e admiração que, idealmente, formam uma unidade com a aprovação moral, assim mantendo uma ampla interseção com a área semântica de *agathón* ("bom" e "nobre"). Além disso, o conceito de útil não integra esse quadro para reduzir a realidade complexa do belo e do bom *apenas* ao que se pode dizer superficialmente vantajoso. Pelo contrário, ele é apresentado como critério para avaliar o efetivo funcionamento dessa ou daquela escolha moral, com vistas àquela condição de bem-estar estável em que consiste a *eudaimonia*.

Quanto a isso, vale notar que a conversa com Aristipo versa, no conjunto, sobre a avaliação dos bens aparentes ou não aparentes, a serem medidos justamente em relação com a vantagem que poderão trazer no futuro, e nesse sentido situa-se na mesma linha da proposta de um cálculo dos prazeres que é atribuída a Sócrates (falaremos a respeito no capítulo XI) no *Protágoras* de Platão.

Há ainda outra passagem, também provavelmente platônica, em que Sócrates ressalta a equivalência entre belo (e válido) e útil em termos muito próximos e com exemplos por vezes coincidentes com os que encontramos em Xenofonte. De fato, vemos que Sócrates, no *Hípias maior* (que para alguns não é autêntico, mas mesmo assim tem interesse igual ao dos outros diálogos), apresenta uma definição do belo partindo da constatação de uma tendência comum a dizer que são belos, por exemplo, não os olhos que não enxergam, mas sim os que enxergam bem, e analogamente são belos os corpos destros na corrida ou na luta, e assim por diante em relação não só a animais, utensílios, veículos, como também a ocupações e leis:

Em geral, portanto, essas coisas diremos que são belas no mesmo sentido: olhando a natureza de cada uma delas, a sua produção, a sua condição, dizemos que é belo aquilo que é útil, seja pela maneira como é útil, seja em relação a que é útil, seja pelo momento em que é útil; ao passo que feio é aquilo que é inútil em todos os sentidos. Não te parece assim também, Hípias? (Platão, *Hípias maior* 295d-e).

Provavelmente não é por acaso que essa argumentação seja dirigida a Hípias, o sofista conhecido não só pela sua cultura enciclopédica ajudada por uma técnica mnemônica especial como também pela extraordinária perícia com que faz pessoalmente tudo o que utiliza: as roupas, o anel que usa, a escova e a ânfora (*Hípias menor* 368b-e). Já o útil de Sócrates é diferente do útil do sofista, pois Sócrates elevou a técnica, acima do nível da praticidade cotidiana, a modelo de ação com vistas a um fim (produzir algo de bom para a vida).

Essa reflexão sobre o chamado "utilitarismo" de Sócrates nos permite, entre outras coisas, ver com maior simpatia o uso que Antonio Labriola deu ao testemunho de Xenofonte na "Memória" que dedicou a Sócrates, "premiada pela Academia de Ciências Morais e Políticas de Nápoles, no Concurso do ano 1869" (publicada dois anos depois nas Atas da mesma academia e depois reeditada várias vezes). Como o próprio Labriola atestou (numa carta a Croce em 1904), a redação do seu *Sócrates* vinha num momento em que, aos 26 anos, já se afastara do hegelianismo do mestre Bertrando Spaventa. Ali onde Spaventa seguira bastante passivamente a linha do esquema hegeliano, colocando Sócrates como paladino do princípio da subjetividade (em seu *A doutrina de Sócrates*, 1856), o futuro marxista prefere reconstruir os traços de um educador, empenhado cotidianamente em esclarecer conceitos úteis para a fruição imediata no mundo da prática (e é notável que, em 1891, declare numa carta a Engels que se sente "sempre um pouco socrático na *sua* vocação", sendo propenso por natureza "mais a falar do que a escrever"). Não admira que, na exposição inicial dos critérios adotados no uso das fontes, o primeiro seja: "Não atribuamos a Sócrates nenhum princípio, máxima ou opinião que não seja explicitamente referido ou indiretamente sugerido por Xenofonte". Na imagem oferecida pelo texto xenofontiano, Labriola destaca os traços antiteóricos de Sócrates, chegando a afirmar que o saber do qual ele falava "não era algo distinto do conhecimento empírico dos vários ramos da administração pública, e não era constituído num conjunto de teorias universais e científicas". É uma leitura que não admite nuances, mas, movendo-se dentro das suas coordenadas firmemente traçadas, Labriola consegue captar com argúcia e frisar com rara eficácia o significado da referência de Sócrates à esfera das técnicas, que aqui também queremos frisar:

> A ideia fundamental de todos esses diálogos [nas *Memoráveis*] é uma só: retificar a definição do conceito de fim ao qual se dirige a atividade, de modo que todos os esforços do indivíduo convirjam para a aquisição de uma norma constante, que lhes regule a prática sem incertezas e divagações. Sob esse aspecto, o sapateiro e o escultor, o pastor e o arconte, o marinheiro e o general etc., por mais diversas que sejam as suas ocupações e diferentes os fins a que visam, todos devem convir com a norma do exercício metódico das suas funções e substituir a prática instintiva, tradicional e inconsciente pela norma do saber (Labriola, *A doutrina de Sócrates segundo Xenofonte, Platão e Aristóteles*, 35).

Até época bastante recente, porém, o bom senso prático com que Xenofonte reveste a moral de Sócrates geralmente serviu para que filósofos e/ou estudiosos de filosofia antiga desvalorizassem seu testemunho em favor da elevada representação platônica, julgando Xenofonte simplesmente incapaz de entender os altos píncaros do pensamento socrático. Isso não significa, porém, que a dimensão utilitarista deva ser considerada redutora nem forçosamente estranha a Sócrates; pelo contrário, poderíamos ver aí o sinal de que Xenofonte compreendeu e frisou aquela acepção eminentemente *prática* da sua reflexão sobre a virtude que também emerge claramente da atenção reservada aos procedimentos das *technai*. Em suma, é verdade que Sócrates (não só em Xenofonte, como também nos diálogos platônicos e nos *logoi sokratikói*) parece interessado numa reflexão não tanto sobre o Bem em abstrato, mas sim sobre o que é possível fazer bem num contexto específico. Por outro lado, a importância atribuída à definição dos conceitos morais e o método adotado para buscá-la, num percurso dialético que resulte num *acordo* entre os interlocutores, asseguram-nos que a posição de Sócrates se mantém muito distante do utilitarismo de matriz sofística, baseado no pressuposto relativista de que todo indivíduo está autorizado a impor, à força se necessário, aquilo que é mais útil "para ele".

Nota bibliográfica

As origens socráticas do interesse de Platão pela esfera técnica recebem algumas páginas em G. Cambiano, *Platone e le tecniche* (1971), ed. revista e atualizada, Laterza, Roma/Bari, 1991, 61-66. Ver também M. Vegetti, Techne, in id. (org.), *Platone, La Repubblica*, I. *Libro I*, Bibliopolis, Nápoles, 1998, p. 193-208.

D. W. Graham, "Socrates and Plato", in *Phronesis*, v. 37, 1992, 141-163, em esp. 156-160, chamou a minha atenção para a posição ideológica peculiar do Sócrates histórico nos textos platônicos. Apliquei esse critério interpretativo também à leitura das *Memoráveis* de Xenofonte, em que selecionei elementos que proponho considerar de matriz socrática. Não é o caso de S. Johnstone, "Virtuous Toil, Vicious Work. Xenophon on Aristocratic Style", in *Classical Philology*, v. 89, 1994, 219-240, depois in Gray (org.), *Xenophon* cit., 137-166; o estudo me pareceu esclarecedor, por outro lado, em relação à moral social que emerge do conjunto da obra xenofontiana. De todo modo, continua a ser fundamental, quanto à atitude negativa de Platão e Xenofonte (e outros autores antigos) ante o trabalho técnico e a complementar idealização da agricultura, J.-P. VERNANT, "Il lavoro e il pensiero tecnico" (1952), in ID., *Mito e pensiero presso i Greci. Studi di psicologia storica*, Einaudi, Turim, 1970, 165-216.

Para o *Econômico*, recorri em especial a C. NATALI, "Socrate dans l'"Économique' de Xénophon", in G. ROMEYER-DHERBEY e J.-B. GOURINAT (orgs.), *Socrates et les Socratiques*, Vrin, Paris, 2001, 263-288.

A. LABRIOLA, *La dottrina di Socrate secondo Senofonte, Platone e Aristotele* (1869), pode ser lido in *Opere*, ed. L. Dal Pane, v. II, Feltrinelli, Milão, 1961, levando em conta que um útil excerto (de onde extraí as citações) precede a tradução comentada das *Memoráveis* feita por Anna Santoni (226). A fortuna de Sócrates na filosofia italiana do século XIX é tema das últimas páginas do meu artigo "Fra Platone e Lucrezio: prime linee di una storia degli studi di filosofia antica nell'Ottocento italiano", in *Archivio di storia dela cultura*, v. 3, 1990, 165-199, e utilizei também as referências epistolares presentes in S. MICCOLIS, "Antonio Labriola", in *Dizionario Biografico degli Italiano*, v. 62, Treccani, Roma, 2004. Recomendam-se igualmente as atentas análises (também para a ligação com importantes intérpretes de Sócrates no século XX na Itália) de E. SPINELLI, "Questioni socratiche: tra Labriola, Calogero e Giannantoni", in N. SICILIANI DE CUMIS (org.), *Antonio Labriola e la sua Università. Mostra documentaria per i Settecento anni della "Sapienza" (1303-2003). A cento anni dalla morte di Antonio Labriola (1904-2004)*, Aracne, Roma, 2003, 185-203; e ID., "La parábola del Socrate senofonteo: da Labriola a Mondolfo", in ROSSETTI e STAVRU (orgs.), *Socratica 2005* cit., 107-136.

Capítulo XI
Conhecimento = virtude = felicidade

> Sócrates (*a Protágoras*): A opinião sobre o conhecimento (*episteme*) mais difundida é a de que ele não tem força e não é capaz de guiar e comandar. Não só assim é ele considerado como também se pensa que, mesmo quando está presente num homem, não é ele a comandar, mas sim alguma outra coisa: ora a inclinação, ora o prazer, ora a dor, às vezes o amor, muitas vezes o medo, e comumente se pensa no conhecimento como se fosse um escravo, arrastado para cá e para lá por todo o resto. És tu também dessa opinião, ou consideras que o conhecimento é uma bela coisa e capaz de dirigir o homem, de modo que, se ele conhece os bens e os males, não pode ser dominado por nada mais a ponto de fazer coisas diferentes das prescritas pelo conhecimento, e que a inteligência (*phronesis*) basta para ajudar o homem?
>
> PLATÃO, *Protágoras* 352b-c.

> O moralismo dos filósofos gregos é moralmente condicionado; da mesma forma, a sua valorização da dialética. Razão = virtude = felicidade significa apenas: deve-se imitar Sócrates e de modo permanente estabelecer contra os apetites obscuros uma *luz diurna*, a luz diurna da razão. Deve-se estar desperto, atento, claro a todo custo; qualquer concessão aos instintos, ao inconsciente, leva *ao fundo*...
>
> FRIEDRICH NIETZSCHE, *O problema de Sócrates* (1888).

Agora, sobre o pano de fundo que descrevemos nos capítulos IX e X, devemos tentar inscrever aquela posição que costumamos chamar de "intelectualismo ético" de Sócrates. Tal concepção estabelece uma relação de causa e consequência direta entre conhecimento do bem e prática virtuosa, chegando quase a uma identificação entre ambos, no pressuposto de que, se se sabe qual é o *verdadeiro* bem a buscar, não se pode deixar de realizá-lo. O conhecimento do caso é qualificado ora como *episteme*, com ênfase sobre a sua precisão e exatidão, ora como *sophia* ou *sophrosyne* ou *phronesis*, com ênfase sobre o aspecto da sabedoria prática; mas, de todo modo, está implícito nesses contextos o modelo da *techne*. Essa tese, que é possível discernir em muitos diálogos platônicos, tanto do período juvenil quanto da maturidade (*Apologia* 25e-26a; *Cármides* 174b-175a; *Laques* 198a-199e; *Mênon* 87b-89e; *Fédon* 68a-69b), encontra expressão especialmente articulada em *Protágoras*, no contexto da ampla discussão de Sócrates com o grande sofista de Abdera (352b-358d: colocamos seu trecho mais significativo em epígrafe deste capítulo). Aqui, Sócrates questiona se efetivamente (como pretende uma opinião difundida) a ação moral é orientada por paixões e desejos, que dominariam o conhecimento (*episteme*) como um escravo. É claro que, pelo contrário, ele considera que, se o indivíduo conhece o que é bom e o que é mau, nada pode forçá-lo a agir de uma maneira diferente da que lhe é ditada pela inteligência. Para demonstrá-lo, ele introduz a ideia de uma "arte da medida" (*metretikè techne*) capaz de esconjurar "o poder da aparência" (356d); trata-se de um cálculo racional dos prazeres que consiste em "colocá-los em perspectiva", indo além da superfície de uma satisfação imediata e olhando os efeitos que poderão ter no longo prazo, para assim proceder a uma avaliação correta daquilo que pode realmente fazer bem ou mal (por exemplo, os prazeres da comida, da bebida e do amor podem se afigurar gratificantes no plano imediato, mas no longo prazo podem acarretar doenças e a pobreza: 353d). Há muitas controvérsias se essa argumentação pode ser atribuída a Sócrates, mesmo porque se apoia numa premissa de identificação entre bem e prazer que destoa do ponto de vista anti-hedonista normalmente defendido por ele; creio, porém, que a adoção dessa premissa tem uma funcionalidade própria na dinâmica da discussão com Protágoras e, além disso, o fulcro do raciocínio (isto é, mais uma vez: o caráter técnico do conhecimento moral) indica sua ascendência socrática. Em todo caso, a passagem seguinte e final dessa sequência argumentativa consiste em observar que os que fazem escolhas moralmente erradas, por estarem iludidos pela aparência dos prazeres e das dores, erram por não terem aplicado uma "ciência da medida" (*episteme metretiké*, 357d); portanto, definitivamente por uma falha cognoscitiva.

> Ser vencido por si mesmo [isto é, pelo desejo de prazeres aparentes] não é senão ignorância e ser senhor de si não é senão sabedoria (*sophia*) [...] E não será verdade que ninguém se dirige de vontade própria para o mal ou para o que considera mal e que, ao que parece, não está na natureza do homem querer dirigir-se ao que se considera mal em vez de se dirigir ao bem? (Platão, *Protágoras* 358c-d).

Xenofonte, como observaram os estudiosos mais atentos do texto das *Memoráveis*, oferece plena confirmação da substância intelectualista da moral de Sócrates, atribuindo-lhe numa passagem única, mas significativa, a noção de que o conhecimento do que é o bem é condição necessária, mas também suficiente, de uma escolha moral justa (note-se que, na passagem seguinte, vem a afirmação, já comentada no capítulo X, de que a ignorância de si mesmo, bem como de coisas que o indivíduo não conhece crendo conhecê-las, está muito próxima da loucura):

> Sustentava a seguir que tanto a justiça quanto qualquer outra virtude são sapiência (*sophia*). As ações justas, de fato, e todas as que se realizam por meio de uma virtude são belas e boas; e os que conhecem as coisas boas e belas não escolhem nenhuma outra ação em lugar daquelas, e os que as ignoram não podem realizá-las e, aliás, se tentarem, falharão. Assim, realizam as

coisas boas e belas aqueles que têm conhecimento; os que não têm conhecimento, ao contrário, não são capazes, e até erram se tentarem. A partir do momento em que as ações justas e as outras belas e boas se realizam por meio da virtude, é evidente que a justiça e todas as outras virtudes são sapiência (Xenofonte, *Memoráveis* III, 9.5).

Voltando ao nosso ponto central, outra confirmação do intelectualismo ético de Sócrates, ainda mais notável do ponto de vista da história do pensamento moral, vem de Aristóteles, que se refere a ele em contextos significativos da sua reflexão sobre o nexo entre virtude e conhecimento, tanto na *Ética a Nicômaco* quanto em *Eudemia*. Não falta quem tenha negado o valor do testemunho aristotélico, considerando que tudo o que Aristóteles diz sobre Sócrates foi extraído dos diálogos platônicos, mas esse juízo vai de encontro a uma sólida objeção. Pense-se, com efeito, no relato da formação de Platão que lemos no livro I da *Metafísica* (987a-b): aqui Aristóteles relembra não só a influência exercida por Sócrates no que se refere à busca do universal como também a importância do convívio de juventude com o heraclitiano Crátilo, quanto à concepção de uma realidade sensível em fluxo contínuo; e esse segundo dado não se encontra em nenhum texto platônico. De modo mais geral, não é plausível que Aristóteles, tendo chegado a Atenas e ingressado na Academia aos vinte anos de idade, em 367 a.C., não tenha obtido informações não só dos numerosos *logoi sokratikói* em circulações como também de conversas com muitos ainda ali presentes que, quando jovens, como Platão, haviam conhecido Sócrates pessoalmente. O testemunho aristotélico, portanto, é fidedigno e, embora não acrescente novos dados sobre Platão e Xenofonte, constitui um valioso terreno de reflexão. De fato, Aristóteles se mostra muito atento em distinguir entre as teses de Sócrates e as suas, de um lado valorizando o papel que aquelas atribuem ao conhecimento, que se encontra, entre outras coisas, na definição de cada virtude, e de outro lado afastando-se da ideia de que o conhecimento seja requisito não só necessário como também *suficiente* para a aquisição da virtude. Ao mesmo tempo, como veremos logo a seguir, Aristóteles se afasta da identificação entre o aprendizado de uma virtude e a obtenção de um saber técnico como a geometria ou a arquitetura:

...alguns dizem que as virtudes são formas de sabedoria (*phroneseis*), e Sócrates, na sua busca, em parte avançou na direção correta e em parte errou; por considerar que todas as virtudes eram tipos de sabedoria, errou, mas, por considerar que *não eram isentas* de sabedoria, acertou. [...] Sócrates considerava que as virtudes eram formas de raciocínio (*logos*) e, de fato, que todas as virtudes eram ciências (*epistemas*), e nós que elas estão *unidas ao* raciocínio (Aristóteles, *Ética a Nicômaco* VI, 1144b 18-32).

Pois bem, Sócrates, o velho [para diferenciá-lo de um Sócrates, o jovem, discípulo da Academia, considerava que o fim era o conhecimento da virtude e buscava o que é a justiça, o que é a coragem e o que é cada uma das partes da virtude. Tinha boas razões para isso; com efeito, julgava que todas as virtudes são ciências (*epistemas*), de maneira que disso decorria que se conhece a justiça e, ao mesmo tempo, é-se justo. De fato, tão logo aprendemos a arquitetura e a geometria, somos também construtores e geômetras; por isso Sócrates buscava o que é a virtude, mas não como se origina nem de que fatores (Aristóteles, *Ética a Eudemo* I, 1216b 2-16).

Uma ideia central da ética aristotélica é que a virtude moral é uma disposição que se adquire segundo modalidades próprias e diferentes daquelas com que se costuma apreender um conjunto sistemático de noções teóricas. Para Aristóteles, que circunscreve a esfera da prática como o domínio do contingente, refratário à aplicação de regras precisas e universais, o indivíduo se forma como sujeito moral primeiramente com uma educação correta (na idade anterior ao uso pleno da razão) e posteriormente com a repetição de ações virtuosas. Por isso, ainda que conceda que Sócrates reconheceu o papel da consciência racional na adoção de um comportamento moral, Aristóteles considera inadequado o *método* apontado por Sócrates para atingir tal consciência; um método que parece se basear exclusivamente no poder, tido como vinculante, de uma razão voltada apenas à definição exata do seu objeto.

Gostaria agora de redimensionar essa acusação de um caráter abstrato (mas certamente não tentarei eliminá-la de todo), observando que Sócrates devia ter tido alguma desconfiança quanto à adequação desse método. O desfecho aporético dos diálogos socráticos, que na nossa hipótese reflete uma atitude real de Sócrates, já indica uma aguda consciência da dificuldade de chegar a uma definição conclusiva dos conceitos morais. Tem-se um reconhecimento dos limites do modelo técnico apresentado em primeiro plano na discussão em *Cármides* sobre a sabedoria (*sophrosyne*) e, em especial, quanto à possibilidade de identificá-la com uma "ciência do bem e do mal", o que torna problemático definir seus contornos (174b-176a), mas que, mesmo assim, responde à exigência de orientar e regular o uso dos produtos da arte, o que o artesão em si não tem condições de prever. Uma passagem das *Memoráveis* mostra que Sócrates já apontava uma carência do saber técnico quanto às possíveis consequências e destinações de seus produtos, quando ele comenta com Eutidemo a ruína que o labirinto constituiu para seu construtor, Dédalo, ou as desventuras que Palamedes enfrentou devido à inveja que sua sabedoria técnica despertou em Ulisses; assim, o jovem conclui que "o bem menos ambíguo talvez seja a felicidade" (*Memoráveis* IV, 2.33-34).

Pode-se também sustentar que provém de Sócrates a intuição original de outro problema que recebe ampla elaboração nos diálogos socráticos e nos diálogos da maturidade de Platão, qual seja, se é claro como e com quem é possível aprender uma técnica construtiva ou produtiva, não é tão claro quem (mas certamente não um sofista) pode ensinar a virtude, em particular as virtudes do comando ou uma virtude moral essencial para o político, como é a justiça (vejam-se *Laques* 185b; *Protágoras* 312b-e, 361a-b; *Mênon* 94b-e). Tal hipótese encontra reforço, mais uma vez, no testemunho das *Memoráveis*; aqui, em vários pontos, Sócrates observa que não é muito fácil aprender tais coisas com quem as possui (III, 5.22-23), e muito menos com tratados escritos, como aqueles utilizados para formar médicos e arquitetos (IV, 2.10). E nas *Memoráveis*, tal como no *Protágoras* platônico, o problema também é reforçado pela comparação com a pretensão sofista de saber ensinar a arte política. Com efeito, eis como se inicia a longa conversa com Hípias de Élida sobre o justo e o injusto, no livro IV:

> Estando de volta a Atenas após um período de ausência, Hípias encontrou Sócrates enquanto este explicava a alguns como era extraordinário que quem quisesse ensinar a alguém como ser coureiro, pedreiro, ferreiro ou cavaleiro não teria dúvidas para onde o enviaria a fim de aprender, enquanto quem quisesse aprender ele mesmo o que é justo ou que o aprendesse um filho ou um servo, não saberia a quem recorrer para obter esse resultado (Xenofonte, *Memoráveis* IV, 4-5).

O discurso com Hípias, aliás, prossegue com a observação de que justo é aquilo que as leis prescrevem fazer (IV, 4.12ss) e, se associarmos essa indicação à função educativa atribuída às leis em *Críton*, poderemos admitir que Sócrates atribuía algum papel também à educação recebida no contexto familiar e político, na formação do indivíduo virtuoso.

Mais difícil é abrandar a rigidez da ética socrática em outro ponto: a ideia, claramente expressa na metáfora de *Protágoras*, de que a razão não se deixa "arrastar de um lado e outro como um escravo", ou de que o conhecimento do bem, mesmo já alcançado, só se realiza *ipso facto* em ações virtuosas, sem que as paixões e desejos não racionais possam intervir para romper a perfeita linearidade que há entre o conhecimento e a escolha prática. E se "a conduta errada por falta de ciência se deve à ignorância" (como reza a conclusão do discurso sobre a técnica da medida em *Protágoras*, 357e), disso decorre que quem pratica má ação o faz porque "não sabe" e, portanto, nem quer. Em outras palavras, ninguém pratica o mal voluntariamente, como Sócrates já afirma em defesa própria na *Apologia* (25e-26a), volta a declarar em *Mênon* (78a-b) e anuncia em termos inequívocos precisamente em *Protágoras*. Aqui a afirmação retorna num momento anterior da conversa com Protágoras, de maneira aparentemente casual, isto é, no contexto da discussão sobre uma composição de Simônides. Mas essa antecipação é hábil e não deixa dúvidas sobre o seu significado:

> Nenhum sábio, creio eu, considera que o homem possa errar voluntariamente e cometer voluntariamente ações reprováveis e más; todos os sábios bem sabem que os que cometem ações feias e más fazem-no involuntariamente (Platão, *Protágoras* 345d-e).

O princípio de que *nemo sua sponte peccat* (como vem muitas vezes relembrado) é desde sempre, por razões evidentes e, em primeiro lugar, pelo seu caráter de paradoxo, um dos mais conhecidos e citados da moral socrática. Paradoxal é, acima de tudo, o pressuposto de uma alma identificada com uma razão monolítica, cujo conhecimento do que é bom e justo não pode ser afetado por nenhum impulso irracional; isso equivale simplesmente a eliminar a realidade dos comportamentos humanos. Essa concepção encontrará importante continuidade na ética do estoicismo, que, com o seu fundador Zenão, retomará a rígida equalização de virtude e conhecimento (e a noção correlata da paixão como erro cognoscitivo), desenvolvendo um ideal abstrato e rigorista do sábio que se eleva acima da massa dos tolos. Obviamente, Sócrates será aqui adotado como modelo quase inatingível. Mas, quanto ao mais, o rigorismo socrático foi, na ética antiga, objeto mais de perplexidade e discussão do que de adesão (sem mencionar que, mesmo na tradição estoica, seus tons se atenuam progressivamente). É notável que já se possa registrar uma reação polêmica na segunda metade do século V a.c., na obra de Eurípides, um dos autores mais sensíveis aos principais debates intelectuais ocorridos em Atenas na sua época (tanto é que, na tradição biográfica antiga, consta a história de uma colaboração de Sócrates na redação dos seus dramas). Há pelo menos duas passagens memoráveis em que Eurípides parece tomar posição contra a ideia de que quem conhece o bem não pode deixar de praticá-lo. Uma delas é o célebre monólogo de *Medeia* (431 a.C.), em que a protagonista expressa plena consciência do horrível crime que está para cometer (segundo um plano calculado racionalmente) e traça lucidamente o conflito dentro de si entre o amor aos filhos e a decisão de matá-los para verter sobre o pai deles, que a abandonou, toda a sua ira vingativa:

> Ide, ide! Não sou mais capaz de vos dirigir o meu olhar, mas estou vencida pelos males (*os filhos entram em casa*). E entendo quais os males que deverei suportar, mas os meus propósitos estão dominados pela paixão (irada: *thymós*), a qual é causa dos maiores males para os homens (Eurípides, *Medeia*, v. 1078-1080).

O eu de Medeia está dividido entre dois impulsos passionais, ambos de extrema força, que disputam, por assim dizer, a prerrogativa de decidir racionalmente a estratégia da ação. Razão e paixão se opõem de maneira ainda mais clara em *Hipólito* (428 a.C.), como vemos nas palavras proferidas por Fedra; ela também uma mulher dilacerada, nesse caso entre o irresistível impulso erótico pelo enteado Hipólito e a consciência da ilicitude dessa paixão:

> Parece-me que os homens se comportam pior do que gostaria a natureza da sua inteligência. De fato, muitos são capazes de ra-

ciocinar bem. Mas a coisa é vista da seguinte maneira: sabemos e conhecemos (*epistamestha kai gignoskomen*) o que é bom, mas não nos esforçamos [em praticá-lo], alguns por inércia e outros porque antepõem ao que é belo algum outro prazer (Eurípides, *Hipólito*, v. 379-383).

Parece-me provável que, nessas passagens, e certamente com maior clareza em *Hipólito*, Eurípides tenha em vista a tese socrática, mas tampouco se pode excluir que tenha sido Sócrates quem encontrou um tema de reflexão na vigorosa representação euripidiana da divisão do eu. De todo modo, seria impossível encontrar um desenho mais nítido do contraste entre uma concepção rigidamente intelectualista da ação moral e a *experiência* (pois é disso que se trata), que encontra em Eurípides a mais excelsa voz na tragédia ática; é a realidade concreta dos comportamentos humanos que, de fato, é negada por quem não vê que a alma humana é palco de um conflito constante entre racionalidade e paixão, sendo movida mais amiúde por esta do que por aquela.

O próprio Platão, sensível a essa visão "teatral" da vida da alma, toma distância da equiparação socrática entre conhecimento e virtude. Já destacamos, ao examinar o discurso de Alcibíades em *O Banquete*, que a relação com Sócrates falha porque o convite racional (mas frio) de Sócrates para que ele cultive a excelência da alma não convence plenamente o jovem; apesar da vergonha que sente e da concomitante *consciência* da superioridade dos discursos dos filósofos, Alcibíades foi depois "subjugado pelas honras das multidões" (*O Banquete* 216b). Em suma, como bem notou Franco Ferrari, "Alcibíades representa, em certo sentido, a demonstração viva da falsidade da tese socrática, segundo a qual o conhecimento do bem é, por si só, garantia da sua realização". A partir dessa premissa, Platão seguiu numa direção divergente da de Sócrates, aproximando-se mais do que ele de uma consciência "trágica" da existência, no momento em que configura (a partir do livro IV da *República*) uma dinâmica psíquica complexa, em que a razão é apenas um dos componentes da alma, destinada a entrar em conflito com um componente "irascível" (o complexo passional do *thymós*) e um componente "concupiscente" (os apetites elementares); de modo que aquela suprema e unificadora virtude da alma, a justiça, se gera quando os componentes inferiores, longe de ser erradicados, se integram numa harmonia de conjunto. Por isso Platão realmente mantém até a obra mais tardia o princípio de que ninguém "erra involuntariamente", mas engloba esse princípio no quadro da sua concepção tripartite da alma, em que o comportamento moral errado é determinado pelo predomínio das partes inferiores sobre a parte superior da razão (*República* 431a-b; 589a-c; *Leis*, 731c, 860d), ou mesmo diretamente por uma patologia psíquica causada, por sua vez, por determinada condição do corpo (*Timeu* 86d).

Analogamente, mas, como de costume, de modo mais explícito e analítico, Aristóteles refuta a tese de que a razão não pode ser dominada "como um escravo" (nítida referência à passagem de *Protágoras*), com o decisivo apelo à evidência dos comportamentos humanos.

> Alguém poderia se perguntar como é possível que um indivíduo, mesmo julgando corretamente, não se domina. Alguns não admitem que isso seja possível, se se tem conhecimento; de fato, seria estranho (assim pensava Sócrates) que, quando o conhecimento (*episteme*) está presente, alguma outra coisa o dominasse e o arrastasse para cá e para lá como um escravo. Sócrates [...] considerava que ninguém age contra o melhor, quando o reconheceu, mas que o faz por ignorância. Ora, tal argumento se opõe claramente ao que se verifica manifestamente (*tois phainomenois*; Aristóteles, *Ética a Nicômaco* VII, 1145b 21-28).

No livro VII da *Ética a Nicômaco*, a polêmica com Sócrates tem papel fundamental na explicação da "intemperança" ou "incontinência", isto é, da incapacidade de controlar os próprios desejos (o termo grego é *akrasia*, que indica literalmente a "falta de domínio" e se opõe a *enkrateia*, que é a "capacidade de domínio"). Enquanto Sócrates nega que o indivíduo, após conhecer a linha de conduta correta, possa se desviar dela por algum motivo, Aristóteles, por sua vez, apenas observa que é isso o que acontece normalmente. Ele compartilha com Sócrates, como vimos acima, a noção de que a prática da virtude moral exige o discernimento racional do que é justo ou injusto fazer (e, nesse sentido, é indispensável o exercício da virtude intelectual da *phronesis*, sabedoria e inteligência prática), mas considera que tal avaliação se dá a cada vez: nada impede que a cada circunstância específica insinue-se a força do desejo, para invalidar o raciocínio que resulta na escolha moral.

Desse coro compactamente crítico diverge a voz de Xenofonte, em cuja versão a ética socrática perde uma boa parte da sua rigidez e paradoxalidade. Em correspondência com o ideal de moderação e autocontrole, central no seu trabalho de definição do estilo de vida aristocrático, Xenofonte atribui a Sócrates o mais vivo interesse pelo problema da contenção dos desejos por prazeres aparentes, que percorre longos raciocínios, entre eles o diálogo com Aristipo (*Memoráveis* I, 5; II, 1), ou sustenta os apelos a não ceder com demasiada facilidade ao impulso físico do eros, sobre o qual já falamos antes (I, 3.11-13). Também assinalamos antes e agora retomamos aqui a questão de que o programa educativo de Sócrates, nas *Memoráveis*, integra a paidêutica e moral e a formação dialética, no pressuposto de que o domínio de si (*enkrateia*) e a temperança (*sophrosyne*) são essenciais para levar uma vida nobre (IV, 3.1, 5.1). Nesse quadro, também encontramos uma menção ao cuidado (*epimeleia*) necessário para aprender não só a falar bem como também a agir bem nas coisas políticas (IV, 2.6). Essa noção também contrasta com a ideia de uma plena equiparação entre conhecimento e virtude, e poderia refletir uma preocupação de Xenofonte, que, de fato, não hesita em intervir na primeira pessoa para afirmar (como que antecipando aquela que será a reflexão aristotélica sobre a aquisição de disposições virtuosas) que Crítias e Alcibíades degeneraram por não terem, longe de Sócrates, praticado aquele exercício necessário para adquirir a virtude (I, 2.19-23). Xenofonte, ademais, revela uma certa inteligência filosófica (que tantas vezes se insiste em lhe negar), pois consegue inequivocamente fornecer um quadro atenuado, mas plausível, da moral de Sócrates. A passagem de *Memoráveis* III, 9.5, que citamos acima, mostra claramente que Xenofonte não ignorava de maneira alguma o núcleo intelectualista da moral socrática; agora cabe citar o parágrafo precedente, em que Xenofonte apresenta em poucas e claras linhas uma teoria da virtude em que, sem qualquer ponto de ruptura, o conhecimento intelectual e a virtude da moderação se combinam como requisitos igualmente necessários para o discernimento correto:

> Não separava sapiência (*sophia*) e sabedoria (*sophrosyne*), mas julgava um homem sapiente e sábio se praticava coisas boas e belas, conhecendo-as, e se mantinha distante, conscientemente, das coisas torpes. Perguntaram-lhe, além disso, se considerava sapientes e ao mesmo tempo temperantes (*enkrateis*) os que, embora soubessem o que se deve fazer, agiam ao contrário. "Julgo-os nada mais – respondeu ele – do que ignorantes e incontinentes (*akrateis*); penso, de fato, que todos os homens escolhem, com base nas condições de possibilidade, fazer o que consideram mais útil para si. Considero por isso que os que não agem corretamente não são sapientes nem temperantes" (*Memoráveis* III, 9.4).

E vejamos agora a realização coerente do binômio conhecimento/domínio de si numa exortação dirigida ao jovem Eutidemo, no livro IV:

> Mas não te parece que a intemperança (*akrasia*), mantendo a sapiência (*sophia*), que é o bem maior, distante dos homens, precipita-os no seu contrário? Ou não te parece que ela os impede de

prestar atenção ao que é útil e de reconhecê-los, arrastando-os para os prazeres, e, muitas vezes, confundindo-os quando percebem os bens e os males, faz com que escolham o pior em vez do melhor? (*Memoráveis* IV, 5.6).

Podemos, então, preservar as duas coisas: o intelectualismo ético e o problema do domínio de si, que parecem não poder pertencer à mesma pessoa real? A meu ver, podemos. Quem pode nos fornecer a chave é, mais uma vez, Xenofonte, com a sua insistência no fato de que Sócrates ensinava a moderação não só com as palavras como também com o exemplo (I, 2.17, 5.6). Com efeito, ele:

...era o mais continente (*enkratestatos*) dos homens em relação aos prazeres do amor e aos desejos do ventre e o mais capaz de suportar o frio, o calor e todos os tipos de esforços, e ademais era educado a moderar as necessidades a tal ponto que, mesmo possuindo tão pouco, com toda a facilidade tinha com o que se contentar (*Memoráveis* I, 2.1).

No relato de Alcibíades em *O Banquete*, a sabedoria de Sócrates também forma unidade com a moderação do eros (e, de fato, é designada como *sophrosyne*), e a sua capacidade de controlar o gosto pela comida e pelo vinho (sem se abster de gozá-los) explica tanto a extraordinária resistência física aos desconfortos e ao frio, que se manifestou durante o rigoroso inverno do cerco de Potideia, quanto o valor demonstrado em batalha, inclusive salvando a vida de Alcibíades (219e-221c). Relembre-se, ademais, que o *Zópiro* também apresenta o tema do domínio que Sócrates exerce sobre as paixões que, argutamente, admite possuir. Esses confrontos permitem formular a hipótese de que Sócrates, afinal, não era tão desatento ao papel dos impulsos passionais, que vivia pessoalmente, mas resolvia com uma capacidade de autocontrole excepcional e como que "divina" (Alcibíades o chama de *daimonios*: *O Banquete* 219c). Concluo esse ponto com a hipótese de que Sócrates transpunha o aspecto mais "humano" da sua moral numa relação com os discípulos de grande valor educativo (o ponto que mais importa para Xenofonte), ao passo que preferia valorizar a sua dimensão epistêmica em contextos de uma discussão mais elevada no plano teórico, muitas vezes alimentada pelo confronto/conflito com as posições sofistas, como ocorre, justamente, no *Protágoras*.

Abordemos agora outro (e derradeiro) tema crucial da ética socrática: a relação entre vida virtuosa e felicidade. Vale observar aqui que o termo grego *eudaimonia* (composto pelo prefixo *eu*, "bem", e *daimon*, espécie de gênio protetor, o termo indica a presença de um "bom *daimon*" a acompanhar a vida) cobre um campo que não coincide inteiramente com aquele designado pelos seus equivalentes modernos (*felicità*, *happiness*, *bonheur*, e assim por diante). Digamos, em poucas palavras, que *eudaimonia* tende a descrever não tanto uma sensação de contentamento imediato, e sim um estado objetivo de satisfação estável e de "florescimento" das qualidades individuais (*flourishing* é o termo que muitos intérpretes da área anglo-saxã gostam de usar para traduzir o conceito, tendo encontrado nessa antiga reflexão temas e sugestões para uma revisão do pensamento moral em sentido antikantiano). Quando se definem as éticas antigas como eudemonísticas, em oposição às éticas normativas e prescritivas predominantes na época moderna (em especial ao modelo kantiano, fundado na ideia de obediência a um imperativo absoluto), pretende-se frisar que elas conferem um papel fundamental à busca da "vida boa" ou do "viver bem" (*eu zen*), e é nela – e não ao cumprimento de deveres formulados abstratamente – que se concentra na reflexão sobre a ação moral e sobre a relação entre virtude e prazer. Tal princípio orientador também vale, sem dúvida, para Sócrates. No *Alcibíades primeiro*, por exemplo, ele exorta Alcibíades a cultivar a virtude em prol de si e em prol do Estado, ressaltando que somente com ela ambos poderão "ser felizes" (*eudaimonein*, 135b). No *Eutidemo*, por outro lado, ele aprofunda o nexo entre o desejo universal de ser feliz e a exigência de empregar a reta razão, o raciocínio correto para o bom uso dos bens que se está disposto a empregar:

> Em suma, Clínias, quanto a todos os bens que mencionamos antes, há o risco de que o raciocínio não leve em conta o fato de que eles, por si mesmos, por natureza são bens; mas, ao que parece, dá-se o seguinte: quando tais coisas são dirigidas pela ignorância, são males maiores do que os seus contrários, na medida em que são mais eficazes para servir a quem as dirige, que é mau; quando as dirigem a inteligência e a sabedoria, são bens maiores, mas, nelas e por elas mesmas, nenhuma possui qualquer valor. [...] Pois todos nós desejamos ser felizes (*eudaimones men einai prothymoumetha pantes*), e se vê que assim nos tornamos com o uso das coisas e se o uso é correto; então, se é um conhecimento (*episteme*) o que fornece a correção e o sucesso, é preciso, ao que parece, que cada qual procure o meio para ser o mais sábio possível, ou não? (Platão, *Eutidemo* 281d-282a).

Porém, como sabemos (pela leitura do *Alcibíades primeiro*, por exemplo), o caminho para a felicidade que "todos" buscam, segundo Sócrates, é trilhado com a crença num princípio não muito comum e difundido, qual seja, considerar que os bens da alma são superiores aos do corpo e, inclusive, que o estado da alma é o fator absolutamente determinante na qualidade da vida. Dessas premissas decorre a tese, que se celebrizou também por ser paradoxal, de que "é melhor sofrer injustiça do que cometê-la", pois o mal prejudica não quem é atingido no corpo ou em qualquer bem exterior, e sim a alma de quem o comete (e com a qual o indivíduo se identifica); portanto, apenas quem se conduz com justiça pode ser feliz, ao passo que a injustiça apenas aparentemente é vantajosa para quem a comete, e é fonte de infelicidade para a alma.

Para dizer com Xenofonte, Sócrates ressaltou o profundo nexo entre felicidade e vida justa tanto "com os fatos", isto é, conduzindo-se como se conduziu na sua existência, quanto "com os discursos". Lembremos o que ele teria dito aos juízes, ao explicar o seu propósito de não abandonar, em troca da vida, a missão de que fora encarregado pelo deus:

> Vocês devem saber que, matando a mim [...] causarão mais dano a vocês mesmos do que a mim, não mo farão nem Meleto nem Ânito, nem teriam o poder para isso, pois não creio que a um homem melhor cause dano um pior do que ele. Talvez pudesse me matar ou me enviar para o exílio ou me privar dos direitos civis. [...] Mas, se ele ou outro pensa que estes são graves males, sou de outra opinião: para mim, é muito pior matar um homem injustamente... (Platão, *Apologia* 30c-d).

Mesmo admitindo que Sócrates não tenha realmente proferido essas exatas palavras, elas refletem aquele princípio de coerência moral que foi (como argumentaremos adiante) uma grande força de inspiração do seu comportamento durante o processo, bem como, depois, diante da condenação à morte. Numa perfeita contraposição teórica (mas com uma inquietante referência ao destino de Sócrates), a tese de que somente o justo pode ser feliz encontra um conhecido desenvolvimento no *Górgias*, na discussão com Polo, discípulo do sofista que dá nome ao diálogo e admirador dos poderosos e da sua suposta felicidade:

> Sócrates: Certamente é [desventurado] quem mata injustamente, amigo meu, e ademais é digno de compaixão; quem, por outro lado, mata justamente não é invejável.
> Polo: Bem, quem morre injustamente é digno de compaixão e desventurado...
> Sócrates: Menos do que quem mata, Polo, e menos do que quem morre justamente.
> Polo: Em que sentido, exatamente, Sócrates?
> Sócrates: Neste: o maior dos males é cometer injustiça.
> Polo: E este seria o maior? Sofrer injustiça não é maior?
> Sócrates: Não, absolutamente não.

Polo: Portanto, você prefere sofrer injustiça do que cometê-la?
Sócrates: Na verdade, não gostaria de nenhuma das duas, mas, se fosse necessário cometer ou sofrer injustiça, escolheria de longe sofrer injustiça a cometê-la (Platão, *Górgias* 469b-c).

A essa ideia liga-se outro princípio fundamental de conduta, que encontra nítida expressão na discussão sobre a justiça que ocorre no livro I da *República* (em especial 335a-e) e, como veremos adiante, orienta o raciocínio de Sócrates no *Críton*, sobre a licitude ou a ilicitude de escapar à condenação imposta; trata-se do princípio segundo o qual não se deve cometer injustiça a preço algum, nem mesmo para retribuir um mal sofrido. É evidente o alcance revolucionário que essa posição podia ter numa cultura comportamental dominada pela lei de talião e se entende claramente por que essa afirmação foi um dos motivos da fortuna de Sócrates entre os autores cristãos.

Quanto a esse ponto, na verdade, Xenofonte oferece indicações muito diferentes, mais de uma vez atribuindo a Sócrates afirmações sobre a conveniência de beneficiar os amigos e combater os inimigos, que se colocam numa linha de continuidade com o *ethos* tradicional (*Memoráveis* II, 1.19, 3.14; IV, 2.16). Talvez possamos preservar a correção do relato de Xenofonte observando que, em todos esses casos, Sócrates se refere a essa posição como parte do conjunto de valores do interlocutor; ou talvez tenhamos de nos resignar a aceitar que Xenofonte não conheceu ou não compreendeu esse aspecto da moral socrática (como fez Gregory Vlastos, que se apoia em Platão para construir uma imagem de Sócrates que não seria exagero definir como "santificada"). Pessoalmente, estamos mais propensos a atribuir a Platão a articulação e a explicitação do princípio de que não se cometa injustiça a preço algum. Com isso, não pretendemos negar que Sócrates possa ter feito algumas menções, até significativas, a tal ideal virtuoso; gostaríamos, porém, de observar que tal ideal talvez não ocupasse o primeiro plano dos seus discursos e que Platão se teria sentido autorizado a lhe dar relevo depois de tê-lo visto em ação na pessoa viva de Sócrates, sobretudo nas circunstâncias do processo e da condenação.

Uma última consideração nos permitirá corrigir (na ênfase, não no conteúdo) a estatura sobre-humana do Sócrates de Platão, em contraste com a humanidade do Sócrates de Xenofonte. Vejamos como a relação de Sócrates com os prazeres em comparação à felicidade e à virtude é apresentada nas duas fontes, começando com o Platão do *Górgias*. Aqui Sócrates passa da discussão com Polo para a discussão com Cálicles, figura provavelmente criada *ad hoc* por Platão para representar a versão mais radical do hedonismo sofista. Cálicles, com efeito, propõe uma identificação absoluta entre bem e prazer, em conjunção com um ideal de vida dedicada à satisfação incessante de todos os desejos, inclusive aquele de os mais fortes dominarem os mais fracos; inversamente, a contenção dos desejos e a aceitação passiva das injustiças são próprias de uma moral de "escravos" (a atenção que Nietzsche dedicou à figura de Cálicles dispensa maiores comentários...). Aos olhos de Sócrates, quem abraçar esse tipo de vida será sumamente infeliz, porque, na sua insaciabilidade (um "fluxo contínuo de bens", como disse Cálicles), nunca encontrará satisfação; pelo contrário, "feliz é quem não precisa de nada" (*Górgias* 492e). Admitamos: muito se tentou compartilhar a reação de Cálicles, segundo o qual "dessa maneira as pedras e os mortos seriam extraordinariamente felizes", contra o ideal de autossuficiência da virtude para os fins do viver bem esboçado por Sócrates; ideal que, ademais, foi por um lado acolhido e levado ao extremo por Antístenes e pela escola cínica, e por outro lado decretou a fortuna de Sócrates nas filosofias posteriores (em particular na estoica) como *exemplum* do sábio feliz não só na privação dos prazeres como até (segundo o que surge na discussão com Polo) em meio aos mais injustos tormentos. Mas levemos em conta, mais uma vez, a extraordinária complexidade de um diálogo como o *Górgias*, entretecido de temas socráticos numa trama marcadamente platônica. A impressão, em vários momentos do diálogo, é de que elementos da *persona* de Sócrates, filtrada sobretudo pela atitude adotada perante as provações extremas, servem de preparação para uma reflexão de Platão que vai muito além dos limites do que se pode atribuir ao *pensamento* do mestre (notemos ao menos que a discussão sobre o prazer desemboca, em 503c-509c, numa exigência de "ordem" das partes da alma que prefigura a tripartição da *República*). Por outro lado, constatamos inversamente que a imagem de um Sócrates muito mais disposto a algum gozo físico (certamente, porém, fruído com moderação) do que se mostra na conversa do *Górgias* aflora tanto na situação de *O Banquete* quanto no retrato traçado por Xenofonte, que, no seu conjunto, como já dissemos, aparece na sua humanidade mais plausível. Ademais não faltam, nem mesmo em Xenofonte, momentos em que Sócrates é pintado com tintas mais ascéticas; por exemplo, na conversa com o sofista Antifonte, o qual, a exemplo de Cálicles, critica-o como "mestre de infelicidade" pela vida frugal e até miserável que leva, o qual rebate que "não precisar de nada é próprio dos deuses". Mas, notando bem, aqui também, como Platão no *Górgias*, é possível que se estivesse reforçando a autarquia da virtude para melhor refutar o hedonismo extremo de um sofista. Note-se ademais que, no contraste com Antifonte, Sócrates de forma alguma recusa o prazer, mas defende o exercício físico, porque desenvolve a resistência ao cansaço ou às intempéries, bem como o controle dos desejos físicos imediatos, pois (e note-se a consonância com a passagem do *Protágoras* sobre a medida de comparação dos prazeres) permitem gozar no futuro, e de modo durável, coisas ainda mais agradáveis (*Memoráveis* I, 6.8; ver também II, 1.20; IV, 2.32-34, 5.9).

As duas perspectivas, de Platão e Xenofonte, encontram o ponto máximo de divergência justamente no pensamento moral de

Sócrates, e não dissimulamos a incerteza da operação conciliatória que tentamos fazer, na ambição de construir um discurso coerente. O maior obstáculo a qualquer tentativa desse gênero consiste no caráter excepcional do modelo intelectualista atestado por Platão; aliás, é bastante difícil se furtar às atrações desse modelo, não só porque é, sem dúvida, o mais interessante do ponto de vista da posição teórica (não por acaso, os intérpretes de tendência analítica gostam muito de se deter nos paradoxos socráticos) como também e principalmente porque parece encontrar nos episódios existenciais de Sócrates a mais sólida confirmação das suas possibilidades realistas (ainda que raríssimas). Por essa via, unificando-se com a sua *persona* na vida (e diante da morte), a lição de Sócrates pôde se depositar estavelmente na memória cultural, em geral convidando à imitação e à apropriação (por exemplo, nos primeiros séculos da era cristã, como exporemos melhor no capítulo XII), mas às vezes também a rejeições significativas. Nessa segunda vertente está Nietzsche, que na sua reflexão mais tardia volta a examinar o Sócrates racionalista que o deixou obcecado desde *O nascimento da tragédia*. *O problema de Sócrates* é, precisamente, o nome de um conhecido capítulo do *Crepúsculo dos ídolos, ou Como se filosofa com o martelo* (1888), e são realmente marteladas as ríspidas críticas que se estendem por doze parágrafos, golpeando aquele que, pondo-se como paladino de uma postura negativa diante da vida, destruiu a poderosa instintividade que dera grandeza aos gregos na época arcaica. No parágrafo 4, a acusação desferida é a de uma "superfetação da lógica", de uma "malícia de raquítico" que se reflete na "mais extravagante equação que já existiu", a equação entre razão, virtude e felicidade. Pelo contrário, "enquanto a vida é *ascendente*, felicidade e instinto são iguais" (parágrafo 11). Agora que a razão domina o instinto e, tiranicamente, usurpa o seu lugar na equação (parágrafo 10), inicia-se o grande equívoco de uma "moral do aperfeiçoamento", que se repetirá com o cristianismo, mas, para Nietzsche, muito antes disso, é com Sócrates que se inaugura a abominada *décadence*.

A nossa reconstrução, salvando a substância da representação platônica, manteve a famigerada equação no centro pulsante da moral socrática, mas nem por isso pretendemos subscrever o juízo de Nietzsche. Com efeito, consideramos que as afirmações mais paradoxais e as argumentações sofisticadas que encontramos nos diálogos devem ser consideradas como obra de Platão, que poderia ter reformulado algumas implicações de princípios expressos ou tácitos (mas pelos quais o mestre regulara os seus comportamentos), como que para obrigá-los a mostrar as cartas do jogo teórico que pretendia continuar a jogar por conta própria. Em todo caso, pressupõe-se um forte *restyling* de Platão para que aquela imagem com traços divinizados de Sócrates concorde com aquela mais "humana" de Xenofonte, que, por outro lado, ajuda-nos (mas não só ele: Platão também, em *O Banquete*, por exemplo) a restituir ao indivíduo Sócrates aquele amor pela vida do qual, aos olhos de Nietzsche, era patologicamente destituído. Mas Platão encontrou a sugestão e a autorização para a sua idealização no soberano distanciamento que Sócrates mostrou à aproximação da morte; distanciamento esse cujo teor e sentido examinaremos a seguir.

Nota bibliográfica

Há uma imensa bibliografia também sobre o intelectualismo ético de Sócrates. Encontra-se uma exposição clara e exaustiva na introdução de F. FERRARI (org.), *Socrate fra personaggio e mito*, Rizzoli, Milão, 2007, 41-54, mas a frase citada no texto se encontra à 210. Igualmente esclarecedor é o tratamento da "metrética socrática ou platônica" in L. M. NAPOLITANO VALDITARA, *"Prospettive" del gioire e del soffrire nell'etica di Platone*, Mimesis, Milão, 2013, 83-104. Remeto também a V. DI BENEDETTO, *Euripide: teatro e società*, Einaudi, Turim, 1971, para a arguta leitura de Eurípides à contraluz do racionalismo ético de Sócrates, e a G. CUPIDO, *L'anima in conflitto. "Platone trágico" tra Euripide, Socrate e Aristotele*, il

Mulino, Bolona, 2002, para um enquadramento do pensamento platônico sobre o conflito psíquico que ilumina o caráter "trágico" diante de outros modelos psicológicos elaborados entre os séculos V e IV a.c. Quem quiser aprofundar analiticamente (o que não se pretendeu fazer aqui) as questões mais espinhosas colocadas pela ética socrática, pode recorrer a N. Reshotko, *Socratic Eudaimonism*, in J. Bussanich e N. D. Smith, *The Bloomsbury Companion to Socrates*, Bloomsbury, Londres/ Nova York, 2013, 156-184; T. C. Brickhouse e N. D. Smith, *Socratic Moral Psychology*, ibid., 185-209. Note-se que os dois ensaios se concentram exclusivamente sobre o Sócrates platônico e, mesmo assim, expressam duas posições bastante diversas: no primeiro, ressalta-se a essência intelectualista da moral de Sócrates com base no testemunho platônico, enquanto no segundo a aplicação de critérios de plausibilidade à luz da filosofia contemporânea acaba por atenuar o tom; mas esse contraste mostra bem como o tema é problemático, e as referências à discussão sobre ele são muito amplas.

O testemunho de Xenofonte encontra uma justa valorização em G. Seel, "If You Know What is Best, you Do it: Socratic Intellectualism in Xenophon and Plato", in Judson e Karasmanis (orgs.), *Remebering Socrates* cit., 20-49; K. Urstad e T. Freyr, "Philosophy as a Way of Life in Xenophon's Socrates", in *E. Logos – Electronic Journal for Philosophy*, v. 12, 2010, 2-14. Tem-se uma rara comparação entre a técnica de medição de *Protágoras* 355e-357e e a concepção da *enkrateia* do Sócrates xenofontiano in Natali, *Socrates' Dialectic in Xenophon's 'Memorabilia'* cit., 8-9.

Uma leitura atenta do contraste Sócrates/Antifontes se encontra in M. Bonazzi, "Antifonte, Socrate e i maestri d'infelicità", in *Études Platoniciennes*, v. 6, 2009, 25-39. Sobre a questão da influência da concepção socrática sobre Antístenes, que aqui não foi possível aprofundar, remeto a F. Trabattoni, "Socrate, Antistene e Platone sull'uso dei piaceri", in Rossetti e Stavru (orgs.), *Socratica 2005* cit., 237-262.

No que se refere aos nexos entre a reflexão ética de Aristóteles e a posição intelectualista de Sócrates, remeto a R. Burger, *Aristotle's Dialogue with Socrates: On the "Nicomachean Ethics"*, University of Chicago Press, Chicago/Londres, 2008, que parte justamente desse ponto. Veja-se também C. Natali, *La saggezza di Aristotele*, Bibliopolis, Nápoles, 1989, em esp., 129-133.

As oscilações que a relação com Sócrates sofre nas várias fases do pensamento de Nietzsche são retraçadas com atenção e agudeza por K. PESTALOZZI, "L'agone di Nietzsche con Socrate", in LOJACONO (org.), *Socrate in Occidente*, cit., 208-219.

Capítulo XII
Sinais e desígnios divinos

...há em mim algo de divino e demônico (a isso certamente Meleto se referiu, zombando de mim, no texto de acusação). Acontece-me, desde que era jovem, sob a forma de uma espécie de voz que, quando se faz ouvir, é sempre para me afastar do que estou para fazer, nunca para me incitar. É isso o que se opõe a que eu me dedique à atividade política, e com razão, ao que me parece; pois agora deve ser evidente a vocês, atenienses, que, se eu de há tempos fizesse política, de há tempos teria morrido sem me haver feito minimamente útil, nem a vocês nem a mim mesmo.

PLATÃO, *Apologia* 31c-e.

Pregamos e dizemos que ao gênero humano, quando cada um vem à luz, são e devem ser dados dois anjos, um bom e o outro mau; o bom para exortar o seu homem a escolher as virtudes, o mau para impeli-lo a abraçar os vícios. Mas, como Sócrates primava pela honestidade de vida e rigor moral, ele ouvia apenas o bom conselheiro.

GIANNOZZO MANETTI, *Vita Socratis* (1440), par. 28.

Acercando-nos de uma tentativa final de compreender as razões históricas do processo de Sócrates (para além das motivações morais do seu comportamento naquela situação), abordaremos neste capítulo o problema da sua atitude em relação aos deuses, concentrando a atenção naqueles dois elementos que podem guardar maior relação com a acusação de impiedade que lhe foi dirigida: em primeiro lugar, o senso de uma relação personalíssima com a esfera do divino, que emerge do seu frequente recurso ao famoso "sinal divino"; a seguir e em segundo lugar, um interesse pela natureza do cosmos que podia prenunciar um ceticismo quanto à natureza divina dos corpos celestes, eixo do culto cívico; implicação essa que já fora denunciada, como sabemos, no retrato que Aristófanes desenhara em *As Nuvens*.

Atendo-nos à passagem da *Apologia* platônica citada logo acima, o próprio Sócrates teria ligado um dos itens de acusação ("não reconhecer os deuses que a cidade reconhece e introduzir outras novas divindades") à sua usual referência a "algo de divino e demônico" (*theion ti kai daimonion*, doravante *daimonion*), que o teria acompanhado desde muito cedo, orientando escolhas de vida importantes, como a de não ingressar na arriscada atividade política. Certamente assim pensava Platão, que também destaca essa ligação no *Eutífron*: quando Sócrates, tendo acabado de receber a notificação, cita a imputação de ter sido um "criador de deuses", o comentário do adivinho é que certamente ela se refere àquele *daimonion* de que ele tanto falava (3b). Mesmo Xenofonte no início das *Memoráveis*, que começam relembrando o texto da acusação formal e discutindo as suas razões, considera que foi esse conhecido hábito de Sócrates que, acima de tudo, gerou a sua fama de criar novas divindades (*Memoráveis* I, 1.2). Mas, mesmo além desse ponto de vista estritamente histórico (que abordaremos melhor no capítulo XIII), o problema do *daimonion* é interessante ainda de outro ponto de vista filosófico, como traço central da religiosidade de Sócrates, sendo também o seu elemento mais enigmático e controvertido, de forma que aqui discutiremos os textos pertinentes sem pretender fornecer uma interpretação unívoca sobre eles.

Em todo caso, não cabe duvidar da realidade do *daimonion*, em vista da quantidade de referências presentes nos textos de Platão e de Xenofonte; o fato de ambos mostrarem um interesse bem maior do que os demais socráticos por este e outros traços da religião de Sócrates se explica facilmente por terem uma preocupação mais intensa em exonerar Sócrates das acusações assinaladas. Trata-se, como vimos, de uma experiência familiar a Sócrates desde a adolescência, não compartilhada por outros, e que muitos conheciam porque ele nunca fez qualquer mistério a respeito (ainda segundo Platão, *Eutidemo* 272e, e *Fedro* 242b-c); é várias vezes qualificado como um "sinal" ou "signo" genericamente enviado pela divindade (*semeion*: Platão, *Apologia* 40b, 41d; *República* VI, 496c; *Fedro* 242b), que lhe coube por "sorte" (*tyche*: *Hípias maior* 304c), às vezes se especificando que pode se manifestar como uma "voz" (Platão, *Apologia* 31d; *Fedro* 242c; Xenofonte, *Apologia* 12).

Não hesitemos mais em avançar a hipótese de que havia por detrás alguma forma de alucinação (acústica, quando descrita como uma voz). Uma hipótese desse gênero foi apresentada pela primeira vez no livro *Du démon de Socrate* (1836), do médico francês Louis F. Lélut (com interesse pela frenologia e pelas doenças mentais), e retomada posteriormente por Gaetano Trezza, estudioso do mundo antigo a partir de posições positivistas e materialistas (*Il Demonion di Socrate*, 1881), que na época foi, naturalmente, alvo de grandes críticas, alimentadas pela plausível suspeita de que assim se pretendia reduzir um dado de enorme relevância filosófica a meras condições fisiológicas, se não patológicas. Mas, para dirimir qualquer dúvida, leiamos hoje *Hallucinations*[1] (2012), do grande narrador das ciências neurológicas Oliver Sacks. Descobrimos, acima de tudo, que os fenômenos alucinatórios são e sempre foram muito mais difundidos do que se pensa (pois, quem os tem, costuma muitas vezes calar-se a respeito), e que não remetem necessariamente a um estado patológico. O autor comenta, aliás, que os estados alterados da consciência,

---

[1] *A mente assombrada*. Trad. de Laura Teixeira Motta. São Paulo, Companhia das Letras, 2013. (N. da R.)

naturais ou induzidos, encontram-se em muitas culturas integrados ao tecido social como manifestações de especial talento artístico ou de relação privilegiada com o divino; e sabemos que a civilização greco-romana não é exceção sob esse aspecto. Mas a observação mais preciosa para nós se encontra nas páginas sobre Joana d'Arc, que descreve a Voz recebida de Deus desde quando tinha treze anos (e depois reconhecida como de um Anjo) como algo que sempre a acompanhou e a protegeu, fazendo-se ouvir – nos últimos tempos! – quase todos os dias. É provável que Joana d'Arc sofresse de epilepsia do lobo temporal, como comprovam as pesquisas neurológicas sobre indivíduos sujeitos a crises místicas e religiosas (e há quem, depois do diagnóstico, perca a fé), ainda que, evidentemente, a escassa documentação histórica não permita confirmá-lo e menos ainda entender se as crises se inseriam numa propensão inata ao sentimento religioso (que, de todo modo, poderia estar sediado em determinadas áreas do cérebro). Seja como for, a interpretação específica que Joana deu sobre as suas visões, sem mencionar as consequências que soube extrair delas, continua a ser o indicador da sua extraordinária personalidade. Leiamos ainda o que escreve Sacks:

> A universalidade, em todas as culturas, dos ardentes sentimentos místicos e religiosos – o sentido do sacro – indica que eles podem efetivamente ter uma base biológica; pode ser que, como os sentimentos estéticos, eles façam parte da nossa natureza humana. Falar da emoção religiosa em termos de bases e precursores biológicos – e mesmo, como indicam as crises de êxtase, de bases neurais muito específicas, localizadas nos lobos temporais e nas suas conexões – significa apenas falar de causas naturais. Nada diz sobre o valor, o significado e a "função" de tais emoções, nem sobre as narrativas e crenças que podemos construir a partir delas (Sacks, *Allucinazioni*, 155).

Assim, mesmo admitindo que Sócrates sentia ao seu lado uma presença misteriosa devido a alguma alteração da percepção, não diminuímos em nada a riqueza de significados que ele extraiu disso; parece-nos, pelo contrário, que a hipótese de uma base neurológica pode confirmar a realidade histórica da experiência do *daimonion*, que, do contrário, teríamos de explicar como uma contrafação. Nesse quadro, pode-se explicar outro aspecto que remete a uma atitude de tipo místico, atestada por Platão em *O Banquete*: ao que parece, Sócrates às vezes parava de repente na rua, absorto num transe de meditação, chegando certa vez a resistir a um dia e uma noite de frio extremo, despertando grande espanto em quem o via (*O Banquete* 175b, 220c-d).

Não se pode negar que as fontes mais próximas de Sócrates, a despeito das frequentes referências, não permitem compor uma ideia clara da relação entre Sócrates e o aviso divino, tanto é que logo se tornou um problema a ser discutido. O problema, porém, não residia (como entre os intérpretes modernos, como veremos) na ideia em si de um *daimon* aconselhando Sócrates. Em lugar disso, o que os antigos indagavam era a natureza do *daimon*, a modalidade da sua intervenção, isto é, se era externo ou interno à persona de Sócrates. Tais indagações se intensificaram na Antiguidade tardia, num momento de intensa reflexão do politeísmo sobre os seus pressupostos então periclitantes, que a recuperação da experiência religiosa do grande filósofo poderia contribuir para consolidar. Assim é que, no século II d.C., Plutarco de Queroneia, dedicando-se em muitos textos a uma tarefa de refundação dos ritos e dos oráculos pagãos (entre os quais se incluía a crença nos demônios), e no quadro da elaboração de uma religião cívica que atendia ao mesmo tempo a fortes necessidades pessoais, dedica à interpretação do demônio de Sócrates um texto inteiro em forma dialógica, *Sobre o gênio de Sócrates*. Ali são debatidas várias hipóteses que se estendem entre os dois extremos do racionalismo e da superstição, e aparentemente nenhuma delas é apresentada como decisiva; mas fica claro que o autor tende à ideia de que o caso de Sócrates constitui uma manifestação peculiar do cuidado que os deuses dedicam aos homens, acompanhando a sua existência. Outros autores no mesmo século, como Máximo de Tiro (nas duas orações, VIII e IX) e Apuleio (em *De deo Socratis*), arrolam sem hesitar o demônio de Sócrates (como agora é chamado) entre os mensageiros intermediários entre humano e divino (noção moldada sobre o elogio de *eros* no *Banquete* platônico), agora familiares nas concepções demonológicas elaboradas no médio-platonismo para serem acolhidas no campo neoplatônico.

Já os primeiros autores cristãos se dividem, conforme variam as suas atitudes em relação a Sócrates (o que será tratado em mais detalhe no capítulo XIII), entre os que identificam o seu demônio com uma espécie de anjo (Clemente de Alexandria, Eusébio) e os que, ressaltando a distância intransponível entre a filosofia pagã e a verdade da revelação, vêm aí uma entidade negativa (em suma, aquilo que entendemos por "demônio"). Entre estes contam-se, por exemplo, Minúcio Félix, Cipriano e Tertuliano, o qual fala do demônio de Sócrates como um "pedagogo sem dúvida péssimo" (*Sobre a alma* I.2-6), que esteve ao seu lado desde a meninice para afastá-lo, sim, mas afastá-lo do bem (*Apologético* 22.1). Mais tarde, também é significativa a posição de Agostinho na *Cidade de Deus*, num contexto em que expõe com fins polêmicos a divisão platônica dos seres em homens, deuses e demônios intermediários, que conhece a partir de Apuleio; este, que discute ao longo do texto a noção do demônio de Sócrates, teria-lhe dado o título de *Sobre o "deus" de Sócrates*, sentindo-se "incomodado" ao apresentar o conceito ao público:

> Assim, por meio da sã doutrina que rebrilha sobre as coisas humanas, todos ou quase todos têm tal horror ao nome dos demônios que qualquer um que, antes da discussão de Apuleio exaltando a dignidade dos demônios, lesse como título do livro *Sobre o demônio de Sócrates* entenderia que o autor não é um homem inteiramente normal (Agostinho, *A cidade de Deus* VIII, 15).

A dificuldade na recepção do demônio de Sócrates no quadro da religião cristã ainda é visível na época humanista. Não é o caso, certamente, de Marsílio Ficino, que na sua filosofia recupera a demonologia médio-platônica e neoplatônica e assim, no seu comentário à *Apologia* de Platão, pode avaliar a referência de Sócrates ao *daimonion* em conexão com a ideia de que os demônios respondem à exigência de cobrir a distância que separa a humanidade e o divino. Por outro lado, porém, o bom Giannozzo Manetti fantasia na *Vita Socratis* (par. 28) que, entre os dois demônios que, segundo a concepção então muito difundida, acompanham os indivíduos, Sócrates era naturalmente surdo ao demônio maligno e ouvia apenas os conselhos do demônio bom.

Mas deixemos agora essa linha para refletir, filosoficamente, sobre a função que uma referência de natureza religiosa, como a concernente ao *daimonion*, podia desempenhar na orientação moral de Sócrates. Platão e Xenofonte divergem significativamente sobre tal função. Para Platão, com efeito, as sugestões divinas têm uma função decididamente aprotréptica, ou seja, não se destinam a orientar Sócrates para uma determinada ação, mas sim a afastá-lo de uma certa atividade (a política na *Apologia* e no livro VI da *República*, a retórica no *Hípias maior*) ou de uma ação específica que seria moralmente injusta, ou mesmo apenas imprudente, quer se trate de montar a defesa em termos suplicantes (na *Apologia*), de se retirar antes de voltar atrás no discurso recém-proferido sobre o eros, no receio de que seja uma ofensa aos deuses (no *Fedro*), de se aproximar de Alcibíades antes do momento oportuno (no *Alcibíades primeiro*, 103a, 105d, 124c), ou, enfim, de gerar pessoalmente conhecimentos em vez de extraí-los dos outros maieuticamente (no *Teeteto*, 150c-151a). Mesmo no *Teages*, a função do sinal é mais de afastar do que de convidar a alguma ação, mas aqui a sua influência se estende, com a mediação de Sócrates, aos seus amigos (128d), o que, entre outras coisas, é um dos indícios de inautenticidade do diálogo. Inversamente, os avisos do *daimonion* são positivos, segundo Xenofonte, que, com o seu habitual *mood* defensivo, acrescenta (neste ponto aproximando-se do *Teages*) que Sócrates se baseava neles para aconselhar aos que o frequentavam o que deviam ou não deviam fazer, e os que lhe davam ouvidos saíam-se bem e os que não o ouviam inevitavelmente se arrependeriam (*Memoráveis* I, 1.4; *Apologia* 13).

A versão platônica é, naturalmente, mais interessante do ponto de vista filosófico, sobretudo porque a função basicamente negativa atribuída ao *daimonion* se alinha à perfeição com a ignorância professada por Sócrates, bem como com a sua ironia. Mas, tal como também ocorre com os temas da ironia e da ignorância, é impossível estabelecer até que ponto Platão interveio para matizar ou modificar as conotações do *daimonion*, a fim de destacar aquela constante oscilação entre dúvida e intuição do verdadeiro (e do que se deve fazer) que constitui o traço característico do seu retrato de Sócrates e o diferencia cabalmente de Xenofonte. Por isso, limitar-nos-emos a constatar a concordância mínima entre Platão e Xenofonte quanto à persistência do *daimonion* na vida de Sócrates, e nos concentraremos sobre uma pergunta crucial que abrange as duas fontes: qual é o papel que um sinal divino pode desempenhar na vida de uma pessoa que, como Sócrates, atribui tanta importância ao exame racional das motivações e consequências da escolha moral?

Depois de tudo o que foi comentado, a tese de um intérprete de matriz estritamente racionalista como Vlastos se afigura reducionista, não só por desvalorizar (como seria de esperar) o testemunho de Xenofonte em favor do platônico como também por excluir a possibilidade de identificar o sinal demônico como veículo de uma revelação sobrenatural. Segundo o estudioso, a voz a que se refere Sócrates lhe traz, sim, uma mensagem, mas cabe a ele interpretá-la exclusivamente com os próprios recursos intelectuais, uma vez que a rejeitaria se descobrisse que o seu conteúdo não condiz com a razão. Mas nessa leitura, em que o *daimonion* se torna uma espécie de vestimenta externa de um tipo de intuição racional, a referência ao divino acaba por perder densidade e sentido. Por motivos análogos, deve-se rejeitar a proposta, embora atraente, de ver no *daimonion* a mera figura da consciência individual de Sócrates; tal proposta não resiste, ademais, à consideração (já exposta durante o nosso exame do *Alcibíades primeiro*) de que não se encontra uma noção de consciência interior privada nem na reflexão de Sócrates nem em todo o horizonte do pensamento antigo. Mais plausível parece-nos a posição dos que (e constituem a maioria dos estudiosos) veem no *daimonion* uma espécie de complemento de origem divina à razão, sem competir com ela; seja na forma de pré-requisito para alguns, seja na forma de uma confirmação adicional para outros, o *daimonion*, de todo modo, fornece uma motivação extrarracional como confirmação e orientação das conclusões a que se pode chegar com a razão. Nessa leitura, o sinal divino não é uma ameaça à autonomia moral de Sócrates, na medida em que não pretende substituir a razão prática, mas fixa e orienta os seus limites. Essa linha interpretativa, além disso, esclarece por que Sócrates declara várias vezes que não tem um conhecimento exaustivo e explicativo dos temas que discute e, ainda assim, afirma possuir alguns princípios sólidos de comportamento aos quais se atém, entre eles, e não dos menos importantes, o de não cometer qualquer injustiça ao preço que for (note-se que é um princípio negativo, que não convida, mas sim afasta de um certo tipo de ação). Nessa linha, por fim, é possível dar espaço àquele componente irracional e místico que, como admitimos acima, transparece em certos comportamentos de Sócrates e que seria anacrônico pensar que se opõem nitidamente ao seu programa racional.

Definitivamente podemos, sim, ver a referência ao *daimonion* como sintoma e figura da consciência de Sócrates, mas reiteramos que tal "consciência" não é a de um eu unitário, modernamente entendido como dotado de absoluta autonomia na sua individualidade. Ao se confirmar que a psicologia moral de Sócrates abre espaço a uma "fé" na existência da verdade e a uma dedicação à busca dessa verdade que, no caso, funda-se não problematicamente em autoridades divinas superiores, podemos descrever o eu de Sócrates como algo "permeável" (como bem disse John Bussanich), "que se constitui na interação com forças divinas e numa regular atividade dialética".

Passemos agora à questão das relações entre Sócrates e a investigação da natureza praticada na tradição de pensamento anterior, que foi chamada de "pré-socrática" justamente seguindo o clichê (de origem aristotélica) segundo o qual o próprio Sócrates teria transferido os interesses dos problemas da natureza para os problemas do homem. Aqui abordamos esse problema, como anunciamos em mais de uma ocasião, porque a acusação de impiedade movida contra Sócrates está relacionada não só com a introdução de novas divindades (e assim podia ser visto o *daimonion*, apesar de todas as cautelas) como também com a negação dos deuses reconhecidos pela cidade. E, sem dúvida, aqui se apresenta um elo com as pesquisas sobre os corpos celestes realizadas por naturalistas como Anaxágoras, que declarara que o sol é uma pedra incandescente; esse elo, ademais, é explicitamente ressaltado por Sócrates na *Apologia* de Platão, quando aponta na imagem de naturalista irreligioso transmitida pelo Aristófanes de *As Nuvens* uma das origens da hostilidade dos cidadãos contra ele, e depois se afasta decididamente da doutrina de Anaxágoras, na acesa discussão com Meleto (18b-c, 19b-d, 26c-e). Por isso, um dos principais objetivos dos apologistas de Sócrates é defendê-lo contra a suspeita de que tenha algum dia abordado a natureza do cosmos nesses termos; além de Platão, Xenofonte também insiste muito nesse ponto, em leves menções no *Banquete* (6.6-8), no *Econômico* (XI.3), mas sobretudo, e mais extensamente, nas *Memoráveis*. Aqui, no capítulo I, um pouco antes de afirmar que a investigação de Sócrates se concentrava no mundo dos homens e na definição dos conceitos morais, lemos que ele julgava insensata a investigação da natureza, em primeiro lugar por não ser possível descobrir toda a verdade sobre coisas que são divinas (tema compatível com a sua escolha, exposta na *Apologia* platônica, de cultivar uma "ciência humana"). É o que demonstra, entre outras coisas, o fato de que esses pensadores sustentam teses de princípios muito diferentes (I, 1.14-15).

...nunca ninguém viu ou ouviu Sócrates fazer ou dizer nada de irreligioso ou ímpio. E, de fato, não só não tratava da natureza de todas as coisas tal como a maioria dos outros pensadores, indagando como é feito o que os sábios chamam de *cosmos* e por quais leis necessárias ocorre cada um dos fenômenos celestes, mas, pelo contrário, apontava como tolos os que se ocupavam de tais questões. E sobre eles indagava-se, antes de mais nada, se se dedicavam a tais assuntos por crerem já saber o suficiente sobre as coisas humanas, ou se pensavam estar fazendo a coisa certa ao descuidarem das coisas humanas para cuidarem das divinas. E se admirava que não lhes fosse evidente que é impossível aos homens desvendar tais coisas, pois mesmo os mais empenhados nisso não tinham as mesmas opiniões, mas se comportavam uns com os outros como insensatos (Xenofonte, *Memoráveis* I, 1.11-13).

No livro IV, a crítica à investigação sobre a natureza dos corpos celestes novamente incide sobre a loucura de quem julga poder penetrar nos segredos da natureza, quase como num ato de *hybris* que poderia desagradar aos deuses, mas também sobre outro motivo que sabemos ser caro a Xenofonte e, antes dele, ao próprio Sócrates: a inutilidade dessa investigação para o homem (IV, 7). Mesmo admitindo a utilidade da Geometria e da Aritmética, se aplicadas a problemas práticos de agrimensura, ou também da observação dos movimentos dos astros (*astrologhia*) pelas exigências de orientação noturna de pilotos ou sentinelas, isso não se aplica ao conhecimento científico dos corpos celestes (*Astronomia*):

> Desaconselhava energicamente estudar a Astronomia até conhecer os corpos celestes que não ficam na mesma órbita, os planetas e as estrelas não fixas, e gastar o tempo para procurar as suas distâncias da terra e os seus percursos e as causas dessas coisas. Confessava, de fato, que nem reconhecia nisso qualquer utilidade (e, no entanto, não era totalmente ignorante no assunto); por outro lado, dizia que eram temas de estudo suficientes para consumir a vida de um homem e lhe impedir muitos conhecimentos úteis (*Memoráveis* IV, 7.5).

Se, por outro lado, analisarmos com atenção esses trechos, notaremos que Xenofonte não nega por completo um interesse de Sócrates pelo mundo da natureza. Na passagem do livro IV, reconhece que ele não era totalmente "ignorante" em questões astronômicas, usando um termo (*anekoos*, "que não escuta") que permite supor que Sócrates seguira o ensinamento de alguém a esse respeito: talvez Anaxágoras, ou talvez aquele Arquelau de Atenas que, mais tarde, a tradição doxográfica lhe atribuirá como mestre. O que importa mais a Xenofonte é notar que Sócrates não tratava dessas coisas "à maneira" dos naturalistas; especifica na passagem do livro I que ele não discutia (*dielegheto*) sobre a natureza de todas as coisas "à maneira como" faziam os outros sábios em sua maioria, isto é, descrevendo as condições e os processos necessários do cosmos. Em suma, Sócrates não se negava a discorrer sobre o mundo da natureza; assim, o mais correto é perguntar em que termos ele o fazia.

Para responder a isso, vem-nos em pronto auxílio uma conhecida passagem do *Fédon* de Platão (96a-99c). Na conversa sobre a imortalidade da alma apresentada nesse diálogo, Sócrates introduz uma espécie de *excursus* autobiográfico, no qual relembra que fora atraído na juventude pela "investigação sobre a natureza" (*historia perí physeos*), em particular pela doutrina de Anaxágoras, pois esta prometia (à diferença de outros naturalistas, que invocavam princípios exclusivamente materiais e mecânicos) explicar com a noção de uma Inteligência cósmica (*Nous*) "o que é o melhor para cada coisa e para o bem comum de todas" ou, em outras palavras, "o poder que as dispõe da melhor maneira". Ao ler o escrito de Anaxágoras, porém, Sócrates se deu conta de que ele falava de um intelecto universal, mas o utilizava como mera causa mecânica, isto é, apenas para explicar a origem do movimento que, incidindo no material indistinto das origens, levou gradualmente à formação dos compostos naturais no mundo ordenado. Pelo contrário, afirma Sócrates, os princípios causais a serem invocados para explicar o movimento ou imobilidade de uma coisa devem ser de outro gênero; sem dúvida é preciso se referir à constituição material de uma coisa (no caso de Sócrates na prisão, os seus tendões e músculos), mas o mais importante é perguntar por que é *bom* que uma coisa seja ou não seja de certa maneira (no caso de Sócrates, ele aguarda com serenidade a cicuta porque pensa que é o *melhor* a fazer).

Aqui se esboça uma distinção crucial entre causas mecânicas e causas inteligentes do devir, que será desenvolvida por Platão na grande narrativa cosmológica do *Timeu*, onde se descreve a obra de um artífice (*demiourgós*) divino que, impondo determinadas relações matemáticas na desordem do espaço primordial, criou o "mais belo" mundo, por ser a imagem mais próxima possível da perfeição do inteligível. E é notável que a questão do finalismo cósmico seja retomada em Aristóteles, em termos não distantes dos que encontramos no *Fédon*, naquele livro I da *Metafísica* em que ele revê as doutrinas precedentes sobre a natureza à luz do seu esquema causal próprio. Aqui Aristóteles reconhece que os predecessores intuíram (embora confusamente!) apenas a causa material (por exemplo, Tales a água, Anaxímenes o ar, Heráclito o fogo, e assim por diante) e a causa motriz (por exemplo, Empédocles com a Amizade e a Rivalidade movendo os quatro elementos materiais), e critica Anaxágoras por ter restringido a ação da Inteligência à explicação mecânica do movimento natural, sem aprofundar as potencialidades dessa ideia em relação à finalidade do próprio movimento (essa exigência, como sabemos, é respondida no pensamento de Aristóteles com o princípio do motor imóvel, que move precisamente por ser o fim intrinsecamente bom ao qual todas as coisas tendem na ordem universal).

Pois bem, a combinação entre a passagem do *Fédon* e as especificações de Xenofonte autoriza atribuir a Sócrates a inflexão crucial do estudo da natureza para a direção teleológica que leva, com resultados distintos, à construção do *Timeu* e à estruturação aristotélica do cosmos (ou melhor: de um cosmos em que todos os seres vivos e todos os eventos se destinam ao bem do gênero humano: Aristóteles, *Política* I, 1256b 10-22). Temos uma boa confirmação disso em dois capítulos das *Memoráveis* de Xenofonte, por longo tempo subestimados, em que a crítica mais recente destaca a manifestação de toda uma reflexão completa de Sócrates sobre o mundo da natureza. São, note-se bem, conversas *sobre a divindade*, nas quais a realidade natural não é tratada "à maneira" de todos os demais autores que se ocuparam dela, na medida em que é interpretada pela primeira vez como o resultado de uma série de operações dos deuses. É precisamente para se contrapor ao ceticismo religioso de Aristodemo que Sócrates, no livro I, desenvolve uma ampla demonstração da existência dos deuses a partir da obra visível de uma criação orientada para o bem do gênero humano (I, 4); a construção "previdente" do ser humano, com uma conformação dos órgãos corpóreos e das capacidades cognitivas adequada para que vivam o melhor possível, é apresentada como a prova mais evidente de que o universo é fruto do projeto técnico (*technema*) de "um artífice (*demiourgós*) sábio e amigo dos seres vivos" (I, 4.7). Na segunda conversa, que constitui uma etapa no percurso educativo de Eutidemo descrito no livro IV, Sócrates se detém mais uma vez no tema do amor dos deuses pelo homem (*philanthropia*), desenhando um quadro ainda mais amplo em que não só o ser humano como também toda a natureza, dos elementos aos astros e aos outros seres vivos, é organizada para a utilidade do homem (IV, 3). A preocupação dos deuses com os homens é demonstrada, entre outras coisas, pela possibilidade de conhecer antecipadamente as coisas que poderão ser úteis no futuro, e para isso eles colaboram enviando mensagens pelos canais da adivinhação; e Eutidemo logo nota que estes são especialmente amigáveis com Sócrates, visto que lhe antecipam o que convém ou não convém fazer sem que lhes pergunte (IV, 3.12).

Outros autores no passado, como Diógenes de Apolônia ou Antístenes, puderam aparecer como candidatos mais plausíveis para os conteúdos das conversas preservadas por Xenofonte sobre tais assuntos. Mas pode-se muito bem atribuir a Sócrates (seguindo David Sedley) a primeira formulação do argumento do *intelligent design*, que, para além das suas implicações teológicas, deve ser avaliado como a forma com que o conceito de finalidade ingressa na ciência antiga, agindo como centro propulsor da investigação causal sobre a natureza do cosmos em que, como vimos, outros prosseguiram. Em favor de Sócrates tem-se a presença persistente, nas duas conversas, de temas centrais do seu pensamento moral, como o interesse pelo modelo técnico de toda atividade (divina e humana) e a noção de utilidade, que receberam uma reflexão aprofundada sobre a finalidade, tanto individual quanto universal. Sem dúvida alguma, a guinada teleológica no estudo da natureza, com a sua forte inspiração antropocêntrica, emana diretamente daquela mesma atenção pelos problemas da vida humana que Sócrates introduziu no cerne da filosofia, com tal força a ponto de merecer o título de fundador da ética.

Nota bibliográfica

Em vista do caráter seletivo deste capítulo, para um tratamento mais completo da religião de Sócrates, remeto a dois ensaios com revisão bibliográfica: M. L. McPherran, "Socratic Theology and Piety", in Bussanich e Smith, *The Bloomsbury Companion to Socrates* cit., 257-275, e J. Bussanich, *Socrates' Religious Experiences*, ibid., 276-300 (a citação provém da página 287). John Bussanich procedeu pessoalmente a uma abertura para uma leitura misticizante, com as interessantes remissões às passagens de *O Banquete*, in "Socrates the Mystic", in J. J. Cleary (org.), *Traditions of Platonism. Essays in Honour of John Dillon*, Ashgate, Aldershot, 1999, 29-51. Continua muito útil o equilibrado estudo de M. L. McPherran, *The Religion of Socrates*, Pennsylvania State University Press, University Park (Pa.), 1996.

No que se refere especificamente ao *daimonion*, a coletânea de ensaios organizada por P. Destrée e N. D. Smith, "Socrate' Divine Sign: Religion, Practice, and Value in Socratic Philosophy", in *Aperion*, v. 38, 2005, traça um quadro vivo e nítido das opções interpretativas possíveis (aqui se destaca em especial a perspectiva apresentada por L. Brisson, "Socrates and the Divine Signal acoording to Plato's Testimony: Philosophical Practice as Rooted in Religious Tradition", 1-12). Para o problema específico colocado pelo *Teages*, ver B. Centrone, "Il 'daimonion' di Socrate nello pseudoplatônico 'Teage'", in Giannantoni e Narcy (orgs.), *Lezioni socratiche* cit., 331-348.

Tratei mais amplamente das interpretações "psiquiátricas" de Lélut e Trezza no meu estudo *Fra Platone e Lucrezio* cit., 195-196, na verdade adotando a desvalorização da qual agora me afasto, na esteira de O. Sacks, *Allucinazioni* (2012), Adelphi, Milão, 2013.

A. Timotin, *La démonologie platonicienne. Histoire de la notion de "daimon" de Platon aux derniers néoplatoniciens*, Brill, Leiden-Boston, 2012, dedica também um capítulo à noção de *daimon* na literatura grega antes de Platão. Encontram-se aprofundamentos importantes da recepção da noção socrática na demonologia médio- e neoplatônica in J. F. Finamore, "Plutarch and Apuleius on Socrates' Daimonion", cap. II, e C. Addey, "The Daimonion of Socrates: Daimones and Divination in Neoplatonism", cap. III, in D. A. Layne e H. Tarrant (orgs.), *The Neoplatonic Socrates*, University of Pennsylvania Press, Filadélfia, 2014.

A "inflexão teleológica" e antropocêntrica de Sócrates é evidenciada principalmente por A. Brancacci, "Le concezioni di Socrate nei capitoli teologici dei 'Memorabili'", in *Elenchos*, v. 29, 2008, 233-252, e D. N. Sedley, "Socrates' Place in the History of Teleology", ivi, 317-336. Lembre-se também de que Sócrates é o foco central do capítulo III da obra fundamental de D. Sedley, *Creazionismo. Il dibattito antico da Anassagora a Galeno*, Carocci, Roma, 2011. Entre outros ensaios sobre a filosofia da natureza de Sócrates, lembro também C. Viano, "La cosmologie de Socrate dans les 'Mémorables' de Xénophon", in Romeyer-Dherbey e Gourinat (orgs.), *Socrate et les Socratiques*, cit., 97-119; F. de Luise, "Socrate teleologo nel conflito delle rappresentazioni", in F. de Luise e A. Stavru (orgs.), *Socratica III. Studies on Socrates, the Socratics, and the Ancient Socratic Literature*, Academia Verlag, Sankt Augustin, 2013, 149-170.

Capítulo XIII
O Estado contra Sócrates

> Sócrates é culpado de não reconhecer os deuses que a cidade reconhece e de introduzir outras novas divindades. Além disso, é culpado de corromper os jovens. Solicita-se a pena de morte.
> Diógenes Laércio, *Vidas dos filósofos* II, 40.

> Sócrates, ao situar o verdadeiro na decisão da consciência interior, contrariou aquilo que o povo ateniense considerava justo e verdadeiro. Foi, portanto, acusado com razão.
> G. W. F. Hegel, *Lições sobre a história da filosofia*.

A peça de acusação que Meleto apresentou contra Sócrates foi exposta por Diógenes Laércio na seção das *Vidas dos filósofos* dedicada a ele (II, 18-47), com a especificação de ter sido tirado de Favorino, o qual, por sua vez, tê-la-ia consultado no Metroon de Atenas, sede dos arquivos oficiais da cidade. É mencionada com algumas ligeiras variantes tanto por Sócrates na *Apologia* de Platão (24b-c) quanto nas primeiras linhas das *Memoráveis* de Xenofonte, o que nos assegura que os delitos configurados eram basicamente dois, a saber, impiedade e corrupção da juventude, com o implícito de que a corrupção se dava pela propagação de doutrinas ímpias (esse nexo é explicitado seja na *Apologia*, 26b, seja no *Eutífron*, 3a-b). Neste capítulo, procuraremos analisar a natureza e a consistência dessas acusações, bem como entender se havia por trás delas razões adicionais (ou mesmo mais fortes) de hostilidade contra o filósofo.

Como vemos, o primeiro item da acusação se bifurca, sendo Sócrates em primeiro lugar acusado de "não reconhecer (*nomizein*) os deuses que a cidade reconhece (*nomizei*)". Atente-se ao verbo *nomizo*, derivação direta de *nomos*, termo que significa "costume", "uso", bem como "norma" instituída num contexto associativo determinado, em contraposição a dados de natureza (*physis*) universal. Essa formulação específica nos relembra que a noção de impiedade (*asebeia*), que aos poucos ocupou o centro do debate cultural ático dos séculos V e IV, ao lado do seu contrário *eusebeia* (a piedade como respeito devido aos deuses), remete não tanto a uma negação teórica dos deuses, mas sim a uma falta de respeito por aqueles deuses que a cidade de Atenas reconhece como mais adequados. O âmbito da religião grega, ademais, ignora o conceito de ortodoxia, isto é, de uma fé em verdades dogmáticas, e o seu inverso negativo, a heresia, que se firmará nos primeiros séculos do cristianismo, pois, tendo os seus pais fundadores nas narrativas de Homero e Hesíodo, nunca lhe é atribuído um caráter de revelação e ela não se apoia numa casta sacerdotal incumbida de manter a observância do dogma; concentra-se basicamente no culto às divindades cívicas e se manifesta numa série de rituais privados e sobretudo públicos, em que a cidade se reconhece como comunidade dotada de coesão (toda cidade tem as suas divindades protetoras). E é também por causa disso que a cultura grega tende a acolher de bom grado a elaboração de um pensamento racional e crítico sobre a natureza do divino. Para citar um caso ilustre, os fragmentos de Xenófanes de Cólofon (primeira metade do século VI a.C.) conservam o tom de uma clara polêmica contra a imagem antropomórfica dos deuses transmitida pela narrativa épica, com um espírito mais de reformador moral do que de revolucionário, bem como constituem um convite a observar os usos religiosos tradicionais; e, até onde se sabe, Xenófanes tampouco sofreu perseguições em qualquer das cidades que percorreu na sua atividade de rapsodo itinerante, da Ásia Menor ao sul da Itália.

Os termos da relação entre filosofia e religião podem ter variado nas situações de crise política, como aquela que Atenas enfrentou na segunda metade do século V, mas aqui também devemos proceder com cautela. Por volta de 430 a.c., segundo um testemunho de Plutarco (*Vida de Péricles*, capítulo 32), o adivinho e intérprete de oráculos Diopites obtivera a aprovação de um decreto em Atenas, instituindo a perseguição judicial daqueles que "não reconhecem (*nomizontas*) as coisas relativas aos deuses ou ensinam teorias sobre o que existe no céu"; assim também se teria configurado a criminalização de expressões de ateísmo teórico, como as presentes nas doutrinas de naturalistas como Anaxágoras ou na dessacralização sofista da instituição religiosa (manifestada, por exemplo, num famoso fragmento de *Sísifo*, peça teatral atribuída ora a Crítias, ora a Eurípides). Plutarco, porém, observa que o decreto tinha o objetivo eminentemente político de atingir Péricles por meio dos intelectuais com que se cercava, e por isso Anaxágoras e Aspásia teriam sido levados a julgamento. Outros mais teriam sofrido processos por impiedade na segunda metade do século V em Atenas, segundo uma fornida tradição que arrola Fídias e o sofista Protágoras (também do círculo de Péricles), bem como Diágoras de Melo. Todavia, a partir de um estudo fundamental de Kenneth J. Dover, surgiram sérias dúvidas quanto à veracidade desses processos e do próprio decreto de Diopites: constatando que nenhuma das fontes que nos estão disponíveis é anterior à era helenística, Dover aventou a hipótese de que as notícias que temos sobre os vários processos ou, pelo menos, sobre grande parte deles tiveram como molde o processo de Sócrates. Hoje, considera-se pouco provável, entre outras coisas, que Protágoras tenha sido condenado por impiedade, pois a sua posição era, se tanto, agnóstica, como sabemos pelo famoso exórdio do seu escrito *Sobre os deuses*; posição esta que, ademais, provavelmente vinha acompanhada pelo respeito aos *nomoi* religiosos, como se pode depreender da narrativa sobre as origens da sociedade que Platão lhe atribui no diálogo que leva o seu nome. Pode-se no máximo aceitar, e com muitas dúvidas, a tradição sobre Anaxágoras e sobre Diágoras de Melo (personagem tão conhecido pelo seu ateísmo que, em *As Nuvens*, v. 830, Sócrates é chamado de "Mélio"), que teria sido desterrado em 415 a.c. por ter revelado e profanado os mistérios de Elêusis; mas aqui é preciso notar que a posição de Diágoras em Atenas devia ser incômoda também por outros motivos, visto que provinha de Melo, a desafortunada ilha que os atenienses haviam submetido em 416 com inaudita violência. Seja como for, mesmo admitindo que o decreto de Diopites tivesse sido realmente promulgado, teria sido anulado com os demais decretos vigentes em 403, quando foi declarada a anistia e, com ela, uma recodificação completa das leis de Atenas; assim, não poderia ter fornecido o engate jurídico para a citação de Sócrates em juízo.

Em suma, a história geral das relações entre filosofia e religião na sociedade grega mostra que os filósofos não consideravam a elaboração de concepções pessoais do divino incompatível *em si* com o respeito aos cultos cívicos. Ademais, Sócrates presumivelmente não pretendia transgredir as normas de culto ao fazer a crítica da mitologia olímpica e proceder a uma reflexão moralizante, inspiradas pela convicção (de teor xenofaniano) de que os deuses nunca podem brigar, mentir ou cometer injustiças (como argumentou no *Eutífron*, 6b-c), ou talvez também compartilhasse – como Anaxágoras – a negação da divindade dos corpos celestes; ainda mais porque o divino, como argumentamos no capítulo XII, ocupava no seu quadro cosmológico uma posição claramente superior, dominante, à da ordem cósmica. Assim, não há razão para não crer em Xenofonte, que se empenha no início das *Memoráveis* em apresentar a obediência de Sócrates a um sinal divino no mesmo plano do recurso a formas divinatórias mais convencionais, como sonhos e oráculos, e em ressaltar o culto que ele prestava, inclusive com sacrifícios, aos deuses da cidade, de forma que "nunca ninguém viu ou ouviu

Sócrates fazer ou dizer nada de irreligioso ou ímpio" (I, 1.11; os dois pontos são retomados na *Apologia* xenofontiana, 11-12).

Platão também atribui a Sócrates palavras de respeito pelos sonhos e oráculos e "por todas as formas pelas quais a vontade divina pode confiar uma tarefa a um indivíduo" (*Apologia* 33c). E é improvável que Xenofonte e Platão se permitissem atestar uma adesão de Sócrates a formas de religiosidade tradicional que não tivesse ocorrido. Mas, se aceitarmos esse retrato devoto, colocando-o, além disso, sobre o pano de fundo de tolerância religiosa que, de modo geral, caracteriza o mundo ateniense do século V, a pergunta se faz ainda mais premente: que razões teriam justificado a acusação de impiedade?

Para esboçar uma resposta, temos de admitir que Sócrates se defende de maneira bastante frágil perante a acusação de não reconhecer os deuses *da cidade*. Na sucessão de referências ao divino que percorrem a *Apologia* de Platão, na forma de rápidos juramentos por Zeus e Hera (24e, 25c, 26e), de invocação ao deus de Delfos (nunca, porém, chamado de Apolo) ou a um deus ainda mais genérico, nunca aparece a divindade protetora da cidade, Atena Polias, a qual, porém, deveria ter sido mencionada para corroborar a argumentação da defesa. Mesmo na *Apologia* de Xenofonte, Sócrates se defende afirmando genericamente que todos os que o conhecem e o próprio Meleto o viram "fazer sacrifícios nas solenidades coletivas e nos altares públicos" (11); mais adiante, quando ressalta que não existe prova alguma de que tenha oferecido sacrifícios a outras divindades que não fossem "Zeus, Hera, os outros numes" (24), a referência continua a ser genérica e opera no plano negativo.

Pode-se ter uma confirmação nesse sentido a partir de um novo exame da noção de *daimonion*, que servia de base para a acusação de introduzir "novas divindades"; note-se, entre outras coisas, que elas aparecem, em todas as versões do texto transmitido, significativamente indicadas como *daimonia*. Como vimos, o termo *daimonion* funciona para Sócrates como qualificação adjetiva do aviso que lhe vem dos deuses, mas também pode ocorrer em forma substantivada, para indicar o divino *tout court*. Além disso, ao indicar a sua proveniência, Sócrates alterna ou combina indiferenciadamente nos vários contextos os dois termos que significam "deus" em grego, a saber, *theós* e *daimon*. Ora, nos textos da literatura grega anterior e posterior, quando os dois termos surgem juntos, mas diferenciados, *theós* indica uma divindade maior e *daimon* uma entidade divina menor (normalmente em posição intermediária entre homens e deuses, e muitas vezes com o sentido de uma presença que acompanha o indivíduo; vale lembrar a formação da palavra *eudaimonia*); mas, à falta de distinções explícitas, os dois termos, em separado ou não, podem ser usados indiferenciadamente para designar uma divindade específica maior ou menor (se nomeada) ou um poder divino autônomo. Não se pode excluir que, como consideram alguns intérpretes, o "deus" em que Sócrates pensa é o de Delfos, que ouviu designá-lo para desenvolver a sua missão (Platão, *Apologia* 29d-30a), mas essa designação se deu mediante uma resposta do oráculo do deus, ao passo que as referências ao *daimonion* parecem deliberadamente vagas, alinhando-se, se tanto, com a noção de um poder impessoal divino que começa a surgir na religião grega a partir do século VI a.c., convivendo com o politeísmo da tradição cívica. Além disso, o que aqui se discute é o grau de convicção com que Sócrates realmente aderia (e, sobretudo, *aparentava* aderir) aos cultos cívicos – e aqui temos de admitir que era pequeno. Na única peroração atenta que Sócrates desenvolve sobre a sua fé na existência dos deuses segundo a versão platônica do discurso, no embate verbal com Meleto, ele nega uma identificação com Anaxágoras e toma distância das implicações irreligiosas das suas doutrinas, mas depois insiste numa contestação capciosa de Meleto, demonstrando-lhe que, se Meleto admite que Sócrates acredita na existência de realidades "demônicas" (*daimonia*: o famoso sinal, os sonhos, os oráculos), disso decorre logicamente que ele acredita na existência dos deuses (26b-28a). E nem mesmo aqui, nada de Atena.

No final das contas, não se pode negar que o fato de possuir um canal de comunicação exclusiva com a divindade colocava Sócrates à margem do culto público, e que isso podia despertar suspeitas ainda maiores, na medida em que ele tomava esse seu contato privilegiado, bem como a resposta do oráculo délfico e as suas outras remissões à esfera do divino, como base para convidar os concidadãos a cultivarem valores diferentes e mais elevados do que aqueles outros, ligados a concepções e usos tradicionais, que davam coesão à comunidade ateniense. Em suma, Sócrates se apresentava como intermediário da preocupação de um deus não convencional, e nunca tão "moral", com a virtude da cidade. Não admira que a cidade não o entendesse.

Explicadas (talvez) as raízes da acusação de impiedade (inclusive as que remontam à comédia aristofânica, que já era porta-voz da incompreensão com que o filósofo se deparava inevitavelmente no espaço cívico), ainda fica por explicar como tal acusação pôde ter avançado com tamanho encarniçamento, a ponto de levar Sócrates a julgamento e de selar a sua condenação à morte. Para isso, procuraremos agora entender como esse item da acusação se combina com o outro, o da corrupção dos jovens, bem como, e acima de tudo, o quadro de tensões políticas e sociais que serviu para instigá-las. Que "jovens" seriam esses, em primeiro lugar? Tanto na versão de Platão quanto na de Xenofonte, Sócrates parece ter se mantido bastante vago a esse respeito e não mencionou nenhum nome no seu discurso, por um lado alegando nunca ter sido mestre de ninguém e por outro lado concentrando-se em esclarecer e resgatar o teor dos seus discursos. Mas, usando uma feliz expressão de Robert Wallace, havia "um elefante na sala" do tribunal, impossível de não se ver mesmo que não fosse mencionado na acusação formal, pois, segundo a anistia de 403, nenhuma ação judicial poderia remeter a delitos cometidos em anos anteriores, e por isso também a acusação se concentrara no delito de impiedade. E o elefante do caso era, ainda recorrendo a Wallace, "o espectro dos Trinta".

Ainda se mantinha muito clara a lembrança de que o círculo de Sócrates incluíra Crítias e Cármides, integrantes do famigerado governo oligárquico, bem como aquele Alcibíades, da ala democrática, mas de nascimento aristocrático e de condutas desregradas, ainda por cima suspeito de blasfêmia (fora-lhe imputada a mutilação das Hermas, na véspera da desastrosa expedição que comandara na Sicília) e depois culpado de traição. Essas amizades perigosas serão mencionadas explicitamente no libelo em que o retórico Polícrates, após a morte de Sócrates, irá pintá-lo como inimigo da democracia, despertando a defesa igualmente explícita de Xenofonte nas *Memoráveis*. Por razões que tentaremos entender no capítulo XIV, a estratégia de defesa de Sócrates elimina totalmente essa vinculação, organizando-se em torno da reivindicação de um elevado alcance moral dos seus ensinamentos e do senso de uma missão filosófica a cumprir; mas isso não impediu que o processo encontrasse uma clara motivação na convicção amplamente difundida de que Sócrates compartilhava da responsabilidade política pelos desastres da democracia ateniense.

Em 399 a.C., Atenas era uma cidade empobrecida, dilacerada pela sensação de "perda do império", governada por um regime democrático fraco e na defensiva e, por isso, culturalmente reacionário. Sócrates, filho de um escultor e de uma parteira, pertencia àquela camada "média" favorecida pelas regras da democracia do século anterior. No entanto, ele não só se relacionava em especial com cidadãos de idade variável com origens aristocráticas (o que se poderia explicar simplesmente pela maior disponibilidade de tempo livre das categorias sociais mais abastadas) como tampouco ocultava certas opiniões contrárias ao sentimento democrático. Deviam conhecer bem, acima de tudo, a sua posição contrária àquele princípio fundamental da democracia que consistia no sorteio dos cargos, que Xenofonte menciona em várias passagens das *Memoráveis*. Significativamente, no trecho abaixo, a crítica à designação dos cargos por sorteio é apresentada como acusação feita por Polícrates, mas Xenofonte não a nega e lhe confere conotações positivas:

> E no entanto, por Zeus, o acusador [Polícrates] afirmava que Sócrates induzia os seus amigos ao desprezo das leis vigentes e o fazia dizendo que era insensato eleger por sorteio os governantes da cidade, ao passo que ninguém iria querer utilizar um piloto escolhido por sorteio, nem um construtor, nem um flautista, nem ninguém escolhido para outra atividade desse tipo, em que os erros produzem danos muito menores do que os cometidos no comando do Estado. O acusador sustentava que tais raciocínios incitam os jovens a desprezar a ordem vigente e os levam a se tornar violentos. Eu, pelo contrário, acredito que os que exercem o raciocínio e se consideram capazes de ensinar o útil aos cidadãos não são de forma alguma violentos (*Memoráveis* I, 2.9-10).

O ponto de vista de Sócrates é inteiramente congruente com a ideia de que o requisito necessário para exercer a política é um saber específico, o qual não tem espaço na distribuição de cargos por sorteio, como tampouco em outras modalidades de obtenção do poder, com escolhas fortuitas ou mediante força ou fraude:

> Dizia que reis e comandantes não são os que têm o cetro, nem por serem eleitos por outros, nem por obterem o comando por sorteio, com a força ou com o engano, mas aqueles que *sabem* governar. Quando o interlocutor reconhecia que é próprio de quem comanda ordenar o que é preciso fazer e de quem é comandado é próprio obedecer, ele demonstrava que no navio quem sabe é o comandante, enquanto o dono do navio e todos os outros que estão a bordo obedecem a quem sabe, e na agri-

cultura assim procedem os donos dos campos, e na doença os doentes, e no exercício físico quem os pratica, e todos os outros que possuem algo que necessita de cuidados; se pensam saber fazê-lo, ocupam-se daquilo, em caso contrário obedecem aos especialistas, se os há, mas, quando não os há, mandam procurá-los para poder fazer o que deve ser feito, obedecendo a eles. E mostrava que na arte da lã as mulheres comandam os homens, porque são elas que sabem como se deve fazer, enquanto eles não o sabem (Xenofonte, *Memoráveis* III, 9.10-11).

O tema central desse raciocínio, como já tivemos ocasião de observar no capítulo X, é o da competência, que, como bem se sabe, Sócrates invoca como condição necessária para exercer qualquer atividade de direção, de forma que mesmo as mulheres, em posição de inferioridade em quase tudo, poderão dar ordens em atividades nas quais possam reivindicar especial habilidade, como a tecelagem e, relembrando Teodota, a profissão de prostituta.

Gregory Vlastos, na ferrenha defesa da sua imagem de um Sócrates irrestritamente democrático, considerou que devia desdenhar o testemunho de Xenofonte, que apresenta a crítica à designação por sorteio, dentro do quadro coerente da crítica socrática, a quem se envolve na política ignorando os assuntos que ficarão ao seu encargo. Tal posição nesse aspecto, ademais, é confirmada na *Apologia* platônica, como sabemos, nos argumentos dirigidos contra os políticos incompetentes e/ou os artífices que creem poder aplicar o saber que possuem, cada qual na sua arte, àquela arte bem mais difícil (até para definir) que é a política. Não por acaso, segundo um nexo que fica explícito na *Apologia* (23e), foram "técnicos" inseridos na cultura e nas coisas da cidade que acusaram Sócrates: um retórico como Lícon, um poeta como Meleto (redator nominal da acusação oficial, como se depreende tanto do início do *Eutífron* quanto do contato frente a frente com Sócrates na *Apologia*) e Ânito, instigador mais aguerrido (18b, 29c, 30b, 31a). Abastado proprietário de oficinas de tinturaria, da ala democrática e por isso exilado em 404 pelo regime dos Trinta, Ânito contribuiu para a sua derrubada e para a restauração da democracia. A sua posição expressa bem a do novo regime, bem como a sua fragilidade num difícil momento de reconstrução, que se traduz no plano cultural num programa de restauração dos valores tradicionais. E aqui cabe lembrar, em plena coerência com tal situação, como a atitude de Ânito é representada no *Mênon* platônico, em que o personagem intervém com rispidez diante de Sócrates e também da cultura sofista (89e-95a). Em suma, a invocação de uma política competente e virtuosa realmente coloca Sócrates numa posição bastante desconfortável diante da democracia em que vive.

Acrescente-se que, segundo vários indícios (um dos quais será mencionado logo a seguir), Sócrates não só permanecera em Atenas durante o governo dos Trinta como também constava na lista dos três mil cidadãos que ainda podiam participar da vida política, ao contrário dos inúmeros cidadãos da ala democrática, ricos ou pobres, que, se não eram assassinados, eram expulsos da *polis*, perdendo o direito de cidadania e tendo as suas propriedades confiscadas; e, se lhe foi vetado ensinar a "arte dos discursos", como relata Xenofonte, isso significa que, de todo modo, ainda se dedicava à sua ocupação mais usual. Muitos cidadãos, ao retornar, deviam alimentar sentimentos bastante vingativos, que a anistia não bastara para refrear.

Aliás, para Sócrates, não deve ter adiantado muito apresentar um currículo *bipartisan*, provado pelos dois episódios diferentes que expõe ao júri no discurso da *Apologia* platônica (32a-d) e são confirmados nas *Memoráveis* de Xenofonte (I, 1.18; IV, 4.1-4). Uma das vezes foi quando Sócrates, como membro do Conselho dos Quinhentos, num momento em que a sua tribo ocupava a *pritania* (isto é, a presidência), votou, ele sozinho, contra a decisão ilegal de processar em bloco os estrategos que não haviam socorrido os náufragos após a batalha das Arginusas (406 a.C.). Dois anos depois, durante o governo dos Trinta, não cumprira a ordem dos oligarcas de ir buscar em Salamina, para a morte certa, um indivíduo de nome Leão; entre os cinco que receberam a ordem, ele fora, mais uma vez, o único a desobedecê-la, preferindo arriscar a vida a cometer um ato de injustiça. Nos dois casos, o Sócrates da *Apologia* enfatiza o caráter único do seu comportamento e a firmeza demonstrada, de um lado, perante os protestos da assembleia e, de outro lado, ante o perigo de ser punido pela sua desobediência. Mas, mesmo que o objetivo imediato do discurso pareça ser o de mostrar a sua intenção inabalável de combater a injustiça sob qualquer regime, na verdade é a democracia que se sai pior. Como mostrou incisivamente Louis-André Dorion, não é muito imprevisível que quem se recusa a obedecer a um tirano se exponha ao perigo, ao passo que certamente não se espera que quem combate pela legalidade democrática no interior da própria democracia corra o risco constante de pagar a sua dedicação com a própria vida. No entanto, é exatamente esse risco que Sócrates destaca como traço constitutivo da democracia, aduzindo-o como motivo (confirmado pelo aviso divino) da sua abstenção da atividade política, logo antes de apresentar os dois episódios provando os perigos que sempre, em qualquer hipótese, corre o homem que se dedica a ela para defender a justiça:

> É isso [o *daimonion*] o que se opõe a que eu me dedique à atividade política, e com razão, ao que me parece, pois agora deve ser evidente a vocês, atenienses, que, se eu de há tempos fizesse política, de há tempos teria morrido sem me haver feito minimamente útil, nem a vocês nem a mim mesmo. E não se irritem se digo a verdade: não há homem que consiga se salvar se se opuser abertamente a vocês ou a qualquer outra massa popular, e procure impedir que ocorram na cidade tantas injustiças e ilegalidades; é necessário que quem realmente pretenda lutar pela justiça, se quiser sobreviver mesmo que por pouco tempo,

viva como homem privado e não público. Fornecerei a vocês sólidas provas do que disse: não palavras – que é o que mais lhes importa –, mas fatos (Platão, *Apologia* 31d-32a).

Em conclusão, é difícil negar que o *demos* ateniense podia encarar Sócrates com desconfiança, devido à sua posição intelectual contrária ao exercício do poder pelas massas populares; posição essa que, no momento em que se manifestava como crítica cerrada e provocativa à ordem de valores da comunidade, tornava-se política. Se acrescentarmos que as suas amizades podiam torná-lo suspeito, ainda que apenas a um olhar superficial, de uma genuína conivência com a oligarquia, teremos razões suficientes para entender a hostilidade que Sócrates atraiu contra si, no final do século em que Atenas passara por uma crescente fermentação cultural e problemas sociais e políticos, entre a fundação do imperialismo ateniense e o fim da Guerra do Peloponeso.

Mas, como Sócrates não era político profissional e, pelo contrário, apresentou-se conscientemente como o portador exemplar de novas instâncias de saber, as motivações mais profundas das suas palavras e ações foram reunidas e sublimadas na obra dos que pretendiam, ao mesmo tempo, reabilitar a sua memória e transmitir o seu exemplo. Para estes, a morte de Sócrates foi, por assim dizer, um convite para a transfiguração e, graças principalmente a Platão (em especial na trilogia "trágica" formada por *Apologia*, *Críton* e *Fédon*), a sua trajetória logo transpôs os limites da contingência, com uma vitalidade simbólica que permitiu moldá-la e remoldá-la ao longo de uma linha de recepção ininterrupta.

Já na tradição antiga da biografia e do anedotário filosófico, a sombra de Sócrates se projetava sobre o passado, sobre a época pré-socrática, em narrativas de firme resistência ao poder, cujos protagonistas teriam sido Pitágoras, Zenão de Eleia ou Anaxarco de Abdera. Mas aqui preferimos seguir a leitura específica que as últimas cenas da vida de Sócrates encontraram a partir dos primeiros séculos da era cristã. Elas já eram do conhecimento do grupo de apóstolos, por intermédio da obra platônica, como demonstram as palavras que Pedro, segundo os *Atos dos Apóstolos*, profere no Sinédrio: "Deve-se obedecer a Deus mais do que aos homens", nas quais ressoam claramente as que Sócrates dirigiu ao júri na *Apologia* platônica: "Obedecerei ao deus mais do que a vocês" (29d). Mas talvez seja ainda mais surpreendente encontrar nos *Atos dos Mártires* (redigidos entre o século II e o século III d.C.) um reiterado paralelo entre a morte de Sócrates e a morte de Cristo ou do fiel condenado; assim, por exemplo, a referência nos *Atos do Martírio de Apolônio* se baseia numa citação literal (exceto por uma insignificante variante formal) da passagem da *República* platônica em que Glauco traça para Sócrates, como numa profecia *ex eventu*, o destino a que inevitavelmente se dirige o justo, qual seja, ser flagelado, torturado, amarrado no tronco, empalado (II, 361e-362a):

> Mas mesmo um dos filósofos gregos disse, como sabemos: "O justo será fustigado, torturado, amarrado, queimarão os seus olhos e, ao final, depois de ter sofrido todos os males, será crucificado".
> Portanto, assim como os delatores atenienses, depois de terem instigado a multidão, injustamente condenaram Sócrates, da mesma forma corrompidos por todos os males, condenaram o nosso mestre e salvador (*Atos do Martírio de Apolônio*, 39).

Entre os primeiros autores cristãos, quem mais desenvolveu a analogia entre Sócrates e Cristo, sob a égide do testemunho prestado com a morte, foi Justino Mártir (filósofo platônico convertido ao cristianismo e martirizado sob Marco Aurélio), que antes de 161 escreve duas apologias em defesa dos cristãos: uma dirigida ao imperador Antonino Pio e aos seus filhos Marco Aurélio e Lúcio Vero, e a outra a Antonino Pio e Marco Aurélio. A sua defesa se funda justamente na analogia entre as acusações de ateísmo e corrupção feitas contra os cristãos e as acusações de que Sócrates foi objeto, e sobre a argumentação de que este foi perseguido pela sua tentativa de desmascarar os deuses do culto pagão como demônios malignos e convidar os outros homens ao culto do único deus verdadeiro: aliás, foram os próprios demônios que o mataram, por obra dos homens (*Apologia I* V.3; *Apologia II* X.4-6). Assim, equipara-se a perseguição dos cristãos à perseguição sofrida pelo filósofo pagão, que Justino considera cristão porque, a exemplos de outros gregos como Heráclito ou de bárbaros como Abraão, viveu "com" ou segundo o *logos* (*Apologia I* XLVI.3.4). Justino entende esse termo como Razão divina, da qual, em pequena medida, todos os seres humanos são dotados desde o nascimento; por isso, com o *logos*, Sócrates procurou guiar os contemporâneos para reconhecerem a verdade de Cristo, a ponto de dar a vida por ela. Mesmo chegando em alguns pontos a comparar Sócrates ao próprio Cristo, Justino, naturalmente, especifica que agora se chegou ao término do caminho, pois a razão se manifestou de maneira completa em Cristo, "que apareceu a nós em corpo, mente, alma" (*Apologia I* V.3-4; *Apologia II* X.1-3). Contudo, as vicissitudes da vida de Sócrates mostram que a filosofia pagã conseguiu alcançar, ao menos em parte, o conhecimento do verdadeiro deus, cuja mais alta confirmação consiste na morte a que ele se entregou.

Sócrates podia se prestar a esse paralelismo também sob outros aspectos: Agostinho, por exemplo, nota que Sócrates – como Jesus – não deixou nada escrito (*Sobre o consenso dos evangelistas* I, 12), enquanto Orígenes, na réplica ao ataque do filósofo pagão Celso, permeada por um contínuo contraponto sobre a semelhança entre o processo e a morte de Sócrates e de Jesus, destaca também uma semelhança entre o sectarismo cristão e a pluralidade das escolas nascidas do ensinamento de Sócrates (*Contra Celso* III, 13). Mas o que mais impressiona os autores cristãos e é identificado com o principal motor do processo são as implicações do ensinamento socrático no plano ético e religioso: por um lado, o distanciamento das crenças e costumes da religião olímpica, claramente marcado pela concepção do sinal divino; por outro lado – fato ainda mais extraordinário no panorama da cultura greco-romana –, a reiterada advertência para que não se cometa injustiça em hipótese alguma, nem mesmo em resposta a outra injustiça; podia-se muito bem ler essa injunção como um convite a "oferecer a outra face". Nesse quadro, o que mais ressoava era a lembrança do trecho da *Apologia* platônica em que Sócrates afirma preferir o sofrimento do corpo ao mal da alma (que recai sobre quem comete injustiças):

> ...matando a mim [...] causarão mais dano a vocês mesmos do que a mim; não mo farão nem Meleto nem Ânito, nem teriam o poder para isso, pois não creio que a um homem melhor cause dano um pior do que ele. Talvez pudesse me matar ou me enviar para o exílio ou me privar dos direitos civis. [...] Mas se ele ou outro pensa que estes são graves males, sou de outra opinião: para mim, é muito pior matar um homem injustamente... (Platão, *Apologia* 30c-d).

Vejamos, por exemplo, como essa imagem, passando pela reflexão dos estoicos, é retomada por Justino (tal como, depois, por Orígenes e muitos outros) em nome dos cristãos perseguidos e resistentes:

> Estamos de fato persuadidos de que não podemos sofrer mal algum de ninguém, a menos que se prove que praticamos a maldade ou que se reconheça que somos maus; sim, vocês podem nos matar, mas não nos prejudicar (Justino Mártir, *Apologia* I II.4).

A literatura pós-medieval, filosófica e não filosófica, traz incontáveis comparações, aproximações, espelhamentos entre Sócrates e Cristo (e também, sem dúvida, dissimetrias, que aqui não temos espaço para comentar), sobretudo com referência às suas mortes, vistas como eventos diversamente fundadores da cultura e da história do Ocidente. Como escreveu George Steiner, com a sua habitual precisão:

> Duas mortes moldaram em grande parte a sensibilidade ocidental. Dois casos de pena capital, de homicídio judicial determinam os nossos reflexos religiosos, filosóficos e políticos. É de se perguntar quão diferente teria sido a história ocidental, integrada num contexto menos trágico, se tivesse surgido de dois nascimentos, se em suas raízes houvesse uma celebração da aurora, em vez do luto e de um eclipse do sol. Mas são duas mortes que governam a percepção metafísica e política que temos sobre nós mesmos: a de Sócrates e a de Cristo. Somos até hoje filhos dessas mortes (Steiner, *O escândalo da revelação*).

Aqui só podemos abordar muito rápida e arbitrariamente alguns momentos dessa história, que, por si só, mereceria um ou mais livros. Comecemos, na época do Humanismo, por Coluccio Salutati, o qual, em *De fato et fortuna* (escrito entre 1396 e 1399), mostra-se impressionado pelo comportamento que Sócrates, "primeiro dos nossos mártires", adotou na prisão, quase a ponto de declará-lo superior ao de Pedro, pela firmeza demonstrada perante a morte (a obra se encerra com uma peroração sobre a paz política e social aos moldes do discurso das Leis no *Críton*). Não faltam outras revisitações mais laicas no contexto do "humanismo civil" florentino. Assim, Leonardo Bruni, no *argumentum* da sua tradução da *Apologia* (estamos na década de 1520), enfatiza a injustiça da condenação proferida por uma massa ignara, incapaz de compreender um programa cultural e político de elite; ao passo que Giannozzo Manetti, sob a égide da morte injusta, associa a *Vita Socratis* a uma biografia de Sêneca, remetendo-se ao precedente plutarquiano das *Vidas paralelas* também na busca de paradigmas de sabedoria prática, além de teórica. Os traços do Sócrates cristão, que nessas interpretações são deixados (não inteiramente, porém) à sombra, retornam ao primeiro plano na perspectiva de Marsílio Ficino. Este rastreia na sabedoria antiga os elementos de uma teologia filosófica compatível com os conteúdos da Revelação cristã, seguindo um itinerário que passa por Orfeu e Pitágoras e encontra o seu ponto culminante em Platão. Mas, quando a reflexão se move do plano especulativo para o plano existencial, Sócrates ocupa o centro do quadro, pelas características já sabidas: a concentração sobre o bem espiritual, mais do que o bem-estar físico, a recusa de se vingar das ofensas (equivalente ao gesto de oferecer a outra face), a aceitação da morte injusta, destinada a dar à posteridade o exemplo da máxima força de espírito. Assim Ficino pode apontar na vida de Sócrates uma imagem da vida cristã e até (se não como *figura*, ao menos como *adumbratio*) de Cristo.

É sobre esse pano de fundo que se entende a conhecida exclamação de Erasmo: "Sancte Socrates, ora pro nobis!", mas Erasmo está pronto para uma nova leitura do paralelo com Cristo. Inspirando-se no retrato de Sócrates-Sileno traçado pelo Alcibíades de *O Banquete*, no qual, como sabemos, ele vê a sigla proverbial do possível contraste entre pobreza exterior e riqueza espiritual, Erasmo alinha Sócrates entre Antístenes, Diógenes, Epiteto, Cristo, os profetas, os apóstolos: têm em comum uma presença física e atitudes risíveis aos olhos da maioria, mas que na verdade são sinais de autenticidades interior, de desprezo pela realidade material, cujo resultado mais coerente é o sacrifício da vida. O reconhecimento do divino em Sócrates é retomado pela tradição da *interpretatio christiana* para se consolidar numa visão religiosa que valoriza a esfera de uma sabedoria interior, e a proclamação socrática de ignorância se coloca como a primeira expressão (e não simples antecipação) de uma busca da verdade realizada com espírito humilde.

Na longa onda da reflexão desencadeada por Erasmo sobre a relação entre religião e razão, citemos, dois séculos depois, a *Carta sobre o entusiasmo*, de Anthony Shaftesbury (1708), em que um ideal de risonha sabedoria, não distante daquele sonhado por

Erasmo, encarna-se também em Sócrates, agora convertido em paladino do "*good humour*", uma agradável mescla de serenidade e sensatez que Shaftesbury também vê em são Paulo e, ademais, no próprio Cristo, considerando-o um bom antídoto contra o fanatismo religioso. Assim, sobre a silhueta desse Sócrates cristão entrevemos à contraluz o perfil de um Cristo socrático. Mas, no Século das Luzes, a remodelação de Sócrates se dá mais sob a égide da razão do que sob a da religiosidade. Na perspectiva dos deístas, que veem na religião um opressivo magma de impostura e intolerância, Sócrates pode retomar os trajes de mártir, sim, mas mártir da razão: a sua experiência conserva valor religioso no quadro da construção de uma religião racional voltada para a recuperação dos traços mais autênticos do cristianismo, numa leitura mais moral do que dogmática dos ensinamentos de Jesus. E a seguir vêm os *philosophes*, que naturalmente encontram em Sócrates um vigoroso modelo para o seu ideal de luta contra a intolerância. É emblemática, entre muitas outras, a imagem de Diderot enfrentando a prisão na torre de Vincennes com a lembrança das vicissitudes de Sócrates, a ponto (pelo menos assim dirá ele, estilizando a própria lenda) de traduzir a *Apologia* de memória, tanto interiorizara e incorporara em si aquele relato.

Mas agora, no final do século XVIII, esboçava-se um processo de recepção de sentido essencialmente simbólico, durante o qual os contornos da *persona* e do pensamento de Sócrates foram se tornando cada vez mais desfocados. Nesse pano de fundo situa-se o convite de Schleiermacher, no começo do século seguinte (1815), dentro do quadro da nascente ciência da Antiguidade, para restabelecer o valor de Sócrates "como filósofo" e o lugar das suas doutrinas no desenvolvimento da filosofia antiga; é nessa ocasião que Schleiermacher formula a sua conhecida proposta, que a partir daí se tornará imprescindível, de reconstruir o pensamento de Sócrates por meio de uma comparação crítica das fontes, em especial de Xenofonte e Platão. Num percurso paralelo e convergente com este, tem-se uma guinada igualmente fundamental para a compreensão da figura de Sócrates, realizada por Hegel, em cuja reflexão o evento da morte é finalmente explicado, fora das malhas estreitas do exemplo moral, numa ligação indissociável com o seu pensamento; mas a analogia com Cristo permanece, e é até reforçada, na construção de Hegel.

Na *Filosofia da religião*, Hegel prefere enfatizar a natureza própria de Cristo filho de Deus, não raro polemizando com a tendência da teologia racionalista em equipará-lo de maneira simplista com Sócrates, na qualidade de "mestre da humanidade" e "mártir da verdade". Porém, aceita o paralelo no plano da história exterior (isto é, aquela que trata Cristo como homem, importante também para o descrente) e entende a morte de ambos como a derrota (temporária) de um princípio revolucionário, que o mundo ainda não tinha condições de sustentar. Sócrates e Cristo compartilham, ademais, o destino heroico de todos aqueles indivíduos "histórico-universais" (*weltgeschichtlich*) capazes de produzir "grandes colisões" entre o sistema existente e possibilidades históricas que somente esses autênticos "videntes" captaram no seu íntimo: o sacrifício do indivíduo (a morte precoce de Alexandre, o assassinato de César, o exílio de Napoleão) é um preço que a ideia precisa pagar, na determinação concreta da existência, para se realizar como universal.

Hegel, várias vezes nos seus textos (desde as *Lições sobre a história da filosofia*, à *Filosofia da história* e à *Filosofia do direito*), coloca Sócrates num ponto de inflexão crucial da história do espírito, na qual, como já tivemos ocasião de observar, a descoberta socrática do princípio interior da consciência subjetiva (que será alçada a realidade concreta com o cristianismo) põe fim à identidade ingênua entre sujeito e objeto; assim se dá a fundação da moral (*Moral*), que vem a suplantar uma cultura ética que consiste na passiva e cômoda obediência a um costume moral e religioso (*Sittlichkeit*). Para Hegel, é preciso que existam na história do mundo esses heróis incompreendidos, destinados a entrar em conflito com a realidade que combatem, a qual não pode senão reagir impondo o seu direito de existir; é o preço a pagar para que o princípio defendido por eles se eleve, para além dos seus desventurados destinos individuais, em forma do espírito universal. Em outras palavras, Sócrates era um destruidor, e os atenienses *precisavam* se opor à destruição. E é esta a essência da tragédia: um drama em que se enfrentam homens que, de ambas as partes, portam pontos de vista que são todos eles parcialmente justificados e nenhum inteiramente legítimo.

> O grande homem deve ser culpado e aceitar a grande colisão; assim Cristo sacrificou a sua individualidade, mas o que ele criou permaneceu.
> O destino de Sócrates é claramente trágico, mas não no sentido superficial em que se costuma qualificar qualquer infortúnio como trágico. Assim se costuma considerar trágica especialmente a morte de um cidadão respeitável; então se diz que Sócrates, por ter sido condenado à morte sendo inocente, teve um destino trágico. Mas esse sofrer sendo inocente seria apenas uma coisa triste, não trágica, pois não seria um infortúnio racional [...]. Numa verdadeira tragédia, portanto, é preciso que, de ambas as partes, sejam homens justos e morais que entram em colisão; foi precisamente este o destino de Sócrates (Hegel, *Lições sobre história da filosofia*, 106).

Em direção similar segue a interpretação de Kierkegaard, o qual, sob a influência do esquema geral da filosofia grega traçado por Hegel, também abraça a sua visão de Sócrates como portador do novo princípio da subjetividade e da consciência individual no estágio civilizatório representado pela Atenas do século V, cujos habitantes agem sem discutir o patrimônio herdado de normas éticas. Mas para Kierkegaard, que destaca mais a dimensão puramente negativa do que a dimensão crítica da ironia (no sentido de que ela não contestaria este ou aquele objeto determinado, mas incidiria na totalidade do real), o destino de Sócrates não é trágico, e isso porque ele é pura e simplesmente irônico; a morte não foi um castigo para ele, pois a razão lhe dizia que não a temesse. Todavia, mesmo para Kierkegaard, a ironia de Sócrates, mesmo que inconscientemente, aponta para o futuro, ou seja, em chave universal, para aquela revelação cristã que tomará como objeto precípuo a problematicidade da existência.

É significativo que tanto em Hegel quanto em Kierkegaard a valorização da representação platônica, com toda a sua ênfase sobre o caráter elevado da moral e da religiosidade de Sócrates, possa permanecer e conviver com uma reavaliação do testemunho de Aristófanes, na medida em que soube, melhor do que qualquer outro autor da época, captar o aspecto negativo da dialética socrática e as suas consequências efetivamente desestabilizadoras sobre os valores da comunidade ateniense, a qual naturalmente se insurgiu na defesa das suas razões. Assim, tanto Hegel quanto Kierkegaard propõem uma imagem mais sofisticada do que aquela, de maior popularidade, do Sócrates mártir (de uma intuição pré-cristã ou do livre-pensamento). É esta a imagem que preferimos, pois finalmente recupera, por trás da máscara do mártir para todas as ocasiões, o perfil unitário e reconhecível de uma personalidade em que o exercício da filosofia coincidiu com a vida, mas também com a morte, que se tornou compreensível como evento histórico e, ao mesmo tempo, como um avanço do pensamento.

Nota bibliográfica

Para um exame das razões e modalidades do processo contra Sócrates, mantém-se fundamental T. C. Brickhouse e N. D. Smith, *Socrates on Trial*, Clarendon Press, Oxford, 1989; os autores contribuíram para uma guinada importante nos estudos socráticos, ao abordarem a *Apologia* de Platão como texto que reflete o essencial dos fatos e, portanto, apresenta-se como base para uma séria reconstrução histórica. Veja-se a discussão detalhada in W. LESZL, "Il processo a Socrate in due libri recenti", in *Annali del Dipartimento di Filosofia – Università di Firenze*, v. 8, 1992, 3-88 (aqui se discute também I. F. STONE, *Il processo a Socrate. Perché uma democrazia condanna a morte un filosofo?*, Rizzoli, Milão, 1990).

Encontram-se considerações fundamentais sobre a noção grega de impiedade em comparação à de heresia, nascida e definida no confronto entre paganismo e cristianismo, in A. MOMIGLIANO, "Empietà ed eresia nel mondo antico", in *Rivista Storica Italiana*, v. 83, 1971, depois em *Sesto contributo alla storia degli studi classici e del mondo antico*, v. II, Edizioni di Storia e Letteratura, Roma, 1980, 435-457. Acrescentem-se duas úteis sínteses sobre as relações entre os filósofos gregos e a religião: G. BETEGH, "Greek Philosophy and Religion", in M. L. GILL e P. PELLEGRIN (orgs.), *A Companion to Ancient Philosophy*, Blackwell, Malden, 2006, 625-639; I. BREMMER, "Atheism in Antiquity", in M. MARTIN (org.), *The Cambridge Companion to Atheism*, Cambridge University Press, Cambridge, 2007, 11-26. As menções à convivência do politeísmo tradicional com uma tendência enoteísta na religião grega, bem como à compatibilidade entre a reflexão pessoal e racional sobre o divino e a adesão às práticas de culto em Xenófanes e Protágoras, pressupõem argumentações desenvolvidas em maior detalhe in M. M. SASSI, "Where Epistemology and Religion Meet. What do(es) the god(s) look like?", in *Rhizomata*, v. 1, 2013, 283-307.

A tradição antiga sobre os processos por impiedade no século V a.C. foi atentamente avaliada por K. J. DOVER, "The Freedom of the Intellectual in Greek Society", in *Talanta*, v. 7, 1976, 24-54. A imputabilidade do crime de impiedade a Sócrates é tratada de maneira um pouco provocadora, mas com a habitual agudeza, por M. F. BURNYEAT, "The Impiety of Socrates", in *Ancient Philosophy*, v. 17, 1997, 1-12, ao passo que L. BRISSON, *Platon. Apologie de Socrate, Criton. Traductions inédites, introductions et notes*, Flammarion, Paris, 1997, 11-74, mesmo frisando que Sócrates marca um ponto de ruptura ante a concepção da piedade tradicional, sustenta com justeza, numa análise bastante aprofundada, que esse motivo não poderia ter sido suficiente para condená-lo.

A visão de um Sócrates totalmente democrático, sustentada por G. VLASTOS, "The Historical Socrates and Athenian Democracy", in *Political Theory*, v. 11, 1983, 495-516, despertou muitas críticas. Por outro lado, considerei muito equilibrada a formulação de L.-A. DORION, "Socrate et la politique: les raison de son abstention selon Platon et Xénophon", in ID., *L'autre Socrate. Études sur les écrits socratiques de Xénophon*, Les Belles Lettres, Paris, 2013, 171-193, e arguta a leitura de R. W. WALLACE, "Plato 'Logographos': Defense of Socrates", in *Philosophia*, v. 43, 2013, 99-112, ainda que baseada na ideia (não compartilhada aqui neste livro) de que o texto da *Apologia* é inteiramente fruto de uma operação de um Platão que se comporta como um "logógrafo", isto é, um escritor de discursos a serem proferidos por outros no tribunal. Por fim, são preciosos os dados que emergem da reconstrução de A. L. CHEVITARESE e G. CORNELLI, "(Almost) forgotten complicity: Socrates (and Plato) between the Oligarchic Coup of 404 BC and the Democratic Restoration of 403", in P. P. A. FUNARI, R. S. GARRAFFONI e B. LETALIEN (orgs.), *New Perspectives on the Ancient World. Modern perceptions, ancient representations*, Archaeopress, Oxford, 2008, 161-166.

Na última parte deste capítulo, para traçar em linhas muito gerais a história do paralelo entre Sócrates e Cristo desde os primeiros séculos da era cristã ao século XIX, utilizei amplamente materiais presentes no meu "La morte di Socrate", in S. SETTIS (org.), *I Greci, II. Una storia greca, 2. Definizione (VI-IV secolo a.C.)*, Einaudi, Turim, 1997, 1323-1339, a que remeto para outros momentos dessa história que aqui tive de deixar de lado, bem como para algumas indicações bibliográficas necessárias. Entre as obras mais recentes sobre a *interpretatio christiana* de Sócrates, cabe citar ao menos M. FREDE, "The Early Christian Reception of Socrates", in JUDSON e KARASMANIS (orgs.), *Remembering Socrates*, cit., 88-102. Para muitos autores e momentos da história da "mitologia" socrática que tive de sacrificar (desde a admiração dos *philosophes* ao restabelecimento contrário das razões da acusação judicial no século XVIII, por parte de historiadores e eruditos como Fréret e Dresig), remeto à rica panorâmica de M. MONTUORI, *Socrates. Fisiologia di un mito*, Vita e Pensiero, Milão, 1998, 11-68, bem como a ID., *De Socrate iuste damnato. La nascita del problema socratico nel XVIII secolo*, Edizioni dell'Ateneo, Roma, 1981, que reúne os escritos de Nicolas Fréret, Siegmund Friedrich Dresig, Abbé Garnier, Charles Palissot de Montenoy. Ver, por fim, G. STEINER, "Lo scandalo dela rivelazione", in *MicroMega*, v. 5, 1993, 115-140.

Capítulo XIV
A defesa de uma vida

> Parece-me justo lembrar também como Sócrates, citado em juízo, procedeu à sua defesa e ao final da sua vida. Outros já escreveram sobre o tema e todos notaram a jactância da sua fala (*megalegoria*) – prova esta de que ele realmente se expressou naquele tom: mas não esclareceram que agora ele julgava preferível a morte à vida, e assim a sua jactância parece um tanto tola.
> XENOFONTE, *Apologia de Sócrates* 1.

> Na *parrhesia* [o dizer tudo], o falante deixa manifestamente claro e óbvio o fato de que o que ele diz é a sua opinião *pessoal*. E ele o faz evitando qualquer tipo de forma retórica, que poderia encobrir o que pensa. Em lugar disso, o *parrhesiastes* utiliza as formas e as expressões mais diretas que pode. Enquanto a retórica fornece ao falante instrumentos técnicos para ajudá-lo a prevalecer sobre as opiniões dos ouvintes (*independentemente* da opinião pessoal do orador sobre o que está dizendo), na *parrhesia* o *parrhesiastes* age sobre as opiniões dos outros manifestando-lhes da maneira mais direta possível aquilo em que realmente acredita [...].
> O papel de Sócrates é tipicamente um papel parresiástico, pois ele discute constantemente na rua com os atenienses e, como se faz notar na *Apologia* (29d-e), revela-lhes a verdade, exortando-os a cuidar da sabedoria, da verdade e da perfeição das suas almas [...]. Assim, a *parrhesia* filosófica está associada ao tema da cura de si.
> MICHEL FOUCAULT, *Discurso e verdade na Grécia antiga* (1996).

Depois de examinar a legitimidade das acusações formais a fim de obter a perspectiva mais objetiva possível sobre as razões do processo contra Sócrates, agora, para entender o seu desenvolvimento e desfecho, devemos considerar a estratégia de defesa adotada pelo acusado. Como se verá, não é difícil entender por que tal estratégia não persuadiu os jurados, que se decidiram pelo veredito de culpado e depois, com maioria ainda mais ampla, pela pena de morte; em lugar disso, o que cabe perguntar é se Sócrates realmente tentou se defender a sério ou se, pelo contrário, provocou o júri a chegar a um resultado desfavorável a si. E, dessa vez, iniciamos o nosso exame pelo texto de Xenofonte, mais precisamente da sua *Apologia de Sócrates*, porque ela começa indicando precisamente o tom de "jactância" empregado por Sócrates como o fator que teria contribuído para a antipatia do júri contra ele; *megalegoria*, "grandiloquência", significa literalmente um "falar grande", que o *big talking* inglês verte de maneira mais direta e indica uma atitude de bazófia, vangloriando-se.

Xenofonte, que, ao contrário de Platão, não esteve presente ao processo (desde 401 a.C. estava em outro lugar, como mercenário a serviço de Ciro e depois de Esparta), extraiu materiais para o texto em fontes orais e escritas (é possível, embora não seja certo, que entre elas estivesse também a *Apologia* escrita por Platão). Depois de se referir a outros que destacaram a *megalegoria* que Sócrates mostrou naquela ocasião, Xenofonte retoma de Hermógenes um diálogo entre ele e Sócrates (retomado também nas *Memoráveis* IV, 8.4-6), de onde se pode depreender que aquela linha de defesa não era ditada pela ingenuidade, como poderia parecer:

> Contudo, Hermógenes de Hipônico, que era amigo seu, comentou sobre ele coisas que mostram que aquela jactância (*megalegoria*) era perfeitamente adequada (*prepousa*) ao seu pensamento. Contou-me, de fato, que, ao vê-lo discutir sobre todos os assuntos exceto o processo, perguntou-lhe: "Você não deveria pensar no que vai dizer em sua defesa, Sócrates?". E então ele respondeu: "Não lhe parece que passei a vida toda preparando essa defesa?". O outro perguntou: "Como?". E ele:

"Vivendo sem cometer nenhuma injustiça", e este é, a meu ver, o modo mais belo de preparar a defesa (Xenofonte, *Apologia de Sócrates* 2-3).

O objetivo de Xenofonte nesse texto, portanto, é mostrar que o tom e a formulação do discurso são "apropriados" àquela atitude de evitar cometer injustiças que Sócrates manteve durante toda a vida. O fundo retórico dessa preocupação é indicado pelo termo que expressa essa ideia de propriedade: o particípio *prepon* do verbo *prepei* (impessoal, significando "convém", "indica-se") já tem aqui o sentido técnico que se consolidará na tratadística retórica, em que é central o princípio de que o estilo do orador tem de ser *prepon*, ou seja, "condizente" seja com o caráter do próprio orador, seja com o assunto tratado e com os sentimentos que pretender despertar nos ouvintes.

Mas, se avaliarmos a defesa de Sócrates nesses termos, temos de admitir que, por mais que pudesse ser coerente com a excelsa moralidade do réu e, nesse sentido, apropriada para provar a falsidade das acusações, ela não convenceu os ouvintes – pelo contrário, aumentou-lhes a irritação. Ademais, insinua-se a suspeita de que Sócrates pretendesse chegar voluntariamente a esse resultado, confirmando a hipótese de Xenofonte de que a vida não lhe importava mais do que um tanto. É verdade que, segundo Xenofonte, Sócrates teria preferido morrer porque chegara a uma idade em que as suas forças iriam apenas diminuir, ainda mais depois de ter vivido uma vida de grande satisfação e deixando grandes lamentações (*Apologia de Sócrates* 5-7); ademais, Sócrates teria encontrado reconforto para tomar esse rumo, devido ao fato de que o seu *daimonion* fora contrário a que ele preparasse argumentos para escapar à condenação (4), sinal de que nem mesmo os deuses queriam que tivesse uma vida atormentada pelas doenças da velhice (8). Essa explicação sempre foi considerada redutora, além de indicar a incapacidade de Xenofonte em compreender as motivações mais elevadas que impulsionaram o filósofo, o que contribuiu para uma desvalorização geral da sua *Apologia*, às vezes apontada como o seu escrito socrático menos feliz. Na realidade, o final das *Memoráveis* mostra que Xenofonte está longe de ser incapaz de tratar habilmente o tema da velhice iminente (IV, 8.6-10), e tampouco se pode excluir que esse tema estivesse presente entre as considerações de Sócrates, talvez com uma ironia que Hermógenes e, com razão, Xenofonte não captaram. Mas o problema não é esse: o problema é que não só a *Apologia* de Xenofonte como também o texto platônico paralelo dão a impressão de que Sócrates não fez nada para evitar o veredito de culpado nem a sentença de morte, isso se não tiver francamente encorajado os dois resultados para reiterar em público a sua coerência com o princípio de justiça que inspirou toda a sua vida.

Com efeito, ainda segundo a *Apologia* de Platão, Sócrates anunciou o seu senso de uma missão pessoal num tom que, para um público já indisposto contra ele, podia soar presunçoso. Essa representação confirma a de Xenofonte, não a contradiz em aspecto algum e ambas pressupõem uma base de realidade. Por que Platão e Xenofonte (além de outros contemporâneos, segundo as palavras iniciais da sua *Apologia*) iriam inventar um dado tão problemático? E por que não haveríamos de admitir que Sócrates se defendeu tal como relatam? O problema, como dissemos, é entender se e em que medida Sócrates se empenhou seriamente na sua defesa, em vista da condição que inegavelmente colocara a si mesmo: não faltar aos princípios pelos quais orientara toda a sua vida.

Retomemos, portanto, o texto da *Apologia* platônica desde o começo, no pressuposto de que, se por um lado a construção ciosamente deliberada e o extremo cuidado estilístico revelam o intenso remanejamento que o discurso oral deve ter sofrido na redação platônica, por outro lado não podemos esquecer que Sócrates (como bem mostraram os estudos de Livio Rossetti) era, com toda certeza, capaz de utilizar habilmente, e à sua maneira, estilemas e estratagemas retóricos. De todo modo, multiplicam-se no exórdio *topoi* retóricos que encontram paralelos precisos na oratória ática: os protestos quanto à própria inabilidade oratória e incapacidade de rebuscamentos estilísticos, a declaração de pouca familiaridade com a linguagem jurídica, o pedido ao público para que ouça sem gritarias (17b-18a). Em todo caso, a seriedade subjacente a esse jogo paródico é garantida pelo convite para olharem a *verdade*, para atentarem mais ao conteúdo do que à forma do discurso, que fecha o prólogo; aqui se encontra expresso um ideal de "boa retórica", em contraposição à prática sofista com vistas a obter de qualquer maneira, isto é, independentemente do seu estatuto de verdade, a vitória no discurso.

> Considerem que esta é a primeira vez, em setenta anos completos, que compareço diante de um tribunal; por isso, sinto-me totalmente estrangeiro na língua deste lugar. Mas vocês seriam indulgentes – não? – se eu fosse realmente um estrangeiro e falasse na língua e na maneira em que fui criado; e assim será lícito também agora – imagino eu – pedir-lhes que passem por cima da forma do discurso (pior ou melhor que seja) e concentrem toda a sua atenção sobre o problema se digo coisas justas ou não. Esta é, de fato, a virtude do juiz, e a do orador consiste em dizer a verdade (Platão, *Apologia* 17d-18a).

A esse prólogo segue-se uma réplica aos "primeiros acusadores" (até 24b), à qual não será preciso voltar ponto a ponto, pois já a comentamos em várias ocasiões; recordemos apenas brevemente que, aqui, Sócrates ressalta a sua distância em relação aos sofistas, por nunca ter dado aulas em troca de pagamento e nunca se ter declarado mestre em sabedoria, e nesse contexto, para esclarecer a natureza da sua atividade em relação ao saber, apresenta a resposta délfica (invocada como testemunho, note-se bem, segundo as formas da contestação judiciária: 20a). A seguir, chama diretamente em causa Meleto, a quem enfrenta com uma contestação de tipo dialético, fazendo-o cair em contradição a respeito tanto da acusação de corrupção dos jovens quanto da de ateísmo (24b-28a). A seguir, porém, como contraposição positiva à negação das acusações formais, Sócrates procede a algo que alguns intérpretes consideraram ser uma digressão, mas que constituía de modo muito verossímil – nas suas intenções – o núcleo mais autêntico de uma séria tentativa de se inocentar; mesmo quem julga que o objetivo seja desviar a atenção das suas simpatias oligárquicas, e que seja Platão a agir como defensor de Sócrates, há de reconhecer a eficácia desse procedimento. De fato, nesse momento ele mostra as suas cartas, com função decididamente reivindicatória: sempre concebeu a busca que lhe foi confiada pelo deus como uma missão de guerra e, para levá-la em frente, não recuará diante de nada, nem mesmo da morte, e muito menos renunciará a ela em troca da absolvição, na medida em que se sente como uma dádiva enviada pelo deus à cidade, para convidá-la a se reerguer de um estado de decadência dos valores e de preguiça moral:

> Aqui, atenienses, falo não tanto por mim, como se poderia pensar, quanto por vocês, para que, votando contra mim, não cometam um erro em relação ao dom do deus. Porque, caso me matem, não será fácil encontrarem outro como eu, realmente colado pelo deus à cidade (para usar uma imagem um pouco grotesca) como a um imponente cavalo de raça, o qual, porém, é pelo próprio tamanho um pouco preguiçoso e precisa ser picado por um inseto; assim, parece-me, o deus me prendeu à cidade com a função de despertar, persuadir e repreender um por um, intrometendo-me incessantemente por toda parte durante o dia inteiro. Outro assim não voltarão a ter facilmente, cidadãos, e, se me derem ouvidos, irão me poupar; talvez, pelo contrário, aborrecidos como alguém que é despertado do torpor, num belo pontapé expulsem-me tranquilamente, dando ouvidos a Ânito, e então voltarão a dormir pelo resto da vida, a menos que o deus, preocupado com vocês, mande algum outro (Platão, *Apologia* 30d-e).

Antes de dizer estas palavras, Sócrates pede (não pela primeira vez ao longo do discurso) que o público não erga gritos de protesto. Com isso, mostra-se plenamente ciente de que o seu tom de orgulhosa reivindicação soa provocador a muitos presentes entre o público. E tampouco modera o tom; pelo contrário, destaca que, com boas razões, uma voz divina sempre o manteve em guarda contra a vida política, na qual não poderia manter inabalavelmente as suas exigências de verdade e justiça diante das massas populares. Depois de uma declaração dessas, de pouco deve ter adiantado, como já dissemos, que ele relembrasse que, tanto com o governo dos Trinta quanto com o governo democrático, tivera de manifestar a sua independência moral pondo a vida em risco. Expressão última de altivez, embora correspondendo a um clichê retórico usual: não tentará obter a absolvição com súplicas (tema que retorna na *Apologia* de Xenofonte, 4 e 23), como se costumava fazer para explorar as emoções de um júri popular, porque não quer desviar os juízes, nos quais confia, do juramento que prestaram de procederem segundo a justiça (34b-35d).

Assim se conclui tecnicamente a defesa, mas o discurso de Sócrates abrange mais duas partes, uma posterior ao anúncio do veredito de culpado, a outra como comentário à determinação da pena de morte. De fato, no processo ático, a sentença de culpado vinha em separado da pena, que era determinada concedendo-se ao réu o direito de contrapor às solicitações da acusação (no caso de Sócrates, como sabemos, a morte) a proposta de uma pena alternativa (essa fase processual recebia a denominação formal de *antitimesis*, "contraproposta"). Com efeito, nada garante que os jurados realmente esperassem uma condenação à morte; além disso, os favoráveis ao veredito de culpa de Sócrates (280 jurados sobre os quinhentos membros do tribunal popular) tinham uma maioria de apenas trinta votos. Sabemos disso pelo próprio Sócrates, que, ao comentar o resultado da votação, declara que não pensava que chegaria tão perto assim da absolvição (36a)... Com isso dando o tom a um discurso que, mais uma vez provocador, diminuirá ainda mais as simpatias dos juízes por ele. Se quisesse, poderia evitar a pena de morte solicitada, propondo que fosse comutada, por exemplo, para o exílio ou uma multa adequada; ao invés disso, declara que até merece uma recompensa pelo benefício que julga ter trazido à cidade:

> Estive a repartir em privado, de um em um, aquilo que considero o maior benefício: procurei persuadir cada um de vocês a não cuidar das suas coisas antes de cuidar de si mesmo, de modo a se tornar bom e sábio ao máximo possível, nem das coisas da cidade antes de cuidar da própria cidade, adotando essa mesma atitude em qualquer situação [...]. Ora, digam-me, que pena mereço por essa escolha de vida? Se devo fazer uma proposta realmente congruente, atenienses, direi que mereço algum prêmio, e, mais precisamente, um prêmio que seja adequado a mim (Platão, *Apologia* 36c-d).

Assim, a contraproposta é a de fazer as refeições no Pritaneu, o privilégio concedido pela cidade aos atletas que a honraram com as suas vitórias nos jogos pan-helênicos. Há aqui uma referência implícita, e também importante, a uma prática corrente: quem se considerava benfeitor da cidade podia fazer essa solicitação, que, de fato, foi concedida a vários personagens (por exemplo, a Ifícrates, nisso ajudado por Lísias, e depois a Dêmades e Demóstenes). De todo modo, o discurso prefere dar relevo à contraposição (já esboçada numa famosa elegia de Xenófanes de Cólofon) entre a excelência atlética e a sabedoria filosófica, que leva Sócrates a empreender a sua missão para o bem da cidade; em vista disso, não poderia aceitar ser preso nem exilado. Mas não se sentiria limitado na sua liberdade se o multassem no valor de uma mina ou uma soma maior, que então seria arrecadado entre os seus fiéis amigos; e isso é o máximo, diz ele, que pode conceder ao júri (36a-38b).

Segundo uma notícia de Diógenes Laércio (II, 42), o júri reagiu a essa peculiar *antitimesis* confirmando a pena solicitada por Meleto, e nada menos que oitenta membros teriam passado para o outro lado, resultando numa maioria de 360 em quinhentos. Mas, se o texto de Platão reflete apenas o conteúdo do discurso proferido por Sócrates, talvez seja de admirar que 140 jurados ainda tivessem se mantido ao seu favor.

Definitivamente encontramos em Platão uma elaborada confirmação daquilo que Xenofonte afirma de modo transparente e mais sintético: Sócrates concebeu a sua defesa como o coroamento (e o mais eficaz *exemplum* para os seus discípulos) da retidão moral que mostrara durante toda a vida. Isso não significa que não tenha tentado seriamente persuadir o júri. O discurso, sem dúvida, inicia-se com as marcas de uma improvisação, mas, como dissemos, trata-se de um *topos* retórico e talvez tenha sido isso, ao ser entendido literalmente por Hermógenes e outros, que causou a impressão de que Sócrates chegara despreparado ao tribunal, amparando-se apenas na sua vida passada (esta, por sua vez, torna-se uma imagem tópica, evocada nos textos retóricos de Cícero e Quintiliano). Todavia, é inegável que o discurso tem uma estruturação cuidadosa e a argumentação mostra um desenvolvimento habilidoso. Naturalmente, é provável que Platão tenha intervindo com um bom grau de reelaboração formal, sobretudo – por exemplo – no contraponto preciso e constante, que se nota nas primeiras páginas, com a *Apologia de Palamedes* de Górgias, autodefesa imaginária do herói caluniado como traidor de Ulisses, sob os muros de Troia. A analogia com as vicissitudes de um herói injustamente executado, que não por acaso será incluído por Sócrates entre a reconfortante companhia que espera encontrar no Hades (41b), oferece oportunidade para uma série de remissões verbais ao escrito gorgiano (que nos chegou na íntegra), versando sobre temas comuns aos dois acusados (o saber útil aos outros, o desinteresse pelas riquezas), mas, acima de tudo, aludindo e se distanciando de uma técnica oratória como a dos sofistas, mais adequada aos procedimentos judiciais normais. O discurso de Górgias, com efeito, é dominado pelo problema da probabilidade de que Palamedes tenha ou não cometido o ato de que é acusado, com base na observação quase obsessiva de que Ulisses não conseguiu apresentar provas concretas nem testemunhos que validassem a sua denúncia. Sócrates, por outro lado, passa por cima do plano factual e pede aos jurados uma compreensão profunda do "verdadeiro" significado das acusações levantadas contra ele. Mas, se a rede de paralelos de que se entretece o texto da *Apologia* pressupõe necessariamente uma elaboração escrita, há boas razões para considerarmos que a concepção dos meios e dos fins da persuasão que transparece nele se deve ao próprio Sócrates, pelo menos no sentido de que, se não a teorizou, pôs em prática a sua maior prova.

A esse respeito, consideremos no *Górgias* de Platão alguns momentos de reflexão sobre a arte retórica que parecem mais marcados pela experiência e pela moralidade de Sócrates. Entre eles está a contraposição, apresentada pelo personagem de Sócrates na discussão com Górgias, entre aquela modalidade de persuasão que (em tribunais ou comícios) incentiva tomadas de posição contingentes, dissociadas da noção exata do justo e do injusto, e uma persuasão realmente instrutiva, por ser geradora de um conhecimento seguro (454c-457b). Adiante, na discussão com Polo sobre o estatuto cognitivo da arte retórica, nota-se o paradoxo de que a retórica deveria servir não para absolver o culpado, e sim para evidenciar a sua culpa e livrá-lo, cumprindo a devida pena, da injustiça que lhe mancha a alma (480a-d).

Avançando o diálogo, no tenso confronto com Cálicles, Sócrates traçará com vividez ainda maior os contornos de uma retórica empenhada em instilar justiça e sabedoria nas almas dos ouvintes, muito diversa daquela normalmente usada pelos políticos, empenhados apenas em satisfazer com servilismo e bajulação às demandas das massas. Ainda não se conhecem exemplos daquela retórica "bela", que visa à perfeição moral dos cidadãos (e por isso contraposta àquela "feia" dos demagogos): "Porém nunca viste até agora essa retórica", diz Sócrates a Cálicles, e este concorda (502d-503b). Mas a alusão, *post eventum*, é clara: Sócrates, com a sua autodefesa, "oferecerá" a mais límpida aplicação dessa concepção da retórica; em outras palavras, a teoria elaborada no *Górgias* brota diretamente, e de maneira nada implícita, da reflexão sobre a prova socrática. Uma menção a ela retorna algumas páginas adiante, na crítica à retórica usualmente utilizada nos tribunais, que o filósofo despreza, apontando-a como mera técnica de sobrevivência, análoga, nesse sentido, à técnica do piloto ou do estratego, mas indigna do homem nobre, que deve almejar não a mais longa vida possível, mas a vida boa (511b-c). E ainda, mais adiante, declara-se ciente de que poderá ir ao encontro da morte se, levado a tribunal, recusar-se a utilizar uma retórica aduladora, mantendo-se fiel à ideia de que o melhor recurso do homem inocente é a vida vivida sem injustiças (521b-522e).

Se cremos no conteúdo histórico efetivo das vicissitudes de Sócrates, em especial na sua coerência moral, temos também de dar crédito pelo menos às linhas essenciais do discurso narrado por Platão. E, se lemos esse discurso à contraluz do *Górgias*, vemo-nos autorizados a reconhecer aí uma tentativa séria de experimentar as possibilidades de uma técnica persuasiva que atenda aos requisitos da verdade e da justiça. Essa tentativa, ao fim, não teve êxito, é verdade, mas isso não significa que tal fosse a intenção de Sócrates; certamente preferiria convencer os concidadãos da sua inocência, pois isso faria bem à alma *deles*.

Mas, para encerrar, situemos a estratégia adotada por Sócrates, tanto nos seus aspectos jactanciosos e provocadores quanto nos seus efeitos negativos, dentro do quadro histórico da democracia ateniense. Nesse quadro, a condenação de Sócrates poderia parecer um intolerável desmentido da liberdade de expressão que caracterizou o mundo intelectual de Atenas nos momentos mais viçosos do século V. Desde Eurípides e Aristófanes, o termo *parrhesia* (literalmente, o "dizer tudo") se repete na literatura ática designando aquela possibilidade de falar livremente (mesmo contra os políticos), que constitui um valor fundador da democracia ateniense; mas, note-se bem, fundador por designar não um direito individual absoluto (como se entende em geral a liberdade de expressão no mundo moderno), e sim uma crítica que o indivíduo pode e até deve exercer como contribuição sua ao bem da cidade. Por outro lado, após 404 a.C. firma-se em Atenas uma nova palavra de ordem: a "concórdia" (*homonoia*), ou seja, aquela pacificação que deve ser retomada com urgência, contra qualquer risco de conflito interno (*stasis*), num tecido cívico dilacerado por demasiado tempo pelos desastres da guerra externa e pelas lutas entre as facções. Nesse quadro, um intelectual conservador e antidemocrático como Isócrates evita tomar posições públicas e, mesmo na Comédia Intermediária e na Comédia Nova, aos poucos começa a desaparecer a ridicularização do *demos* que fora tema vital da Comédia Antiga. Sócrates, porém, é o único que continua a expor publicamente a sua crítica cortante aos fundamentos do poder democrático e à competência das suas lideranças, num momento em que tal crítica já não é vista como incentivo, mas sim como verdadeira ameaça.

Sócrates, ao que parece, não evocou a noção de *parrhesia* no seu discurso de defesa justamente porque se tratava de uma prerrogativa específica, a ser usada com prudência, segundo as circunstâncias, e não propriamente um valor inconteste. Mas sem dúvida lança mão dela no momento em que retoma a sua crítica ao modo de vida dos cidadãos, gerando o resultado que conhecemos. Por isso, os eventos do processo podem ser vistos como um ponto de ruptura na história da *parrhesia*, quando ela passa de uma acepção pública para uma acepção privada, como prerrogativa do filósofo e do seu "falar franco", com risco de vida, aos que detêm o poder (tema que se tornará central na tradição cínica).

A segunda acepção de *parrhesia* foi objeto de reflexão do último Foucault, que aprofundou o seu sentido de *coragem de dizer a verdade*, ao mesmo tempo iluminando o seu vínculo constitutivo com o tema do cuidado de si. O ato parresiástico, de fato, apresenta uma série de características interligadas, que o convertem num momento essencial da constituição da subjetividade: a intenção deliberada de dizer a verdade e de dizê-la sem rebuços nem embelezamentos retóricos; a consciência do risco que isso comporta e a disposição de enfrentá-lo; a livre expressão, em forma de crítica dirigida a si ou a outrem; e, por fim, o sentido do *dever* de falar com franqueza e liberdade. Ora, Foucault reconhece em Sócrates os traços inaugurais do *parrhesiastes*, pois toda a sua vida consistiu em "falar livremente". Foucault, na verdade, não está interessado nas circunstâncias históricas do processo de Sócrates, que aqui tentamos mostrar como o lugar em que se consumou a tolerância da cidade grega diante do dissenso; mas ele valoriza com justeza aquela única passagem de um diálogo socrático em que o termo *parrhesia* aparece associado a Sócrates. Essa passagem está no *Laques*, quando Nícias expressa a sua vontade de ouvir os discursos "sem trégua" de Sócrates, em vista do benefício que mesmo um homem idoso pode obter com quem lhe diga se agiu ou está agindo bem ou mal (187e-188b), e Laques concorda que, mesmo para si, é um prazer ouvir um homem cuja virtude está em harmonia com as suas palavras:

> Tal homem, quando fala, alegra-me e me sinto amigo dos discursos – com tanto arroubo acolho o que diz –, enquanto quem age de modo oposto causa-me incômodo, que é tanto maior quanto melhor ele parece falar, e me sinto inimigo dos discursos. Quanto a Sócrates, não conheço os seus discursos, mas, ao que parece, conheci primeiro as suas ações, e, nelas,

pareceu-me digno de belos discursos e de toda a franqueza (*parrhesias*, Platão, *Laques* 188d-189a).

Em Sócrates, para Foucault, o cuidado de si se manifesta pela primeira vez como *parrhesia*. Com base na coerência entre *bios* e *logos*, entre a escolha pessoal de vida e a reflexão capaz de sustentá-la, Sócrates pôde se permitir denunciar as falhas dos interlocutores, criticá-los, exortá-los a adotarem comportamentos que pudessem, eles também, justificar com princípios racionalmente argumentados. Tal coerência persiste nos dias subsequentes ao processo, os últimos da vida de Sócrates, que agora retraçaremos, inevitavelmente tomando Platão como guia.

Nota bibliográfica

Para este e os próximos capítulos, permiti-me recorrer com mais frequência ao tratamento que dei aos mesmos problemas na introdução a *Apologia* e a *Críton*, por mim traduzidos e comentados, Rizzoli, Milão, 1993. Remeto a esse texto para uma reconstrução filológica mais detalhada e para algumas indicações bibliográficas, e aqui me limito a acrescentar alguns ensaios que não abordei na época ou cuja importância desejo reiterar.

Uma leitura equilibrada da *Apologia* xenofontiana se encontra in V. J. GRAY, "Xenophon's 'Defence of Socrates': The Rhetorical Background to the Socratic Problem", in *Classical Quarterly*, s/n, v. 39, 1989, 136-140. A análise de G. DANZIG, "Apologizong for Socrates: Plato and Xenophon on Socrates' Behavior in Court", in *Transactions of the American Philological Association*, v. 133, 2003, 281-321, é repleta de novas e argutas observações, mas o autor se inclina pela tese de que tanto Platão quanto Xenofonte distorceram as linhas do discurso efetivamente proferido, para responder a acusações posteriores à morte de Sócrates. Essa tese é retomada em ID., *Apologizing for Socrates: How Plato and Xenophon Created Our Socrates*, Lexington Books, Lanham (Md.), 2010.

A retórica de Sócrates é reconstruída com base nos primeiros diálogos platônicos e em outros textos da literatura socrática por L. ROSSETTI, "The Rhetoric of Socrates", in *Philosophy and Rhetoric*, v. 22, 1989,

225-238; ID., "Sulla dimensione retorica del dialogare socratico", in *Methexis*, v. 3, 1990, 15-32, e por outros estudos sobre o tema reunidos em ID., *Le dialogue socratique*, cit. O sentido da retórica presente na *Apologia* de Platão é bem examinado por K. SEESKIN, "Is the 'Apology of Socrates' a Parody?", in *Philosophy and Literature*, v. 6, 1982, 91-105; R. E. ALLEN, "Irony and Rhetoric in Plato's 'Apology'", in *Paideia*, v. 5, 1976, 32-43; L.-A. DORION, "'Elenchos' dialectique et 'elenchos' rhétorique dans la 'Défense de Socrate'", in *Antiquorum Philosophia*, v. 1, 2007, 75-90. A referência a Palamedes foi aprofundada por J. BARRETT, "Plato's 'Apology': Philosophy, Rhetoric, and the World of Myth", in *The Classical World*, v. 95, 2001, 3-30. Encontra-se uma interpretação geral do *Górgias* in A. FUSSI, *Retorica e potere. Una lettura del "Gorgia" di Platone*, Edizioni ETS, Pisa, 2006.

Sobre o problema histórico da *parrhesia*, relembre-se A. MOMIGLIANO, "Libertà di parola nel mondo antico", in *Rivista Storica Italiana*, v. 83, 1971, depois in *Sesto contributo alla storia degli studi classici e del mondo antico*, cit., 435-457. Para uma útil abordagem da Atenas arcaica e clássica, R. W. WALLACE, "Mass versus Elite: Dissent or Cooperation in Archaic and Classical Greece", in *Teoria*, v. 32, 2012, 109-120.

O tema da *parrhesia* ingressou no horizonte de Foucault nos últimos anos da sua vida; ele lhe dedicou uma aula de 10 de março de 1982, incluída em *L'ermeneutica del soggetto*, cit., e depois ocupou o centro dos dois últimos cursos ministrados no Collège de France, reunidos em M. FOUCAULT, *Il governo di sé e degli altri: corso al Collège de France (1982-1983)*, Milão, Feltrinelli, 2009, e ID., *Il coraggio della verità: il governo di sé e degli altri II: corso al Collège de France (1984)*, Milano, Feltrinelli, 2011. Além disso, Foucault abordou o tema no seminário *Discourse and Truth*, que manteve na Universidade da Califórnia (Berkeley), na primavera de 1983; o texto dessas aulas, com transcrição aos cuidados de Joseph Pearson, pode ser lido in M. FOUCAULT, *Discorso e verità nella Grecia antica*, introdução de Remo Bodei, Donzelli, Roma, 1996.

Capítulo XV
Citizen Sócrates

> Atenhamo-nos, Críton, ao nosso raciocínio e indaguemos apenas se, como acabamos de dizer, dando dinheiro e reconhecimento àqueles que me retirarem daqui, estaremos, você que quer me retirar e eu que consinto, fazendo a coisa justa; ou se, na realidade, com tudo isso, cometeremos uma injustiça. E se nos ficar claro que se trata de uma ação injusta, procuremos não nos preocupar por ter de morrer ou sofrer qualquer outra pena (e permaneçamos com tranquilidade no nosso lugar), e sim ocupemos os nossos pensamentos em não cometer uma injustiça.
> PLATÃO, *Críton* 48c-d.

> E afirmo que o indivíduo que desobedece à lei, cuja consciência lhe diz que ela é injusta e está disposto a aceitar a pena ficando na prisão até que aquela lei seja alterada, está manifestando no momento o mais alto respeito pela lei. É isso o que os estudantes têm feito no seu movimento. Claro que não há aqui nenhuma novidade; eles se sentem em boa companhia, e têm razão. Vamos ler a *Apologia* e *Críton*, e vemos Sócrates exercendo a desobediência civil. E, em certa medida, a liberdade acadêmica é hoje uma realidade porque Sócrates exerceu a desobediência civil. Os primeiros cristãos exerceram a desobediência civil de maneira magnífica, a ponto de se disporem a ser atirados aos leões. Estavam dispostos a enfrentar todos os tipos de sofrimentos a fim de defenderem o que sabiam ser o certo, muito embora soubessem que contrariava as leis do Império Romano.
> MARTIN LUTHER KING, *Amor, lei e desobediência civil* (1961).

O historiador inglês George Grote, em seu importante livro de 1867 (*Plato and the Other Companions of Socrates* [Platão e os outros companheiros de Sócrates]), sugeria que Platão havia "traído" Sócrates, apresentando na *República* um Estado que jamais admitiria o Sócrates que conhecemos pela *Apologia* e tampouco a sua dialética negativa. Grote inspirou gerações de autores que insistiram sobre a diferença entre um Platão totalitário e um Sócrates democrático, em tons sempre mais incisivos a partir dos anos 1930; chegou-se à expressão mais enérgica desse contraste em 1945, com *A sociedade aberta e seus inimigos*, a controvertida obra de Karl Popper, mas o tema continua a ser objeto de viva discussão entre os estudiosos do pensamento político antigo. Deixando por ora o problema do dito totalitarismo platônico, detenhamo-nos por mais um momento na canonização do Sócrates democrático, o qual foi possível criar com uma leitura "literal" daquela fonte platônica que destaca em primeiro plano um desejo autêntico de Sócrates de aprimorar a democracia ocultando, por questões apologéticas, os elementos subversivos do seu ensinamento. Essa leitura ganhou amplo público nos Estados Unidos, em duas fases distintas de aguda tensão entre autoritarismo do Estado e impulsos igualitários e libertários. Em 1954, em pleno período macarthista, saiu uma coletânea de estudos com o significativo título de *The State versus Socrates: A Case Study in Civic Freedom* [O Estado *versus* Sócrates: um estudo de caso sobre a liberdade civil]. O organizador, John D. Montgomery, não deixou de estigmatizar na introdução aqueles cidadãos americanos que "julgam necessário defender as suas tradições com um fanatismo e uma intolerância que lembram os dos jurados atenienses". Mais tarde, no período das lutas pelos direitos civis e dos protestos contra a Guerra do Vietnã, Sócrates se torna um paladino da desobediência civil. Nesse contexto, ganha valor emblemático o episódio da sua oposição à ordem dos Trinta, evocada na *Apologia* platônica em nome do princípio de não cometer injustiça a preço algum, retomado no *Críton*. Essas passagens dos diálogos são citadas por Martin Luther King no seu discurso *Love, Law, and Civil Disobedience* [Amor, lei e desobediência civil], dedicado à "filosofia por trás do movimento estudantil" que, no começo dos anos 1960, lutava no sul dos Estados Unidos pela igualdade racial. O apelo a Sócrates volta, dois anos depois, a consubstanciar a carta aberta escrita na prisão de Birmingham (1963), em resposta à recomendação, assinada por oito eclesiásticos, para conduzir o justo combate contra as injustiças nos tribunais e não nas ruas; nela, King define a desobediência civil como um dever diante de uma lei injusta, acompanhado pela aceitação da pena.

Lembremos que, nos mesmos anos, o tema da desobediência civil era debatido também entre os filósofos; naturalmente, o nome de Sócrates ressurgia com frequência nessas discussões. Hannah Arendt, em particular, não hesitava em ver na decidida recusa de levar uma vida sem exame (numa passagem da *Apologia* platônica que citaremos logo mais) um exemplo de desobediência civil, e nesse mesmo espírito via no sinal divino uma figura da consciência individual, oposta à autoridade superior. Mas, ao se adotar essa perspectiva, encontrava-se nas fontes sobre Sócrates uma justificação mais fácil para aquela aceitação da pena que, para Martin Luther King, devia acompanhar naturalmente (e cristãmente) a atitude de desobediência civil. Segundo o *Críton*, Sócrates de fato teria aceitado ou, melhor, não teria feito nada para evitar a sentença capital, sentindo-se obrigado, com base no princípio de não cometer injustiça a preço algum, a respeitar as leis do Estado que o aprisionara injustamente. Mas, se ele era e se sentia inocente, quais podem ter sido as suas motivações particulares, no contexto específico da *polis* em que vivia, para se submeter a um veredito injusto? E a sua obediência não está em contradição com a inequívoca afirmação do direito de desobediência que se lê na *Apologia* platônica? Cabe lembrar pelo menos essa passagem do primeiro discurso dirigido aos juízes:

> ...se me disserem: "Sócrates, agora o liberamos sem dar ouvidos a Ânito, mas com a condição de que não passe mais o seu tempo com as suas indagações e deixe de filosofar, e, se reincidir,

morrerá"; se, em suma, me liberarem com a condição que citei, retrucarei que, mesmo tendo amizade e afeto por vocês, concidadãos, prefiro obedecer ao deus a lhes obedecer, e enquanto tiver vida e forças não deixarei de fazer filosofia e de exortá-los, dirigindo-me aos que encontrar no meu caminho com a minha usual advertência demonstrativa... (Platão, *Apologia* 29c-d).

A questão fica ainda mais complexa com o discurso das Leis no *Críton*, que, por sua vez, coloca difíceis problemas de interpretação, principalmente por causa do uso de argumentos autoritários, como a comparação entre a obediência à lei e a obediência que os filhos devem aos pais e os escravos aos senhores. Um estudioso como Gregory Vlastos, convicto dos sentimentos democráticos de Sócrates, podia ver na sua escolha o corolário natural de uma adesão irrestrita ao regime vigente (bem como, claro, de uma elevadíssima estatura moral); mas, no extremo oposto, entre os estudiosos que insistem na admiração do filósofo por regimes de tipo oligárquico, sustentava-se que o relato do *Críton* é uma construção totalmente fictícia de Platão, com vistas a defender Sócrates (e a si mesmo) das acusações de ser inimigo da democracia, apresentando-o numa atitude de obediência passiva. Entre esses dois polos, deu-se nas últimas décadas, sobretudo na esfera anglo-americana, uma discussão que, na sua riqueza, mostra a viva atenção que as vicissitudes do filósofo não cessam de despertar entre a história do pensamento e a teoria (e a realidade) política. Nas próximas páginas, não poderemos avançar no complexo quadro das interpretações surgidas, mas procuraremos extrair do texto do *Críton* a possível linha de raciocínio que Sócrates contrapôs à proposta do amigo de ajudá-lo a fugir.

Consideramos que esse episódio, nas suas linhas gerais, realmente ocorreu. Na *Apologia* de Xenofonte, também lemos que alguns amigos queriam que Sócrates fugisse da prisão, com o que ele não concordou (c. 23); e parece improvável que amigos e discípulos, para apresentar o mestre a uma luz favorável, tivessem inventado uma história que seria fácil contestar, assim gerando um efeito contrário ao pretendido. Em suma, neste caso, como em outros aqui tratados, é mais plausível pensar que na base da narrativa está a realidade do homem Sócrates, excepcional devido à sua honestidade moral e intelectual. Devido ao caráter extremamente privado da conversa entre Sócrates e Críton, Platão se teria permitido apresentá-la de maneira muito pessoal, mais do que na *Apologia*, e isso valeria em particular para a impressionante prosopopeia das Leis. Essa consideração, porém, não nos deve levar a negar a realidade histórica da recusa de Sócrates em fugir, e tampouco a qualidade das justificações racionais que pode ter dado a ela. Enfim, vejamos como se desenvolve o *Críton*.

Cabem aqui algumas palavras sobre Críton, que conhecemos por outras referências nos diálogos platônicos e que também é mencionado por Xenofonte, como um dos frequentadores mais assíduos de Sócrates (*Memoráveis* I, 2.48). Tem mais ou menos a mesma idade de Sócrates, é do mesmo demo (Alopece) e amigo seu desde a infância; com o filho Critóbulo, esteve presente durante o processo, pronto para contribuir no pagamento de uma eventual multa pecuniária (Platão, *Apologia* 33d-e, 38b). É proprietário de terras (*Memoráveis* II, 9.1-3) e, por isso, dispõe de meios para subornar os guardas da prisão (*Críton* 45a). Críton também aparece no *Fédon*, acompanhando Sócrates até o final, junto com Critóbulo e outros jovens discípulos, cuidando solicitamente da condição física do amigo e dos detalhes materiais nos seus últimos instantes de vida: no início, a pedido de Sócrates, incumbe-se de retirar Xantipa, que se lamenta em altos brados, e um dos seus filhos (60a); a seguir, recomenda-lhe que não se acalore ao falar para não retardar o efeito da cicuta (63d-e); segue-o quando vai se lavar e está presente no último encontro com Xantipa, os filhos e as mulheres de casa (116a-b). Aos poucos, conforme se aproxima o fim do diálogo, a relação entre os dois se torna mais intensa e, para Críton, dramática: Críton pede ao amigo que aguarde mais um instante antes de tomar a cicuta, mas Sócrates responde que se sentiria ridículo retardando o momento, pois não teria nada a ganhar com isso, e, enquanto a ingere, Críton se afasta em lágrimas (116d-117d). Por fim, é a Críton que o filósofo dirige as últimas célebres palavras, lembrando-lhe de sacrificar um galo a Asclépio (118a).

Tudo isso para dizer que Críton é uma pessoa capaz de grande afeto e lealdade, mas não se destaca pela capacidade de entender o sentido mais profundo do comportamento de Sócrates. Assim, no diálogo com o seu nome, Críton acrescenta à sua generosa oferta de ajuda um apelo a valores de reputação exterior (*doxa*), manifestando antes de mais nada o receio de que "a maioria" possa censurá-lo por não se ter disposto a gastar as suas riquezas para salvar um amigo ou que possa censurar Sócrates por deixar os filhos órfãos de cuidados e de educação (44b-46a). Repetem-se no discurso de Críton os termos do campo semântico da vergonha, e já sabemos como Sócrates contribuiu para aprofundar essa noção a partir da sua valência mais exterior, ligada à desonra social, numa direção em que passa a se associar profundamente ao juízo moral que o próprio sujeito formula sobre as suas ações pessoais; juízo esse fundado em valores ideais de verdade e justiça. Assim, não admira que Sócrates rejeite vivamente o argumento de Críton, manifestando a máxima indiferença pela opinião das pessoas, à qual não reconhece autoridade, tendo sempre adotado na vida a escolha de seguir o argumento que se lhe afigurasse melhor após um exame acurado. Antes, aliás, chegara à conclusão de que não é preciso escutar os conselhos da maioria, mas sim os de quem tem conhecimento seguro do objeto em questão. Portanto, tal como no caso das coisas do corpo recorre-se ao médico e ao instrutor de ginástica, ou seja, aos especialistas, da mesma forma deve-se proceder em relação àquela nossa parte ("seja qual for") em que se abrigam a justiça e a injustiça e que tem mais valor do que o corpo (46b-48a).

Como se vê, esse discurso é permeado de vários temas socráticos importantes que já abordamos antes, mas que aqui, precisamente, encontram uma das primeiras formulações na obra de Platão: desde a ideia de que o que importa na reflexão moral não é a opinião da maioria, mas sim a daqueles que são realmente competentes sobre o que é justo, bom, belo (note-se, entre outras coisas, que Platão aqui acolhe no texto uma noção de claro perfil antidemocrático), até a analogia alma-corpo, com a respectiva superioridade da alma e do cuidado por ela, que examinamos no *Alcibíades primeiro*. Também são familiares as palavras subsequentes. O ponto essencial de reflexão é, de fato, se fugir é *justo*, e nesse ponto deve-se considerar não o que dirão "as pessoas, mas só aquele que entende de justo e injusto, e a própria verdade" (48a). Para Sócrates, é importante que Críton acompanhe o seu raciocínio passo a passo, porque gostaria que ele concordasse com a sua escolha e, para isso, relembra-lhe que já no passado havia concordado com o princípio de que não se deve cometer injustiça a preço algum, nem mesmo em resposta a uma injustiça de outrem. Se se acrescentar que, quando se concorda com alguém sobre a justeza de algo, deve-se então fazê-lo, a pergunta crucial é:

> Afastando-nos daqui sem o prévio consentimento da cidade, fazemos mal a alguém e precisamente a quem menos deveríamos, ou não? E permanecemos fiéis aos princípios que considerávamos justos, ou não? (Platão, *Críton* 50a).

Assim chegamos ao cerne do problema: agora se trata de entender se nos "acordos" entre Sócrates e as Leis incluía-se o compromisso de respeitar os juízes da cidade. Notemos que o caso é mais complicado do que aqueles em que o filósofo estivera diante dos Trinta ou na assembleia que devia decidir sobre o processo dos generais das Arginusas: desobedecer à ordem de cumprir uma ação visivelmente injusta ou adotar um procedimento totalmente ilegal não devia exigir uma longa reflexão. Aqui se trata de uma sentença que pode ser interpretada como erro humano, mas cometido num processo que se desenrolou no pleno respeito à norma legal; as Leis, por meio dos seus agentes, os indivíduos, assim se revelam portadoras de injustiça, mas injusto seria evitar a sentença capital, na medida em que (e aqui, pela primeira vez, Sócrates dá a palavra às Leis) significaria transgredir o princípio que estabelece a execução das sentenças proferidas e, com isso, ameaçar o princípio de legalidade sobre o qual se funda a existência da cidade (50b).

E aqui, portanto, entram em cena as Leis, para lembrar a Sócrates (mas, na verdade, a Críton e a nós) que, tendo sido ele gerado e criado sob o governo delas, delas deve considerar-se "criatura e escravo", considerar a pátria como mais preciosa do que os próprios genitores e "obedecê-la e servi-la nas suas justas iras mais do que a um pai" (50c-51c). Por isso:

> Sócrates: "...*a alternativa é persuadi-la ou cumprir as suas ordens*, sofrendo em silêncio o que ela impõe sofrer, quer se trate de ser espancado ou preso, quer de ser ferido ou morto, se enviado à guerra; e é preciso fazê-lo – e assim é justo – sem se render, nem se retirar, nem abandonar o seu posto, porque seja na guerra, seja no tribunal, em todo lugar deve-se fazer o que a cidade, a pátria ordena [...] a menos que se consiga persuadi-la onde reside a justiça. Se é uma impiedade usar de violência contra o pai e a mãe, tanto mais será contra a pátria." Como podemos replicar a este discurso, Críton? Que as leis dizem a verdade, ou não? (*Críton* 51b-c).

Aqui reencontramos a analogia, já utilizada por Sócrates para fins de defesa (*Apologia* 28b), entre a resistência que se exige de um soldado em guerra e o dever de respeitar um compromisso assumido; mas os termos da relação são inteiramente invertidos.

Lá se tratava de prosseguir com firmeza, contra todas as ameaças de perigo e morte (que também podiam provir da cidade), na missão confiada pelo deus, ao passo que, aqui, a posição a manter é a do *cidadão*, cujo estatuto o obriga a obedecer ao comando da lei. Essa inversão de valores que se parece dar entre a *Apologia* e o *Críton* leva ao nó do problema, sendo que, para enfrentá-lo, é preciso perguntar qual é a concepção de cidadania que Sócrates abraça (ou que Platão considera, com boas razões, que ele tenha abraçado) na sua última e essencial argumentação.

Ao mesmo tempo, pode-se observar que, nesse primeiro trecho do discurso, as Leis relembram ao filósofo que elas têm acompanhado a sua vida em Atenas desde o nascimento; a menção específica das normas do direito matrimonial (50d) alude ao fato de que o estatuto de cidadão era concedido apenas aos filhos legítimos de pai e mãe atenienses e que, como tal, Sócrates herdara bens que não eram imensos, mas bastavam para sustentar uma família, tendo tempo livre para a sua ocupação preferida, não servil. O segundo elemento constitutivo da sua identidade cívica se encontra na educação que recebeu em música e em ginástica; educação essa que também é prescrita e regulada por uma legislação específica (50d-e). Pode-se depreender que Sócrates, a despeito de possíveis simpatias por regimes oligárquicos como o de Esparta, ainda preferia, em lugar do modelo educacional espartano (essencialmente militar), o modelo educacional ateniense, mais apto a desenvolver indivíduos capazes de cultivar os seus interesses intelectuais e éticos. Essa concentração na sequência de nascimento, crescimento e educação (que atribui à legislação de Atenas a concessão e regulação dos bens que, normalmente, o indivíduo recebe na família, antes de ingressar na idade adulta) pode explicar a exigência das Leis para que o indivíduo se submeta a elas como genitores seus: como um pai e uma mãe, elas exigem obediência absoluta em troca do que deram ao indivíduo para moldá-lo como cidadão.

Desse modo, a fim de entender as razões da obediência socrática, precisamos nos colocar numa perspectiva muito diferente daquela que pressupõe a realidade moderna do Estado liberal, garantidor neutro de direitos individuais inalienáveis. Sócrates confia à cidade (ou, melhor dizendo, à *sua* cidade) uma função genitora, porque foram as instituições da Atenas em que vive que lhe permitiram se constituir como cidadão. É evidente que essa concepção da relação entre indivíduo e *polis* está nos antípodas das teorias contratualistas sustentadas por alguns sofistas (por exemplo, Protágoras), na medida em que a lei não é concebida como projeção e instrumento de um pacto de cooperação coletiva, não é o fruto de um contrato, mas, por assim dizer, é um dos contraentes, ligada a cada cidadão individual por um pacto pessoal de respeito mútuo. Essa relação, ademais, é apresentada como não coercitiva, pois depende da vontade do indivíduo, livre para continuar a viver na cidade ou ir embora. O próprio Sócrates, relembram-lhe as Leis, permanecendo em Atenas por um tempo muitíssimo maior do que em qualquer outro lugar, mostrou preferi-la a qualquer outra cidade, mesmo Esparta e Creta, cujo regime (oligárquico) está sempre louvando, e assim renovou tacitamente, dia após dia, um compromisso de lealdade em que agora deve persistir (51d-e).

Mesmo a noção de que a pátria espera algo em troca se radica num pressuposto basilar da ideologia ateniense, segundo o qual o cidadão devia de certo modo ressarcir a sua dívida com a participação ativa nas campanhas militares (e, sob esse aspecto, sabemos que Sócrates foi bom cidadão) e na vida política. E nisso consistiu o ponto de ruptura, o qual não deve ser visto, no entanto, no fato de Sócrates não ter sido atuante na política da cidade segundo os padrões exigidos pela ideologia ateniense, e sim no motivo que apresentou para a sua posição (a convicção de que o envolvimento nos assuntos da cidade, tal como ela era, levaria inevitavelmente a cometer injustiças) e na sua clara escolha de dedicar o tempo a um trabalho de regeneração moral dos concidadãos. É nesse peculiar exercício de cidadania que reside a dimensão genuinamente política da obra de Sócrates; aliás, como Platão põe nas palavras de Cálicles no *Górgias*, a verdadeira arte política é a dele, porque os seus discursos sempre têm em vista o verdadeiro bem da cidade, e não os modificará quando for levado a tribunal, onde o público prefere agrados e lisonjas:

> Creio ser dos poucos atenienses – para não dizer o único – que se dedicam à verdadeira arte política, e o único dos contemporâneos a fazer política; assim, como sempre enuncio os meus discursos não visando ao prazer nem ao que é mais agradável, mas sim ao ótimo, e visto que me recuso a fazer aquilo a que me exortam, "essas coisas refinadas" [citação de Eurípides], não saberei o que dizer no tribunal (Platão, *Górgias* 521d).

A temática refinadamente platônica da persuasão une um diálogo maduro como o *Górgias* ao juvenil *Críton*, em que as Leis censuram Sócrates várias vezes por não conseguir *persuadir* os concidadãos sobre a verdade dos seus raciocínios, de modo que, agora, resta-lhe apenas a única outra opção possível para um cidadão honrado: a obediência, precisamente. Aqui é importante notar, para captarmos as entrelinhas do raciocínio das Leis, que a profunda ligação entre obediência e persuasão já vem sugerida por um uso linguístico grego significativo: com efeito, o verbo *peithein* tem, na forma ativa, o sentido de "persuadir" e, na forma médio-passiva (*peithesthai*), o de "obedecer".

> Nenhuma de nós, as Leis, põe obstáculos ou impede que parta com as suas coisas quem entre vocês não goste de nós e da cidade e queira se transferir para uma das nossas colônias ou para outro lugar da sua escolha. Se um de vocês permanece, vendo como administramos a justiça e todas as coisas públicas, podemos então dizer que de fato consentiu em cumprir as nossas ordens; e, se as desobedece (*ton me peithomenon*), dizemos que comete injustiça em três sentidos: não obedece (*ou peithetai*)

a nós que o trouxemos ao mundo, a nós que o criamos, e, *depois de ter aceitado obedecer a nós, não obedece nem nos persuade que estamos cometendo um erro (homologhesas hemín peisesthai oute peithetai oute peithei hemás)*. Longe de impor com aspereza a fazer o que ordenamos, não fazemos senão propor, deixando a possibilidade de escolha entre nos persuadir *(peithein hemás)* e cumprir; no entanto, ele não faz uma coisa nem outra (Platão, *Críton* 51d-52a).

Mas, se as Leis são concebidas como o *corpus* institucional da cidade, distinto tanto das formas mais especificamente democráticas (como a distribuição dos cargos por sorteio, problema removido desse quadro) quanto de aplicações contingentes eventualmente injustas, por que exigem obediência *absoluta*? A argumentação não parece suficiente para demonstrar que Sócrates, subtraindo-se a uma sentença injusta, faria uma ofensa a toda a cidade. Provavelmente cabe acrescentar algo que o texto não cita de maneira explícita. Mesmo que os juízes tenham ao final concordado com a acusação de Meleto, nisso cometendo uma injustiça, ainda assim Sócrates pôde discutir livremente o seu caso no tribunal; em outras palavras, foi-lhe concedida a possibilidade de *persuadir* o júri de que cometeria um erro se o condenasse, mas ele não teve sucesso e, por isso, deve pagar pelas consequências. O processo ático não previa várias instâncias de recurso, mas sim a possibilidade de comutação da pena; porém, apesar disso, Sócrates na *antitimesis* rejeitara não só a hipótese de uma detenção que o privasse da liberdade como também a hipótese do exílio, com o argumento de que teria de continuar a apresentar os mesmos discursos em outras cidades e, pelas mesmas razões, seria expulso delas; em suma, teria de renunciar àquilo que considera o maior bem do homem, qual seja, falar da virtude. Retomemos aqui a parte dessa famosa passagem, em que o ideal socrático da "vida examinada" encontra a sua mais clara expressão:

Sócrates: Ora, poderiam me dizer: "Mas uma vez saindo daqui, Sócrates, você não poderia sossegar e ficar quieto?". É precisamente este o ponto em que é mais difícil *persuadir* (*peisai*) algum de vocês... Pois, se afirmo que isso significaria desobedecer (*apeithéin*) ao deus e por isso eu não conseguiria ficar quieto, vocês não acreditariam (*peisesthe*) em mim e pensariam que estou gracejando... Ainda menos acreditariam (*peisesthe*) em mim se digo que o maior bem dado ao homem é essa própria possibilidade de raciocinar diariamente sobre a virtude e os vários temas sobre os quais vocês me ouviram discutir ou examinar comigo mesmo e com outros, e que uma vida sem indagação não vale a pena ser vivida pelo homem. Mas assim estão as coisas, concidadãos, e repito mesmo que não seja fácil *persuadi-los* (*peithein*: Platão, *Apologia* 37e-38a).

É a esse exato momento da defesa que se referem as Leis, quando destacam que Sócrates, se não partiu quando teria o consentimento da cidade, iria se cobrir de ignomínia se agora partisse clandestinamente (52c-d, 53b-c). Aqui, entre outras coisas, pode-se notar que o sentimento de vergonha se apresenta como o fulcro de uma ação moral, em implícita, mas inequívoca contraposição à formulação superficial que o mesmo tema tivera no discurso inicial de Críton. Contudo, mais interessante para a nossa indagação é outro elemento, que aparece na parte final do discurso, quando se diz que Sócrates, se fosse para Tebas ou Mégara, que gozam de uma "boa legislação", lá chegaria com a fama de ser um subvertedor das leis e também seria expulso. E é de supor que lhe poderia acontecer algo pior em Esparta ou Creta, comandadas por governos conservadores que não concediam qualquer espaço à crítica individual... Em suma, parece possível ler entre essas linhas um elogio àquela liberdade de expressão que Atenas, mais do que qualquer outra cidade, concede aos seus filhos. Sócrates aproveitou bem essa liberdade durante toda a vida, mesmo que ao final tenha falhado. Por isso, ao concluir o diálogo, Sócrates não fará objeções à peroração final do discurso das Leis:

É verdade que, partindo [para o Hades], se para lá for, você sofre uma injustiça, mas não da nossa parte, as Leis, e sim da dos homens. Se, pelo contrário, você foge tão ignominiosamente, retribuindo ofensa com ofensa e mal com mal, transgredindo os pactos e os acordos firmados conosco e fazendo mal a que menos deveria (a você mesmo, aos amigos, à pátria, a nós), não só, enquanto viver, atrairá sobre si a nossa hostilidade como também as nossas irmãs lá de baixo, as leis do Hades, não o acolherão com benevolência, sabendo que você tentou, no que dependesse de si, destruir a nós. Em suma, os conselhos de Críton não devem o persuadir mais do que os nossos (Platão, *Críton* 54b-d).

A referência às leis do Hades, homólogas às da cidade, é a extremidade de um fio que percorre todo o diálogo: o absoluto respeito de Sócrates pela lei se funda no princípio compartilhado na cultura grega de que o *nomos* tem um valor sagrado. Mas, além disso, a referência ao Hades tem o valor de colocar a escolha final de Sócrates sob a égide do divino, que acompanhou toda a sua vida. Traduzindo em termos morais, Sócrates vai ao encontro da morte como a única possibilidade restante de coerência com o seu ideal de uma vida racional.

Sócrates acabou por aceitar o existente, tendo falhado num empreendimento de instrução moral que encontrava a sua força – e os seus limites – na modalidade pessoal do diálogo. Platão, instruído nessa prática, enfocará na *República* o quadro ideal de uma cidade governada por filósofos, onde a persuasão para cultivar a harmonia da alma individual (vinculada com o equilíbrio da cidade) é delegada não só a um desenvolvimento dos canais educacionais como também à elaboração de mitos fundadores, com vistas a enraizar profundamente na alma de todos o desejo de cultivar a virtude. Pode-se, pois, pensar que os termos da alternativa entre persuadir e obedecer, que permeiam o discurso das Leis, são a chave, criada por Platão, para penetrar nas motivações de Sócrates e lhes dar uma forma teórica. Mas, mesmo continuando a existir uma sólida possibilidade (e mesmo probabilidade) de que a cadeia argumentativa apresentada no *Críton* seja marcada por uma reformulação platônica da problemática da relação entre indivíduo e lei, tal problemática foi enfrentada por Sócrates *vivendo* a cidadania, até se reconhecer como o mais respeitoso filho da cidade que o levou à morte.

Nota bibliográfica

Entre os que argumentam, não sem boas razões, que o *Críton* seria mera ficção com fins apologéticos está R. W. WALLACE, "Plato's Socrates on Obeying the Laws of Democratic Athens", in *Philosophia*, v. 41, 2011, 87-97. Entre os vários autores que discutiram a obediência e a desobediência como temas socráticos, lembremos G. VLASTOS, "Socrates on Political Obedience and Disobedience", in *Yale Review*, v. 63, 1974, em esp. 517-534; C. H. KAHN, "Problems in the Argument of Plato's Crito", in *Apeiron*, v. 22, 1989, 29-43; R. KRAUT, *Socrates and the State*, Princeton University Press, Princeton, 1984 (cuja linha é ainda hoje a mais seguida, e com justiça); J. BOYD WHITE, "Plato's 'Crito': The Authority of Law and Philosophy", in R. B. LOUDEN e P. SCHOLLMEIER (orgs.), *The Greeks and Us. Essays in Honor of Arthur W. H. Adkins*, Chicago University Press, Chicago/Londres, 1994, 97-133; J. OBER, "Socrates and Democratic Athens", in MORRISON (org.), *The Cambridge Companion to Socrates*, cit., 138-179; C. L. GRISWOLD, "Socrates' Political Philosophy", ibid., 333-354.

Para uma compreensão da relação pessoal entre indivíduo e leis no *Críton*, sempre vale a pena ler G. CALOGERO, "Contrattualismo e polemica antisofistica nel 'Critone'" (1937), in ID., *Scritti minori di filosofia antica*, Bibliopolis, Nápoles, 1984, 247-261 (Guido Calogero, de todo modo, considera o diálogo um "documento platônico" e não socrático).

Recomenda-se D. VILLA, *Socratic Citizenship*, Princeton University Press, Princeton/Oxford, 2001, pela atenção ao tema da cidadania abordado nos textos de Hannah Arendt. Sobre Sócrates como modelo de consciência cívica no século XX, versa o capítulo I de um livro de título eloquente, M. LANE, *Plato's Progeny: How Socrates and Plato Still Captivate the Modern Mind*, Duckworth, Londres, 2001.

Uma leitura dos argumentos utilizados por Críton para persuadir Sócrates, pelo lado da vergonha, é V. J. Rosivach, "Hoi Polloi in the 'Crito' (44b5-d10)", in *The Classical Journal*, v. 76, 1981, 289-297. Sobre a tensão entre as declarações de absenteísmo e o conteúdo político da atitude de Sócrates, ver P. Demont, "Socrate et l'ἀπραγμοσύνη chez Platon", in *Études Platoniciennes*, v. 6, 2009, 43-54.

Capítulo XVI
Morte de um homem honesto

> "Ó Críton – disse ele –, devemos um galo a Asclépio!
> Não se esqueça de lho dar!"
> PLATÃO, *Fédon* 118a.

> E deixando pairar no rosto o seu doce sorriso:
> "Aos deuses libertadores – disse –, renda-se um sacrifício! Curaram-me!"
> "De quê?", perguntou Cebes. "Da vida!"
> Depois lhe fugiu dos lábios um leve suspiro,
> doce como o voo de uma abelha melífera.
> Quem foi... Não sei, mas, tomados por um divino ditame,
> sentimos em nós como que uma segunda alma.
> A. DE LAMARTINE, *A morte de Sócrates* (1823).

> A maioria sustentou que Sócrates quis sugerir que a morte é a cura daquela doença que é a própria vida, todas as vidas humanas. Mas isso contraria todo o seu ensinamento, voltado para um bom uso da vida.
> G. DUMÉZIL, *Entretenimento com as últimas palavras de Sócrates* (1984).

A representação da morte de Sócrates que Platão oferece no *Fédon*, depois de apresentar o filósofo numa serena discussão sobre a imortalidade da alma, transmitiu ao longo dos séculos uma imagem exemplar da serenidade do sábio perante a morte, que foi não só objeto de admiração como também de concreta emulação por parte de intelectuais que se encontravam em situações igualmente fatídicas de conflito com o poder.

Uma fase altamente conflitiva se inicia em Roma no final da época republicana, que, naturalmente, intensifica-se na época imperial. Segundo a *Vida* de Plutarco, Catão Uticense, após a notícia da vitória de César, prepara-se para o suicídio lendo *Fédon* e concedendo a quem lhe está próximo lições de calma e coerência. Em 66 d.C., Traseia Peto, opositor de Nero, enquanto seu caso é julgado no Senado, passa o começo da noite na sua residência às portas de Roma, conversando com um filósofo cínico sobre a imortalidade da alma; quando recebe a notícia da sua condenação, estende os dois braços para o escravo, que lhe corta as veias e, espalhando o sangue pelo chão, oferece-o a Jove Libertador (clara alusão às últimas palavras de Sócrates no *Fédon*, dizendo a Críton para honrar Asclépio pela cura obtida). A cena vem descrita nos *Anais* de Tácito, que, na mesma obra, relembra em maiores detalhes as modalidades semelhantes da morte de Sêneca, ocorrida no ano anterior. Quando os pretorianos transmitem a Sêneca a ordem de Nero para se infligir a própria morte, o filósofo age prontamente, mas, sendo velho e emaciado, o sangue sai com dificuldade das artérias aortas; por isso, pede a cicuta que havia preparado para esse fim, mas ela também tem pouco efeito, e Sêneca só morre quando, mergulhando numa tina de água quente, finalmente sufoca no vapor. Durante esses tormentos, continua mesmo assim a dizer palavras encorajadoras aos amigos que ceavam com ele (deixa-lhes a única e melhor coisa que lhe restou, a "imagem da sua vida", *imago vitae suae*) e a ditar aos secretários algumas últimas reflexões filosóficas. E as suas últimas palavras são para Jove Libertador.

Para os fins da nossa exposição, não tem muita importância estabelecer se e em que medida essas narrativas se baseiam numa *imitatio Socratis* dos atores ou numa estilização literária dos seus biógrafos. Quanto a Sêneca, cinquenta anos depois, Tácito disporia de boas fontes sobre a sua morte (alguns historiadores modernos até aventaram que ele estivesse presente), mas não admiraria se tivesse remodelado o cenário para reforçar a sua clara representação da impiedosa guinada autocrática do Império Romano. O que aqui importa, de todo modo, é constatar a eficácia da imagem de serenidade de Sócrates no momento derradeiro, que a reevocação do *Fédon* legou à tradição posterior, da Antiguidade até os nossos dias. Mas, se não há por que duvidar do fato existencial (não é de duvidar que Sócrates tenha abandonado a atitude que mostrara durante o processo), cabe observar que ele não devia se radicar numa crença definida na imortalidade da alma, como aparece no *Fédon*. Lembremos apenas que esse é um diálogo da maturidade de Platão, o primeiro em que aparecem as Formas, e grande parte dos argumentos voltados para provar a sobrevivência da alma gira em torno da sua essência divina, em contraposição ao corpo sensível (no qual se vive como numa prisão) e, ao contrário, homóloga à esfera dos princípios ideais. Seria congruente, para alguém que passou a vida ressaltando estar ciente de ser impossível chegar ao conhecimento seguro que somente o deus pode ter, expressar a certeza de uma vida após a morte; assim como seria incongruente apoiar-se naquelas visões do além que Platão atribui ao personagem de Sócrates – desde o próprio *Fédon* ao *Górgias* e ao livro X da *República* – para reforçar a exortação a uma vida justa na perspectiva de uma recompensa ultraterrena.

Com efeito, pode-se depreender da *Apologia* que Sócrates tinha sobre a morte uma noção mais incerta ou, talvez melhor dizendo, possibilista. Lembremos como ele evocou, na primeira parte do discurso, o desprezo ao perigo que mostrara nas batalhas de que participou, do qual dará provas com ainda maior razão nessa ocasião, em que se trata de "se manter no posto" determinado pelo deus. E aqui acrescenta:

> De fato, temer a morte, cidadãos, não é senão crer que se é sábio sem o ser, isto é, crer saber o que não se sabe. Sobre a morte, na verdade, ninguém pode saber com segurança nem mesmo se é o bem supremo que cabe ao homem, e no entanto é temida na certeza de ser o mal supremo. E não é a mais reprovável forma

de ignorância essa presunção de saber o que não se sabe? Mas talvez eu, cidadãos, distinga-me dos demais precisamente nesse ponto: se algum dia eu afirmasse ser mais sábio do que outrem em alguma coisa, seria no sentido de que, não tendo conhecimento suficiente da realidade do Hades, sou, porém, ciente de não o ter. Mas que é mau e vergonhoso cometer injustiça e desobedecer a uma autoridade superior, seja deus ou seja homem, isso eu sei. Em suma, nunca fugirei amedrontado a algo que, até onde sei, também poderia ser um bem, mais do que um mal comprovado (Platão, *Apologia* 29a-b).

Mais tarde, aprovada a pena capital, Sócrates se dirige ao público com um último comentário, não previsto nos procedimentos de lei. Quer tenha ou não conseguido enunciá-lo, tem um evidente caráter quase de testamento espiritual, de tal modo que devemos ver aí expressos conceitos efetivamente adotados por Sócrates. Dirige-se primeiramente aos que votaram contra ele, reiterando a convicção de que agiu bem não tentando granjear a absolvição com súplicas, com base no princípio de que se deve evitar a todo custo a maldade, não a morte, e advertindo que logo outros se dedicariam a continuar a sua obra (aqui, Platão certamente pensa em si mesmo), pois o indivíduo não se liberta da culpa moral eliminando quem vem a censurá-la, mas apenas escolhendo viver com retidão (38c-39d).

A seguir, o discurso assume um claro tom protréptico ao se dirigir àqueles sobre os quais poderia exercer esse efeito, pois haviam votado pela sua absolvição. A eles, Sócrates observa que o silêncio do sinal divino, precisamente naquele dia, devia significar que o que lhe ocorreu não era o "mal pior" (o mal pior para Sócrates, lembremos, é o da alma), e exorta que se considere se há razão de *esperar* que, na verdade, seja um bem (40b-c). Há, por exemplo, a possibilidade de que a morte se assemelhe a um sono sem percepções ou que seja como uma viagem daqui ao Hades, onde se encontram, entre outros, indivíduos nobres, algumas vítimas de injustiça como Ájax ou Palamedes, cuja sabedoria ele poderá examinar; em ambos os casos, não é de se temer tal destino... (40c-41c).

A leveza irônica que caracteriza as palavras de Sócrates impede que reconstruamos a sua ideia sobre a morte com contornos demasiado nítidos. Sem dúvida, se ele tivesse negado categoricamente a imortalidade da alma, seria difícil que Platão pudesse lhe atribuir discursos como aqueles que o vemos proferir no *Fédon*. Mas nesse ponto, como em outros, confirma-se aquela "potencialidade" do ensinamento socrático, destacada desde Agostinho, que permitiu a proliferação de diversas doutrinas no círculo dos seus discípulos: assim, Platão desenvolveu um modelo escatológico extremamente sólido, trabalhando sobre o pano de fundo da religiosidade órfica e pitagórica; Antístenes poderia ter admitido a sobrevivência da alma (se for possível lhe atribuir o episódio em que Sócrates aparece em sonhos, falando a um admirador póstumo), combinando-a, por outro lado, com um forte apego à vida; e, por fim, é significativo que outro integrante do círculo socrático, Glauco, no livro X da *República* (608d), reaja "espantado" à curiosa proposta que o personagem de Sócrates está introduzindo na discussão, de considerar a alma imortal.

Em suma, é provável que Sócrates se ativesse pessoalmente a uma posição agnóstica, compatível por um lado com a morna adesão à crença tradicional no Hades (aliás, não exigida por uma ortodoxia religiosa), que ele manifesta na *Apologia*, e por outro lado com aquele seu sentimento religioso pessoal que vimos se manifestar em outros locais, por exemplo, na concepção de um desenho divino do cosmos descrito duas vezes nas *Memoráveis* ou também na concepção da alma como a parte mais elevada do homem (e por isso divina), afirmada no *Alcibíades primeiro*. Na conversa com Aristodemo, relembrada no capítulo XII, Sócrates, entre outras coisas, cita como uma das provas da providência universal o fato de que a divindade se empenhou não só em prover o corpo dos homens de instrumentos que os tornam superiores a todos os outros animais (a posição ereta, as mãos, uma língua conformada para gerar sons articulados e dotados de sentido) como também em pôr no homem "o tipo de alma com as maiores capacidades", de modo que apenas o homem pode perceber a existência do divino e, por outro lado, governar os desejos e enfrentar as dificuldades da vida; mas o significativo é que nesse quadro (como em todo o Xenofonte) não há qualquer menção à imortalidade da alma. Ademais, na última saudação aos jurados, com que se encerra o texto da *Apologia*, Sócrates põe em contraste a incerteza sobre a sorte que o aguarda e o conhecimento superior do deus:

> Mas agora é hora de partir, eu para morrer, vocês para continuarem a viver; qual de nós segue para melhor sorte, é obscuro para todos, exceto para o deus (42a).

O que é inegavelmente certo é que a serenidade de Sócrates perante a morte se apoia mais na consciência de si como sujeito moral do que numa certeza epistêmica que ele negava ter. Com efeito, a vida do homem virtuoso é um bem em si; tal é a única verdade, como ele apresenta à minoria dos cidadãos ainda dispostos a ouvi-lo. O resto é esperança:

> Pois bem, vocês também, juízes, devem se munir de *boas esperanças* sobre a morte e refletir sobre essa única *verdade*: a um homem bom não pode acontecer mal algum nem em vida nem quando morre, e nenhum momento da sua vida é negligenciado pelos deuses (Platão, *Apologia* 41c-d).

A interpretação apresentada até aqui leva a um último problema, representado por aquele lembrete derradeiro, dirigido a Críton, para sacrificar um galo a Asclépio. Uma oferenda ao deus da medicina não pode senão implicar o agradecimento por uma cura obtida e, na situação em que ela se dá, a referência não pode ser senão a uma cura *da vida*, com a implicação dificilmente contornável de que a vida é uma doença. Por isso Nietzsche, que na companhia de muitos outros, anteriores e posteriores, compartilhava essa interpretação, podia ver nessas palavras a revelação do Sócrates inimigo e destruidor do originário espírito vital dos gregos, reiterando asperamente sua aversão a ele em *A gaia ciência* (1882; voltaria depois ao mesmo tema, ao tratar do *Problema de Sócrates* no *Crepúsculo dos ídolos*):

> Quer tenha sido a morte ou o veneno, a religiosidade ou a maldade – o certo é que algo, no último momento, lhe destravou a língua e ele disse: "Críton, devo um galo a Asclépio". Essas ridículas e terríveis "últimas palavras" significam para quem tem ouvidos: "Ó Críton, *a vida é uma doença!*". Possível? Pessimista um homem como ele, que viveu serenamente e sob as vistas de todos, como um soldado? Não se preocupara com outra coisa senão olhar a vida com bons olhos, e durante toda ela mantivera oculto o seu juízo último, o seu mais íntimo sentimento! Sócrates, Sócrates *sofreu a vida*! E até se vingou dela – com essas palavras veladas, atrozes, pias e blasfemas! E ainda por cima um Sócrates sentiu necessidade de se vingar? Faltaria talvez à sua abundantíssima virtude um grãozinho de magnanimidade? Ah, amigos! Temos de superar também os gregos! (Nietzsche, *A gaia ciência*, 340).

Mas os termos da questão vêm invertidos e colocados de maneira muito clara: *se* a gratidão pelo deus curador só pode ser entendida, nesse contexto, no quadro de uma concepção negativa da existência sensível, *não* pode de maneira alguma ter sido expressa por Sócrates. E não pode por uma razão que agora, ao final deste livro, já devia estar clara, mas que aqui resumimos nas palavras de Georges Dumézil: porque "vai contra todo o seu ensinamento, voltado para um bom uso da vida". Essa concepção, pelo contrário, corresponde plenamente à linha que Platão desenvolve ao longo de *Fédon*, com base num amálgama entre crenças órfico-pitagóricas sobre a alma, tida de natureza imortal e ligada por algum castigo ao corpo, do qual espera se libertar com a morte do indivíduo, para se juntar novamente à sua origem divina. Na transposição platônica, o filósofo é aquele que é capaz de enfrentar serenamente a morte porque se preparou para ela durante toda a vida, com uma ascese dos desejos físicos para purificar a alma da contaminação do sensível. O exemplo virtuoso de Sócrates, portanto, é invocado para ilustrar um ideal de vida como *exercitatio mortis* que *não* é o seu. Podemos dizer que o *Fédon* assinala, junto com a mais alta homenagem, também o começo da desvinculação do discípulo ante o mestre, coincidindo com a guinada metafísica rumo às Formas. E devemos admitir, em definitivo, que os *ultima verba* de Sócrates são palavras que Sócrates jamais proferiu.

Dumézil, no sensibilíssimo texto que, na forma de um diálogo socrático entre filósofos no além, dedicou a esse difícil tema socrático, não chegava a tanto. Com finíssimo trabalho interpretativo (que exerceu grande influência sobre Foucault), Dumézil propôs identificar a doença de que Sócrates se curou *com Críton e os seus* a uma doença da alma, que consistiria, precisamente, na *opinião errada* sobre o que é melhor para um ser humano, sobre a qual Críton se baseara para tentar convencer Sócrates a fugir. O próprio Sócrates, no seu íntimo, teria sentido a tentação de incidir nesse erro, e por isso teria cedido a palavra às Leis, para se persuadir a fundo quanto ao dever de se manter coerente com os princípios morais que inspiraram toda a sua vida.

A argumentação de Dumézil não é "filologicamente" convincente, sobretudo quanto à possibilidade de que o conceito de uma doença da alma apareça *ex abrupto* no contexto do *Fédon*, para não citarmos a dificuldade de atribuir hesitações ao Sócrates do *Críton*. Por isso, considero preferível, por mais custoso que seja, julgar que Sócrates nunca disse a frase que Platão lhe atribui. Mas a perspectiva em que se coloca Dumézil é a que faz mais justiça ao Sócrates indivíduo excepcional, filósofo e cidadão, que procuramos reencontrar neste livro e que morreu não por um ideal ascético nem por obstinação ideológica, e sim para afirmar o caráter irrenunciável do diálogo e do confronto crítico sobre os valores morais, como "aquilo que faz" o verdadeiro bem do indivíduo na comunidade.

Nota bibliográfica

Sobre o *topos* da serenidade do sábio diante da morte, muitas vezes contraposta ao sofrimento de Cristo desde os primeiros séculos da era cristã até o século XIX, comentei alguns aspectos adicionais no meu *La morte di Socrate*, cit.

As passagens da *Apologia* foram objeto de ricas discussões, entre outros, in T. C. BRICKHOUSE e N. D. SMITH, "A Matter of Life and Death in Socratic Philosophy", in *Ancient Philosophy*, v. 9, 1989, 155-165; D. L. ROOCHNIK, "'Apology' 40c4-41e7: is Death really a Gain?", in *The Classical Journal*, v. 80, 1985, 212-220. Pareceu-me iluminadora, pela atenção dada mais à função protréptica do discurso final de Sócrates do que à sustentação lógica do discurso, a leitura de A. VAN HARTEN, "Socrates on Life and Death (Plato, 'Apology' 40c5-41c7)", in *The Cambridge Classical Journal*, v. 57, 2011, 165-183.

O episódio de Sócrates aparecendo em sonho após a morte é atribuído a Antístenes por A. BRANCACCI, "Zwei verlorene Schriften des Antisthenes", in *Rheinisches Museum*, v. 146, 2003, 259-278.

Leia-se G. W. MOST, "A Cock for Asclepius", in *Classical Quarterly*, v. 43, 1993, 96-111, para a ótima revisão bibliográfica das fontes secundárias sobre a questão, mesmo que não se concorde com a sua tese de que o texto do *Fédon* sugere que a intenção de Sócrates era oferecer sacrifício a Asclépio para curar Platão de uma doença que o impedira de ir à prisão justamente no último dia (como assinala *Fédon* 59b). Pessoalmente, sigo na linha interpretativa de NEHAMAS, *The Art of Living* cit., 157-164. Ver, por fim, o texto socrático de G. DUMÉZIL, *"...Il monaco nero in grigio dentro Varennes". Sotie nostradamica seguita da: Divertimento sulle ultime parole di Socrate*, Adelphi, Milão, 1987, de onde também foi extraída a tradução dos versos de Lamartine, 121-122.

Apêndices
Quadro histórico

Momentos e acontecimentos essenciais da história de Atenas no século V a.C./*da vida de Sócrates*:

510 a.C.   Fim de um longo período de tiranias (Pisístrato, Hiparco, Hípias).

508-507   Preparação das reformas institucionais de Clístenes. Introdução da *isonomia* (igualdade de direitos de todos os cidadãos) no novo ordenamento em *phylái*, dez tribos territoriais, cada qual constituída por três distritos (*trittyes*), um na planície, outro na região costeira e outro na região montanhosa (cada trítia é dividida em demos, unidades administrativas autônomas). Cada uma das dez tribos envia ao Conselho dos Quinhentos (*Boulè*) 50 representantes, os quais presidem sucessivamente ao conselho durante um décimo do ano (35-36 dias), por um período chamado "pritania", com a função de controle preliminar sobre a ordem do dia a ser levada à assembleia geral (*ekklesia*). Dela, participam todos os cidadãos com direito de voto e de aplicação do ostracismo para exilar os cidadãos considerados perigosos para a cidade. No Pritaneu, que se ergue na ágora, fica o fogo comum da cidade. Das instituições anteriores resta apenas o Areópago.

490-478   Guerras Persas: 490, Batalha de Maratona; 480, Termópilas e Salamina; 479, Plateia, em que os persas são definitivamente derrotados.

478-477   Fundação da Confederação de Delos (liga délio-ática) sob a hegemonia de Atenas.

470-469   *Nasce Sócrates, filho do escultor Sofronisco, do demo de Alopece, e da parteira Fenareta.*

462	Por ordem de Péricles e Efialtes, todas as decisões de caráter político e jurídico ficam a cargo do Conselho, dos juízes populares da Helieia e da assembleia popular.
458	O processo de democratização se completa com a admissão da classe dos zeugitas no arcontado. A responsabilidade política se estende ao povo inteiro, nos limites da lei sobre o direito de cidadania (sancionada em 451 para todos os homens adultos e livres, filhos de genitores da Ática).
445	Paz dos Trinta Anos com Esparta; Atenas é, com Pérsia e Cartago, a terceira grande potência no Mediterrâneo.
443-429	Péricles é reeleito anualmente como estratego (era de Péricles).
432	Potideia (colônia coríntia e porto importante na península calcídica) se rebela contra as imposições atenienses; inicia-se um cerco (432-429).

Durante o cerco, Sócrates se destaca pela grande resistência física, salvando a vida de Alcibíades durante uma batalha, segundo o relato deste último em O Banquete *de Platão (219e-220b). A sua participação como hoplita, tanto aqui quanto em Délio e Anfípolis (ver abaixo) também é relembrada na* Apologia *(28e).*

432 c.	Decreto de Diopites: estabelece a possibilidade de processar por impiedade "aqueles que não respeitam as coisas divinas ou ensinam doutrinas a respeito dos céus". A única fonte é Plutarco (*Vida de Péricles*, cap. 32): o alvo seria Anaxágoras, para atingir Péricles por meio dele.
431-404	Guerra do Peloponeso.
430-426	Peste de Atenas (Péricles morre de peste em 429).
424-423	Retirada do exército ateniense, derrotado pelos beócios em Délio.

Em Délio, Sócrates teria dado provas de firmeza e valor retirando-se em companhia do general Laques (Platão, Laques *181a-b;* O Banquete *221a).*

423	Encenação de *As Nuvens* de Aristófanes.
422	Batalha de Anfípolis, em que morrem Cléon e Brásidas (Platão, *Apologia* 28e, faz referência à *participação de Sócrates*).
	Paz de Nícias.

416 Sujeição de Melo, que se recusara a aderir à liga délio-ática.

415 Mutilação das Hermas na véspera da partida da expedição comandada por Alcibíades para a Sicília; depois chamado de volta à pátria sob a acusação de impiedade, Alcibíades, receando a condenação, refugia-se em Esparta.

413 Derrota desastrosa em Siracusa.

412 Revolta de quase todos os aliados contra Atenas.

411 Derrubada do regime democrático (com a contribuição de Terâmenes) e governo oligárquico dos Quatrocentos.

410 Restauração da democracia.

407 Alcibíades volta a Atenas, mas, após a derrota da frota ateniense em Nócio, é destituído e banido.

406 Vitória naval ateniense nas Arginusas.

Sócrates toma posição contra a proposta de julgar em bloco os generais culpados de não ter recolhido os náufragos (ver, entre outros, Platão, *Apologia* 32b-c; Xenofonte, *Memoráveis* I, 1.18, e IV, 4.2).

404 Última derrota da frota ateniense em Egospótamo e tomada da cidade; as Longas Muralhas são destruídas e a frota é entregue; os Trinta tiranos, apoiados por Esparta, tomam o poder.

Entre os Trinta estão Crítias, primo da mãe de Platão; Cáricles, mencionado em Xenofonte (*Memoráveis* I, 2.31-38); Cármides, tio de Platão e protagonista com o primo Crítias do diálogo platônico de mesmo nome. Com a ajuda da guarnição espartana, são eliminados de 1500 a 2500 homens, entre democratas e inimigos pessoais.

Querefonte, fervoroso seguidor de Sócrates e partidário da democracia, foge e se junta a Trasíbulo.

Alcibíades, que buscara refúgio na Frígia junto a Farnabazo, é morto por ele a pedido do espartano Lisandro.

Sócrates recebe a ordem de matar Leão de Salamina (ver, entre outros, Platão, *Apologia* 32c-d; *Epístola* VII, 324d-e; Xenofonte, *Memoráveis* IV, 4-3).

403	Os democratas liderados por Trasíbulo retomam o poder (nos confrontos, morrem, entre outros, Crítias e Cármides). No programa de pacificação da cidade, proclama-se uma anistia aos fatos ocorridos antes de 403.
401	Expedição de Ciro, o Jovem, contra o irmão Artaxerxes, da qual Xenofonte participa como mercenário.
399	*Sócrates é citado em juízo por Meleto, que atua com o orador Lícon e o rico mercador Ânito, provável instigador. Declarado culpado e condenado à morte, morre ingerindo cicuta.*

As fontes principais sobre o pensamento de Sócrates

ARISTÓFANES (c. 460/450-386 a.C.)

As Nuvens: uma das onze comédias restantes do mais célebre autor da Comédia Antiga, foi representada no concurso das Grandes Dionisíacas em 423 a.c., em que Aristófanes ficou em terceiro e último lugar; o texto que chegou a nós é uma versão revista, nunca encenada, datável entre 418 e 416 a.c. Nela, Sócrates é ridicularizado como ímpio investigador da natureza e corruptor mestre de retórica: dois elementos que parecem antecipar de maneira inquietante (e sobre isso se baseia o exórdio da *Apologia* de Platão) as acusações de impiedade e corrupção dos jovens, que recairão sobre Sócrates um quarto de século mais tarde. O objetivo do comediógrafo era despertar risadas, e para isso concentraria em Sócrates, para fins caricaturais, algumas características das correntes intelectuais mais em voga em Atenas. Mas quais elementos teria dado a figura de Sócrates para ser ele o escolhido? E por que o retrato de Aristófanes é colocado exatamente nos antípodas daquele que pode ser obtido a partir de outras fontes?

PLATÃO (c. 429-347)

Na obra de Platão, *Apologia de Sócrates* e *Críton* (que estão provavelmente entre os seus primeiros escritos) constituem um problema à parte. A *Apologia* não tem, em verdade, uma estrutura dialógica, pois se apresenta como reprodução (na primeira pessoa) do discurso proferido por Sócrates para se defender no tribunal (onde Platão estava presente, como faz questão de especificar nas páginas 34a e 38b), estruturado em três partes: a mais longa corresponde ao discurso de defesa propriamente dito (17a-35e); a seguir (após uma interrupção em que se supõe que foi dado o veredito de culpado), a proposta de uma pena alternativa à solicitada pela acusação (*antitimesis*), que o réu podia apresentar segundo os costumes judiciais áticos (35e-38b); por último, as reflexões finais de Sócrates sobre a condenação à morte por fim proferida (38c-42a).

O *Críton*, por sua vez, tem a forma de uma conversa que Sócrates teria mantido na prisão com Críton, discutindo e, por fim, recusando a sua proposta de ajudá-lo a fugir. A única testemunha dessa conversa, se realmente ocorreu, só seria Críton. Ainda que ele tivesse mencionado algo (o próprio Sócrates poderia ter falado a respeito a visitantes posteriores, entre os quais nada impede que estivesse Platão), o certo é que também neste caso, tal como na *Apologia*, Platão reelaborou amplamente a situação real, inclusive acrescentando passagens argumentativas muito precisas, com vistas a uma representação sublimada que exonerasse Sócrates da imputação de comportamentos lesivos para a cidade de Atenas, ainda retomados após a sua morte por partidários da democracia, como o retórico Polícrates (a quem Xenofonte se refere mais detidamente nas *Memoráveis*; ver abaixo). Aqui consideramos correto remetermo-nos à *Apologia* e ao *Críton* supondo que, qualquer que fosse o objetivo de Platão e qualquer grau de invenção que se lhe conceda, a sua intenção foi, por um lado, reproduzir a defesa de Sócrates como uma resposta honesta e eficaz às acusações tanto formais quanto informais e, por outro lado, expor a essência das motivações que o levaram a rejeitar a possibilidade de fuga; o pressuposto dessa leitura é simplesmente que Sócrates, o qual sem dúvida foi processado e morreu ingerindo cicuta, comportou-se com a coerência e a firmeza que nem mesmo os detratores, ao que parece, lhe negaram.

A seguir, consideramos que, assim como *Apologia* e *Críton*, todo o conjunto dos primeiros diálogos platônicos, usualmente ditos "socráticos" ou mesmo "aporéticos" e "refutativos", apresenta no personagem de Sócrates um grande número de traços do Sócrates histórico, tanto nos temas quanto nas modalidades e nos objetivos da discussão. Esses diálogos, escritos no período que se estende da morte de Sócrates à fundação da Academia (388/387 a.c.), são *Eutífron*, *Cármides*, *Laques*, *Lísidas*, *Hípias maior* e *Hípias menor*, *Íon*, *Alcibíades primeiro*, o livro I da *República* (que na Antiguidade circulava com o nome de *Trasímaco*). Nesse mesmo conjunto, podem-se atribuir a uma segunda fase *Protágoras*, *Eutidemo* e *Menexeno*, ao passo que *Mênon* e *Górgias* podem ser considerados diálogos "de transição" para os diálogos ditos "construtivos", pertencentes ao período entre 388/387 e a terceira viagem a Siracusa (361/360). Nesse segundo grupo de diálogos, Sócrates continua a ser a figura principal, mas não se dedica mais à contestação das opiniões dos interlocutores, porém, expõe doutrinas positivas que são frutos da reflexão platônica (entre elas, a teoria das Formas); esse grupo abrange *Fédon*, *A República*, *O Banquete* e *Fedro*. *Teeteto*, que apresenta um formato socrático, está no limiar entre o período intermediário e o período dos diálogos mais tardios (nos quais o papel de Sócrates na discussão se retrai ainda mais).

A tese de que é possível confiar nos diálogos do primeiro grupo para reconstruir, embora com cautela (e com cautela muito maior em alguns diálogos do segundo grupo), a personalidade filosófica de Sócrates normalmente acompanha a tese de que é possível distinguir na obra platônica as três fases acima mencionadas (o chamado paradigma evolutivo). Esse ponto de vista, compartilhado por importantes estudiosos de Sócrates – como William K. C. Guthrie, Gregory Vlastos e Gabriele Giannantoni, para mencionar apenas alguns –, hoje é muitas vezes contestado por aqueles intérpretes unitaristas de Platão (para citar um deles, Charles H. Kahn), para os quais é impossível traçar um desenvolvimento preciso da obra platônica e, portanto, não há como distinguir o que se deve a Sócrates e o que se deve a Platão. A abordagem unitarista é normalmente acompanhada pelo ceticismo sobre a possibilidade de reconstruir os contornos da figura de Sócrates, o que resulta em uma profunda desvalorização. A consequência não insignificante dessa posição, como notaram alguns dos seus opositores, é que teremos de reescrever a história da filosofia *sem* Sócrates. Além disso, por que Platão teria colocado *todo* o seu talento especulativo a serviço do personagem de Sócrates? Em suma, é mais legítimo, e também mais plausível psicologicamente, postular que o pensamento de Platão se formou e amadureceu numa relação com o mestre, que se deu num jogo natural de adesão, aprofundamento e separação. Em suma, o que aqui se repropõe com vistas a uma reconstrução do pensamento socrático é a tradicional abordagem evolutiva da obra platônica, agora compartilhada pela maioria dos estudiosos.

XENOFONTE (*c.* 430-355)

Memoráveis. O título é uma tradução decalcada do latino *Memorabilia*, dado por Johannes Leonclavius em 1569, mas o título grego *Apomnemoneumata* significa algo como "Lembranças pessoais"; as conversas de Sócrates narradas na obra, portanto, não são "memoráveis", mas sim "rememoradas, relembradas". Xenofonte faz frequentes referências ao seu convívio pessoal com Sócrates, mas as suas afirmações como autor devem ser tomadas com cautela. Em primeiro lugar, depois de ter frequentado Sócrates durante alguns anos, com interesses claramente muito diversos dos que guiaram Platão e os demais que continuaram a fazer filosofia, Xenofonte saiu de Atenas em 401, tendo-se integrado às forças de Ciro como mercenário, e não se sabe bem quando e por quanto tempo voltou, mas certamente não estava em Atenas em 399 e certamente foi exilado após 394 (tendo participado da Batalha de Queroneia ao lado de Esparta); e depois, mesmo tendo a certa altura se reconciliado com a sua cidade, viveu até a morte numa propriedade que lhe foi concedida pelos espartanos em Scillunte, vizinha a Olímpia; lá, além de escrever sobre Sócrates, dedicou-se às suas obras de caráter histórico, político e técnico. Em segundo lugar, a sua intenção de defender Sócrates contra as acusações que levaram ao processo e, após a sua morte, foram renovadas pela propaganda democrática, é mais explícita do que em Platão (o livro I das *Memoráveis*, com efeito, traz inúmeras referências ao novo "acusador", aquele Polícrates que, por volta de 393, divulgara um libelo antissocrático) e é modulada de forma diferente, vinculada à sua posição ideológica de conservador aristocrático; para Xenofonte, Sócrates é modelo tanto de vida filosófica, alheada dos valores da cidade, quanto de uma moral de equilíbrio e moderação.

Xenofonte, portanto, certamente não pôde assistir a todas as conversas narradas nas *Memoráveis*. Para algumas, teria se baseado nas suas lembranças pessoais; para outras, teria recorrido a testemunhos alheios, tanto orais quanto escritos. No último livro, ele menciona explicitamente Hermógenes (assíduo frequentador de Sócrates, que é também um dos seus interlocutores no *Crátilo* platônico), declarando que se remeteu a ele também na *Apologia*; referência essa que deveria autorizar reconhecer-lhe alguns escrúpulos reconstrutivos, mesmo que decerto tenha procedido a uma ampla reelaboração tanto das suas lembranças quanto dos testemunhos utilizados.

Apologia de Sócrates. Esse breve texto pode ser mais antigo do que as *Memoráveis*, mas assim como estas, não é possível fornecer uma datação mais precisa, afora a probabilidade de ter sido estimulado também pelas polêmicas nascidas do libelo de Polícrates, por volta de 393. É uma outra versão (não em primeira pessoa, como a platônica) da defesa de Sócrates no tribunal, que apresenta na sequência um diálogo com Hermógenes, um excerto do discurso de Sócrates e algumas coisas que teria dito após o processo; não há como demonstrar a sua dependência, como sustentam alguns estudiosos, da *Apologia* de Platão, a qual, aliás, até poderia ter sido escrita depois. De todo modo, mostra traços de independência no enfoque do problema referente ao tom de provocação do discurso de defesa e na identificação dos motivos da serenidade de Sócrates diante da morte iminente.

Banquete. O fato de Xenofonte ter escrito não só uma *Apologia*, mas – como Platão – um *Banquete*, tendo Sócrates como protagonista, desperta a suspeita de alguma rivalidade entre ambos, mas é preciso levar em conta a existência de uma tradição de literatura convivial. O banquete xenofontiano se passa na casa de Cálias; além do entretenimento com música, canto e dança, tem-se, como de hábito, conversas amenas sobre eros, beleza e riqueza, até o discurso final de Sócrates sobre o eros vulgar e o eros celeste.

Econômico. A uma conversa entre Sócrates e Critóbulo sobre a importância da agricultura, segue-se uma conversa com Iscômaco, que, por sua vez, inclui outra conversa entre Iscômaco e a sua esposa sobre os deveres da dona de casa. Os temas tratados são a "administração doméstica" (outra maneira possível de traduzir o título grego *Oikonomikós*), os deveres do proprietário fundiário rico e o comando dos subordinados. Nesse texto, Sócrates se faz presente quase apenas como porta-voz gabaritado das opiniões do *gentleman farmer* Xenofonte.

ARISTÓTELES (384-322 a.C.)

À diferença de Aristófanes, Platão e Xenofonte, Aristóteles nunca conheceu Sócrates, e muitos estudiosos tendem a considerar que as referências a temas socráticos, presentes na *Metafísica* e nas *Éticas*, não podem oferecer nenhuma indicação que já não esteja nos diálogos platônicos. Mas Aristóteles foi discípulo da Academia por vinte anos (de 367 a 347) e pode ter recebido outras informações por via oral, do próprio Platão e de outros. Disso teríamos possíveis provas na passagem do livro I da *Metafísica*, que expõe os termos da relação entre Sócrates e Platão introduzindo no relato da formação de Platão o papel de Crátilo, que teria fornecido a Platão um conhecimento decisivo da doutrina heraclitiana. De todo modo, permanece o fato de que, como as referências de Aristóteles a opiniões dos predecessores não pretendem ter um valor histórico, mas sim crítico-dialético, o seu testemunho no caso de Sócrates – e dos demais autores que aborda – deve ser utilizado dando grande atenção a possíveis modificações terminológicas e reinterpretações conceituais.

Na tradição subsequente, encontram-se elementos úteis nos fragmentos de outros discípulos de Sócrates, como Antístenes, Ésquines de Esfeto, Fédon de Élida; as coletâneas de referência são Boys-Stones e Rowe (orgs.), *The Circle of Socrates* cit., e Giannantoni (org.), *Socratis et Socraticorum Reliquiae* cit.

Todos os textos relevantes para a reconstrução da figura de Sócrates (exceto os diálogos platônicos) foram meritoriamente reunidos, na tradução italiana de vários autores, por G. Giannantoni, *Socrate. Tutte le testimonianze: da Aristofane e Senofonte ai Padri cristiani*, Laterza, Roma/Bari, 1986; aqui se pode ler também, entre outras coisas, a importantíssima seção sobre Sócrates nas *Vidas dos filósofos* de Diógenes Laércio (II, 18-47: sobre a qual se veja G. Giannantoni, *Il secondo libro delle "Vite" di Diogene Laerzio*, in H. Temporini e W. Haase (orgs.), *Aufstieg und Niedergang der Römischen Welt*, de Gruyter, Berlim/Nova York, v. II.36.5, 1992, 3603-3618), e os fragmentos da biografia de Aristoxeno (ultimamente defendido contra as suspeitas de maldade por C. A. Huffman, *Aristoxenus' 'Life of Socrates'*, in id. (org.), *Aristoxenus of Tarentum, Discussion*, Transaction Publishers, New Brunswick/Londres, 2012, 251-281).

Traduções[1]

Eurípides:

Medea, introdução de V. Di Benedetto, tradução de E. Cerbo, Rizzoli, Milão, 1997.

Ippolito, introdução, tradução e notas de G. Paduano, Rizzoli, Milão, 2000.

Aristófanes:

Le nuvole, texto grego ao lado, introdução, tradução e notas de A. Grilli, Rizzoli, Milão, 1997.

Platão:

Alcibiade primo – Alcibiade secondo, texto grego ao lado, introdução de G. Arrighetti, tradução de A. Puliga, Rizzoli, Milão, 1995.

Apologia di Socrate – Critone, texto grego ao lado, introdução, tradução e notas de M. M. Sassi, Rizzoli, Milão, 1997.

Eutidemo, tradução e organização de F. Decleva Caizzi, Bruno Mondadori, Milão, 1996.

Eutifrone. Apologia di Socrate. Critone, texto grego ao lado, ed. de B. Centrone e A. Taglia, Einaudi, Turim, 2010.

Fedone, tradução e notas de M. Valgimigli, introdução de B. Centrone, Laterza, Roma/Bari, 2000.

Fedro, texto grego ao lado, tradução e organização de M. Bonazzi, Einaudi, Turim, 2011.

---

[1] Os autores estão arrolados em ordem cronológica a partir de Eurípides, presumivelmente nascido entre 480 e 470 a.C. Vez por outra, modifiquei aqui as traduções segundo as exigências do contexto.

Gorgia, texto grego ao lado, ed. A. Taglia, tradução de F. M. Petrucci, Einaudi, Turim, 2014.

Ippia maggiore – Ippia minore – Ione – Menesseno, texto grego ao lado, ed. B. Centrone, tradução e notas de F. M. Petrucci, Einaudi, Turim, 2012.

Menone, texto grego ao lado, ed. M. Bonazzi, Einaudi, Turim, 2010.

Protagora, in G. CAMBIANO, *Platone. Dialoghi filosofici*, v. I, Utet, Turim, 1970.

La Reppublica, tradução de F. Sartori, introdução de M. Vegetti, notas de B. Centrone, Laterza, Roma/Bari, 1995.

Simposio, texto grego ao lado, tradução e comentário de M. Nucci, introdução de B. Centrone, Einaudi, Turim, 2009.

Sofista, texto grego ao lado, tradução e edição a cargo de B. Centrone, Einaudi, Turim, 2008.

Teage – Carmide – Lachete – Liside, texto grego ao lado, introdução, tradução e notas de B. Centrone, Rizzoli, Milão, 1997.

Teeteto, texto grego ao lado, ed. F. Ferrari, Rizzoli, Milão, 2011.

Xenofonte:

Memorabili, texto grego ao lado, introdução, tradução e notas de A. Santoni, Rizzoli, Milão, 1989.

Aristóteles:

Etica Nicomachea, tradução, introdução e notas de C. Natali, Laterza, Roma/Bari, 1999.

Etica Eudemia, tradução, introdução e notas de P. Donini, Laterza, Roma/Bari, 1999.

Para todos os outros textos ausentes desta relação, utilizei as traduções em GIANNANTONI, *Socrate. Tutte le testimonianze: da Aristofane e Senofonte ai Padri cristiani* cit.

Índice onomástico

A

Abraão 259
Addey, Crystal 242
Agamêmnon 167
Ágaton, tragediógrafo 141-143
Agesilau, rei de Esparta 57
Agostinho, Aurélio de Hipona 28, 232, 259, 305
Ahbel-Rappe, Sara 34, 117, 136
Ájax Telamônio 305
Alcibíades, político ateniense 21-23, 29, 33, 35-37, 43, 46, 47, 49, 56, 60, 72, 87, 110, 114, 130, 137-139, 142, 143, 145-147, 149-152, 154, 155, 158, 162, 163, 165, 170-178, 180-182, 184-189, 191, 193, 212, 215-218, 233, 235, 252, 262, 291, 305, 312, 313, 317
Alexandre Magno 264
Allen, Reginald Edgar 283
Amípsia, comediógrafo 72, 75
Amoroso, Leonardo 136
Anaxágoras 25, 53, 73, 74, 96, 236, 238-240, 247, 248, 250, 312
Anaxarco de Abdera 257
Anaxímenes de Mileto 168, 239
Ânito, acusador de Sócrates 9, 61, 219, 254, 255, 260, 274, 287, 314
Annas, Julia 183, 187
Antifonte de Atenas 78, 222, 225
Antístenes de Atenas 27, 50, 58, 173, 221, 225, 241, 262, 305, 309, 321
Antonino Pio 258
Apolodoro (seguidor de Sócrates) 58
Apuleio de Madaura 39, 232
Aquiles 38, 167
Arcesilau de Pitane 114-116
Arendt, Hannah 287, 299
Aristarco (interlocutor de Sócrates) 195
Aristides, o jovem 140, 141, 158
Aristides, Públio Hélio 87
Aristipo de Cirene 27, 50, 111, 197, 198, 214
Aristodemo (interlocutor de Sócrates) 240, 305
Aristófanes, comediógrafo 7, 9, 10, 28, 29, 32, 36, 59, 65-69, 73-81, 83, 84, 86, 102, 132, 160, 228, 236, 266, 280, 312, 315, 320, 323
Aríston, pai de Platão 120
Aristóteles de Estagira 44, 50, 53, 55, 56, 60, 73, 87, 94-96, 98, 104, 119, 127, 128, 161, 179, 189, 200, 206-208, 213, 214, 225, 239, 240, 320, 321, 324
Aristoxeno de Taranto 321
Arquelau, filósofo 73, 96, 238
Arriano de Nicomédia 53
Arrighetti, Graziano 81, 323
Artaxerxes, imperador da Pérsia 314
Aspásia 120, 144, 149, 162, 247

B

Barrett, James 283
Belfiore, Elizabeth 138, 161
Benson, Hugh 117
Betegh, Gábor 267
Bett, Richard 99, 117
Biles, Zachary P. 81
Blumenberg, Hans 25, 33, 76
Blyth, Dougal 162
Bodei, Remo 283
Bonazzi, Mauro 225, 323, 324
Boutroux, Étienne-Émile-Marie 135
Bowie, Ewen Lyall 80
Boyd White, James 299
Boys-Stones, George 48, 63, 187, 321
Brancacci, Aldo 99, 171, 172, 187, 243, 309
Brandis, Christian August 97

Brásidas, general espartano 312
Bremmer, Jan 161
Brickhouse, Thomas C. 99, 225, 266, 309
Briseida 167
Brisson, Luc 163, 242, 267
Bruni, Leonardo 32, 33, 261
Brunschwig, Jacques 187
Burger, Ronna 225
Burgess, Andrew J. 136
Burnet, John 93, 99
Burnyeat, Myles Fredric 34, 163, 267
Bussanich, John 14, 225, 236, 242
Butti de Lima, Paulo 34

C

Cálias de Atenas 84, 320
Cálicles 23, 59, 60, 90, 120, 124, 221, 222, 278, 279, 295
Calogero, Guido 48, 202, 299
Cambiano, Giuseppe 8, 13, 201, 324
Cambises, imperador da Pérsia 57
Campioni, Giuliano 47, 48
Capra, Andrea 15, 48, 63, 83
Cáricles 110, 111, 126, 193, 313
Cármides 38, 139, 143, 173, 180, 190, 252, 313, 314, 317
Carnéades de Cirene 53, 115
Casanova, Angelo 81
Cassese, Antonio 134
Catão, Marco Pórcio, o Uticense 302
Cavalcanti, Guido 154
Cebes 58, 140, 301
Celso, filósofo 259
Centrone, Bruno 99, 242, 323, 324
César, Caio Júlio 264, 302
Chevitarese, André Leonardo 268
Cícero, Marco Túlio 43, 45, 96, 115-117, 128, 277
Ciro da Pérsia, o Jovem 270, 314, 318
Ciro, imperador da Pérsia, o Grande 57
Clay, Diskin 63
Cleary, John Joseph 242
Clemente de Alexandria 232
Cléon 312
Clímaco, João, *ver* Kierkegaard, Søren
Clínias 218
Clístenes 311
Clíton, escultor 42, 195
Collobert, Catherine 99

Cono, músico 75
Cooper, John Madison 34
Cornelli, Gabriele 163, 268
Corrigan, Kevin 187
Crates de Tebas 31
Crátilo, filósofo 206, 319, 321
Crátinos, comediógrafo 75
Creso, rei da Lídia 57
Crísipo de Solos 31
Crítias, político 110, 114, 139, 150, 193, 215, 247, 252, 313, 314
Critóbulo 148, 149, 189, 194, 197, 289, 320
Críton 285, 289-292, 295, 297, 298, 300-302, 306-308, 316
Cupido, Giulia 224

D

Danzig, Gabriel 282
De Luise, Fulvia 243
Dêmades, orador e político 276
Demócrito 53
Demont, Paul 300
Demóstenes 276
Destrée, Pierre 99, 242
Diágoras de Melo 247, 248
Di Benedetto, Vincenzo 323
Diderot, Denis 263
Dihle, Albrecht 56, 63
Dijkstra, Jitse 161
Diógenes de Apolônia 53, 70, 73, 241
Diógenes de Sinope 30, 262
Diógenes Laércio 9, 30, 41, 42, 196, 245, 277, 321
Dionisodoro 58, 121
Diopites, adivinho 247, 248, 312
Diotima 144, 153, 154, 160
Dorion, Louis-André 14, 99, 117, 256, 267, 283
Dover, Kenneth James 145, 162, 247, 267
Doyle, James 99
Dresig, Siegmund Friedrich 268
Dumézil, Georges 301, 307-309

E

Efialtes 312
Eliano, Cláudio 65, 74
Empédocles 7, 73, 239
Engels, Friedrich 200
Epicarmo de Siracusa 55
Epiteto 31-33, 53, 61, 62, 186, 262

Erasmo de Roterdã (Geert Geertsz) 35, 45, 47, 48, 262, 263
Erixímaco 152
Esopo 7, 25
Ésquines de Esfeto, *dito* Ésquines Socrático 39, 50, 87, 149, 321
Estrepsíades 67-71, 77, 126, 160
Euclides de Mégara 27, 50, 297
Êupolis, comediógrafo 72, 73
Eurípides 211, 212, 224, 247, 280, 295, 323
Eusébio de Cesareia 232
Eutidemo 30, 54, 102, 111, 112, 121, 125, 143, 149, 150, 179, 181, 196, 198, 208, 215, 217, 218, 229, 241, 317, 323
Eutífron 103, 104, 106, 107, 122, 123, 129
Evenos de Paro 84

F

Faraone, Christopher A. 161
Farnabazo 313
Favorino de Arelate 245
Fédon de Élida 43, 47, 48, 50, 58, 196, 321
Fedra 211
Fedro, jovem ateniense 22, 38, 53
Fenareta, mãe de Sócrates 156, 311
Féré, Charles 47
Fermani, Arianna 162, 187
Ferrari, Franco 14, 212, 224, 324
Ferrarin, Alfredo 100
Ficino, Marsílio 33, 154, 233, 261, 262
Fídias 247
Fidípides 68-71, 77
Filêmon, comediógrafo 127
Fílon de Larissa 115, 116
Finamore, John F. 242
Foucault, Michel 135, 136, 165, 184-186, 188, 269, 281-283, 308
Frede, Michael 268
Fréret, Nicolas 268
Freyr, Tor 225
Funari, Pedro Paulo Abreu 268
Fussi, Alessandra 186, 283

G

Gagarin, Michael 163
Garnier, l'Abbé 268
Garraffoni, Renata Senna 268
Giannantoni, Gabriele 63, 99, 187, 202, 317, 321, 324

Giannopoulou, Zina 163
Gianvittorio, Laura 63
Gill, Christopher 187
Gill, Mary Louise 267
Glauco, irmão de Platão 120, 173, 180, 258, 305
Gomperz, Heinrich 49, 62-64
Gomperz, Theodor 62
Gonzalez, Francisco José 99
Górgias de Leontinos 23, 59, 84, 107, 120, 220, 277, 278
Gourinat, Jean-Baptiste 34, 117, 202, 243
Graham, Daniel W. 201
Gray, Vivienne J. 162, 201, 282
Griswold, Charles Lanier 299
Grote, George 285, 286
Guthrie, William Keith Chambers 9, 10, 14, 317
Gutman, Huck 188

H

Haase, Wolfgang 321
Hadot, Pierre 26, 30, 34, 136, 185, 188
Halperin, David M. 162
Hankins, James 34
Havelock, Eric Alfred 80
Hegel, Georg Wilhelm Friedrich 8, 12, 14, 45, 46, 83, 97, 98, 132, 134, 174, 245, 264-266
Heráclito de Éfeso 95, 239, 259
Hermógenes 270, 272, 277, 319
Heródoto 57, 160
Hesíodo 57, 246
Hindley, Clifford 162
Hiparco, tirano de Atenas 311
Hípias de Élida 60, 84, 111, 112, 120, 125, 199, 209
Hípias, tirano de Atenas 311
Hipólito 211, 212
Hoffmann, Philippe 80
Homero 38, 57, 104, 161, 246
Horn, Christoph 30, 34
Huffman, Carl Augustus 321
Hutton, Patrick H. 188

I

Ifícrates 276
Ione, rapsodo 106, 120

Iscômaco 195, 320
Isócrates 280

J

Jesus de Nazaré 55, 147, 259, 263
Joana d'Arc 230
Johnson, Marguerite 162, 187
Johnstone, Steven 201
Joosse, Albert 187
Judson, Lindsay 117, 225, 268
Justino Mártir 258, 260

K

Kafka, Franz 134
Kahn, Charles Harry 162, 299, 318
Kamtekar, Rachana 34, 117, 136
Kant, Immanuel 99
Karasmanis, Vassilis 117, 225, 268
Kassner, Rudolf 62
Kierkegaard, Søren 8, 28, 33, 132-134, 136, 265, 266
King, Martin Luther 285-287
Konstan, David 80
Kralik, Richard von 62
Kraut, Richard 299
Kroesen, Justin 161
Kuiper, Yme 161

L

La Boétie, Étienne de 45
Labriola, Antonio 189, 199, 200, 202
Laín Entralgo, Pedro 161
Laks, André 80, 81
Lamartine, Alphonse-Marie-Louis Prat de 301, 309
Lane, Melissa 299
Lapini, Walter 81
Laques 106, 107, 120, 129, 281, 312
Lavater, Johann Kaspar 44
Layne, Danielle A. 242
Leão de Salamina 256, 313
Lear, Jonathan 136
Leitao, David 163
Lélut, Louis Francisque 229, 242
Leonclavius, Johannes 318
Le Rider, Jacques 64
Leszl, Walter 267
Letalien, Bethany 268

Lícon, acusador de Sócrates 9, 254, 314
Licurgo de Atenas 42
Lisandro, general espartano 313
Lísias 53, 276
Lísipo, escultor 41
Lojacono, Ettore 48, 188, 226
Lombroso, Cesare 47
Long, Anthony Arthur 31, 34
Louden, Robert B. 299
Lúcio Vero 258

M

Manetti, Giannozzo 21, 32, 33, 227, 233, 261
Marco Aurélio Antonino 31, 258
Martin, Luther H. 188
Martin, Michael 267
Maso, Stefano 117
Máximo de Tiro 232
McLean, Daniel R. 48
McPherran, Mark LeRoy 161, 242
Medeia 211
Meleto, acusador de Sócrates 9, 41, 79, 80, 103, 122, 219, 227, 236, 245, 249, 250, 254, 260, 273, 277, 296, 314
Mênon 108, 109, 128, 138
Miccolis, Stefano 202
Migliori, Maurizio 162, 187
Mill, John Stuart 197
Minúcio Félix, Marco 232
Momigliano, Arnaldo 56, 57, 63, 267, 283
Montaigne, Michel Eyquem de 45, 101, 116, 117, 136
Montale, Eugenio 119, 135
Montgomery, John D. 286
Montuori, Mario 268
Mori, Luca 135
Morrison, Donald R. 14, 80, 99, 117, 162, 299
Most, Glenn Warren 100, 309

N

Napoleão Bonaparte 264
Napoli, Paolo 188
Napolitano Valditara, Linda M. 162, 187, 224
Narcy, Michel 99, 117, 163, 187, 242
Natali, Carlo 117, 195, 202, 225, 324

Nehamas, Alexander 129, 131, 135, 136, 188, 309
Nero, Cláudio César Druso Germânico 302
Nícias, general ateniense 101, 106, 120, 281
Nietzsche, Friedrich Wilhelm 8, 35, 36, 46-48, 68, 136, 147, 203, 221, 223, 224, 226, 307
Nireu 38

O

Ober, Josiah 299
Olimpiodoro, filósofo 175, 187
O'Meara, Dominic J. 187
Orígenes de Alexandria 259, 260

P

Palamedes 208, 278, 283, 305
Palissot de Montenoy, Charles 268
Parrásio, pintor 42, 195
Pearson, Joseph 283
Pedro, apóstolo 258, 261
Pellegrin, Pierre 267
Pelosi, Francesco 162
Péricles, *dito* o Jovem 120
Péricles, político ateniense 12, 120, 144, 170, 247, 312
Pestalozzi, Karl 226
Piatesi, Andrea 188
Píndaro, poeta 24
Pirro de Élida 53
Pisístrato, tirano de Atenas 311
Pístia 42, 195
Pitágoras de Samos 257, 262
Platão 7, 9-13, 21-30, 32, 35, 36, 38, 41, 43, 47, 49-55, 59-61, 63, 66, 67, 69, 72-74, 78, 80, 83, 84, 86-88, 90, 92, 93, 95-99, 101, 102, 105-110, 114, 115, 120-122, 124, 126, 128, 131-133, 136-143, 146, 147, 149-157, 159-161, 166, 169, 171-175, 177, 182, 186, 189-193, 198-203, 205, 206, 208, 210, 212, 213, 218-224, 227-229, 231, 233, 234, 236, 238, 239, 242, 245, 247, 249-251, 257, 260, 262, 263, 266, 268, 270, 272-274, 276-279, 282, 283, 285, 286, 288, 289, 291, 293, 295-298, 301, 303-309, 312, 313, 315-321, 323

Plutarco de Queroneia 231, 247, 302, 312
Polemarco 124
Polícrates de Atenas 51, 77, 252, 253, 316, 319
Politis, Vasilis 117
Polo 120, 219-221, 278
Popper, Karl Raimund 286
Porfírio de Tiro 53
Proclo 175
Pródico de Ceos 84, 159
Protágoras 73, 74, 120, 205, 210, 247, 267, 294, 317

Q

Querécrates 160
Querefonte 85, 86, 313
Quintiliano, Marco Fábio 127, 128, 131, 277

R

Renaud, François 187
Renaut, Olivier 163
Reshotko, Naomi 225
Ritter, Heinrich 97
Romeyer-Dherbey, Gilbert 202, 243
Roochnik, David L. 309
Rose, Valentin 179
Rosivach, Vincent J. 300
Rossetti, Livio 63, 163, 202, 225, 272, 282
Ross, William David 87
Rowe, Christopher 63, 117, 187, 321

S

Sacks, Oliver 229, 230, 242
Saetta Cottone, Rossella 80, 81
Safo 144
Salutati, Coluccio 32, 261
Santoni, Anna 202, 324
Santoro, Fernando 79-81
Sassi, Maria Michela 48, 162, 267, 323
Schlegel, Friedrich von 131, 132, 134
Schleiermacher, Friedrich Daniel Ernst 10, 11, 13, 97, 132, 136, 175, 263
Schollmeier, Paul 299
Schopenhauer, Arthur 135
Scott, Dominic 34
Sedley, David N. 161, 163, 241, 243
Seel, Gerhard 225

Seeskin, Kenneth 283
Sêneca, Lúcio Aneu 31, 261, 302
Settis, Salvatore 268
Sexto Empírico 116
Shaftesbury, Anthony Ashley Cooper, conde de 262, 263
Siciliani de Cumis, Nicola 202
Simão 196
Símias 58, 140
Simônides de Ceos 210
Smith, Nicholas D. 14, 99, 225, 242, 266, 309
Sófocles 174
Sófron de Siracusa 50, 51, 55
Sofronisco, pai de Sócrates 311
Spaventa, Bertrando 199
Spinelli, Emidio 34, 202
Stavru, Alessandro 48, 163, 202, 225, 243
Steiner, George 261, 268
Stella, Massimo 81
Stern-Gillet, Suzanne 187
Stone, Isidor Feinstein 267
Strauss, Leo 8, 65, 66, 68, 77, 79, 81, 194
Swain, Simon 48

T

Tácito, Públio Cornélio 302
Tales de Mileto 24-26, 33, 69, 239
Tamus 52
Tarrant, Harold 162, 163, 187, 242
Taylor, Alfred Edward 93, 99
Taylor, Christopher Charles Whiston 117
Teeteto 23, 149, 155, 156, 158, 159
Temporini, Hildegard 321
Teodota 58, 140, 195, 254
Teofrasto de Éreso 127
Terâmenes 313
Térsistes 38
Tertuliano, Quinto Sétimo Florente 232
Thein, Karel 174, 187
Timotin, Andrei 242
Tordesillas, Alonso 117
Tot 52, 54
Trabattoni, Franco 225
Trapp, Michael 48, 100
Traseia Peto 302
Trasíbulo de Atenas 313, 314
Trasímaco 124-126, 128, 129
Trédé, Monique 80
Trezza, Gaetano 229, 242

Tsouna, Voula 187
Tulli, Mauro 81

U

Ulisses 38, 208, 277, 278
Urstad, Kristian 225

V

Vander Waerdt, Paul A. 63, 162
Van Harten, Alice 309
Vegetti, Mario 15, 187, 201, 324
Vernant, Jean-Pierre 202
Viano, Cristina 243
Villa, Dana 299
Vlastos, Gregory 99, 110, 117, 123, 131, 135, 137, 146, 147, 162, 220, 234, 254, 267, 288, 299, 317

W

Wallace, Robert W. 251, 252, 268, 283, 299
Williams, Bernard 186
Wohl, Victoria 187
Woodruff, Paul 99

X

Xantipa, mulher de Sócrates 289
Xavier, Dennys Garcia 163
Xenarco 50, 51, 55
Xenófanes de Cólofon 73, 246, 267, 276
Xenofonte de Atenas 7, 9-11, 28-32, 36, 38, 42, 43, 50, 51, 54, 56-58, 60, 73, 74, 77-79, 86-88, 94-96, 110-114, 119-121, 124-127, 132, 133, 141, 147-152, 159, 162, 172, 173, 179-181, 187, 189, 192-202, 205, 206, 209, 214-218, 220-222, 224, 225, 228, 229, 233, 234, 236-238, 240, 241, 245, 248, 249, 251-255, 263, 269-272, 275, 277, 282, 288, 289, 306, 313, 314, 316, 318-320, 324

Z

Zalmóxis 190, 191
Zanker, Paul 41, 42, 48
Zeller, Eduard 97
Zenão de Cítio 31, 115, 210
Zenão de Eleia 257
Zópiro, fisiognomista 43-48

Edições Loyola

editoração impressão acabamento

Rua 1822 n° 341 – Ipiranga
04216-000 São Paulo, SP
T 55 11 3385 8500/8501, 2063 4275
www.loyola.com.br